# 汉代的谣言

吕宗力 著

**修订版**

四川人民出版社

图书在版编目（CIP）数据

汉代的谣言 / 吕宗力著. — 修订版. — 成都：四川人民出版社, 2023.6（2024.3重印）
ISBN 978-7-220-13223-0

Ⅰ.①汉… Ⅱ.①吕… Ⅲ.①谣言—研究—中国—汉代 Ⅳ.①D691.98

中国国家版本馆CIP数据核字（2023）第068869号

HANDAI DE YAOYAN (XIUDINGBAN)

## 汉代的谣言（修订版）

吕宗力　著

| | |
|---|---|
| 出 版 人 | 黄立新 |
| 策划组稿 | 赵　静 |
| 责任编辑 | 赵　静 |
| 营销编辑 | 荆　菁 |
| 版式设计 | 戴雨虹 |
| 封面设计 | 张　科 |
| 责任印制 | 周　奇 |
| 出版发行 | 四川人民出版社（成都三色路238号） |
| 网　　址 | http://www.scpph.com |
| E-mail | scrmcbs@sina.com |
| 新浪微博 | @四川人民出版社 |
| 微信公众号 | 四川人民出版社 |
| 发行部业务电话 | （028）86361653　86361656 |
| 防盗版举报电话 | （028）86361653 |
| 照　　排 | 四川胜翔数码印务设计有限公司 |
| 印　　刷 | 成都东江印务有限公司 |
| 成品尺寸 | 130mm×210mm |
| 印　　张 | 15.25 |
| 字　　数 | 290千 |
| 版　　次 | 2023年6月第1版 |
| 印　　次 | 2024年3月第2次印刷 |
| 书　　号 | ISBN 978-7-220-13223-0 |
| 定　　价 | 96.00元 |

■版权所有·侵权必究

本书若出现印装质量问题，请与我社发行部联系调换
电话：（028）86361656

**中国人民大学新闻学院教授　陈力丹：**

深挖下去，掘出一口井，冒出水来，然后漫开去，这便是吕宗力先生的治学精神。探究两千年前汉代流言传播研究，漫长的时间跨度与现代流言传播的理论力度有机结合，成就了这部力作。细致入微的历史考证与当代思维特征的诘难，使得本书既艰深又好看，是一部不可多得的将历史、理论、现实思考融为一体的著作。

---

**香港中文大学历史系讲座教授　蒲慕州：**

拜读吕宗力先生的力作，我认为有以下特色：

第一，对中国古代的流言谣言及相关的概念做了一次全面的整理，为学界提供了进一步探讨此问题的基础，也即是必读之作。

第二，对于相关史料的性质有深入的探讨，充分体现了史家解读史料中蕴藏的讯息的本事，因而本书的价值不单是讨论谣言及其相关问题，对于史学方法亦有重要的贡献，值得后学者参考。

第三，结合史学及其他社会科学的概念，对于谣言的社会心理机制及传播方式进行解读，来探讨历史上一种难以捉摸，但又真实存在的现象。亦即，全方位的研究历史，不拘一格，只要对解读文献、解决问题有帮助，都可以为我所用。吕先生早年研究民间信仰，与此次研究的谣言，颇有类似之处，因为信仰之为物，亦为难以捉摸，但又真实存在。

即此三点，尚不论数据之丰富，论证之严谨，本书即值得学者再三玩味，藏于书斋。

---

**中国人民大学国学院教授　王子今：**

吕宗力先生的《汉代的谣言》一书视角新异、考论确当，通过对若干语言文化表象的分析，深化了汉代意识史的研究，亦推进了对当时社会思想的全面认识。这部也可以看作汉代社会舆论史和文化传播史研究成果的论著，在近年汉史学术收获中质量和品级堪称上乘。

尔文

趣物博思　科学智识

# 目 录

绪 言 / 001

第一章 流言与讹言 / 001

　第一节 流　言 / 003
　　一、"管、蔡流言" / 007
　　二、"众人流传之言" / 012
　　三、"流言惑众" / 020
　第二节 讹　言 / 021
　　一、诈伪、讹误、变化、流动之言 / 021
　　二、怪诞、妖异之言 / 024
　　三、灾异、社会危机与讹言 / 025
　第三节 汉代官方对流言、讹言的态度
　　　　 及其理论背景 / 039

## 第二章　妖　言 / 053

### 第一节　"妖"字在先秦秦汉文献中的语义 / 056
### 第二节　"妖言"在秦汉历史论述中的语义 / 062
### 第三节　秦汉史中的妖言案例 / 066
　　一、秦诸生"为訞言以乱黔首"案 / 067
　　二、淮南王刘安"荧惑百姓，妄作妖言"案 / 070
　　三、张寿王"诵不详之辞，作袄言欲乱制度"
　　　　案 / 072
　　四、眭弘、夏侯胜等的谶言式妖言案 / 074
　　五、杨恽"作为妖言"案 / 078
　　六、甘忠可"汉当更受命"案 / 083
　　七、楚王英造作图谶妖恶大故案 / 084
　　八、以妖言惑众的"妖巫""妖贼" / 085
### 第四节　汉朝廷对"妖言"的因应之道 / 090
　　一、西汉的严刑峻法 / 090
　　二、东汉层出不穷的"妖恶禁锢"案与当局的
　　　　四次特赦令 / 094
### 第五节　两汉思想界解构"妖言"污名的论述
　　　　策略 / 102
　　一、颠覆论述策略 / 102
　　二、历史叙事中的论述策略 / 104
　　三、神秘主义论述策略 / 106

## 第三章 谣 言（民间歌谣）/ 129

第一节 歌谣是汉代社会与政治生活的重要组成部分 / 133

第二节 民间歌谣在汉代政治思想论述中的独特定位 / 139

第三节 民间歌谣作为舆论在政治实践中的影响与功用 / 145

一、倾听歌谣顺应民意 / 146

二、善用歌谣操控民意 / 150

三、从议题设定、利益相关、传播范围、语言风格看民谣的政治影响力与局限性 / 155

第四节 民间舆论与两汉的舆论监督 / 161

一、汉代中央对地方行政的监督机制 / 161

二、西汉丞相"问疾苦"、刺史采"讹言"、特使"观风俗" / 165

三、东汉的"举谣言" / 168

# 第四章 谶言和谶谣 / 203

## 第一节 谶 言 / 205

一、什么是谶言?/ 205

二、谶言的载体 / 208

三、谶言的来源 / 218

四、皇朝更替、天命转移与谶言论述 / 229

五、谶言信仰与汉代社会心态 / 239

## 第二节 谶 谣 / 250

一、元、成时期谶谣 / 250

二、两汉之际谶谣 / 253

三、桓、灵时期谶谣 / 254

四、灵、献时期谶谣 / 258

五、谶谣的来源 / 262

六、谶谣信仰论述 / 265

## 第三节 谶言、谶谣也是谣言 / 272

第五章　政治神话与民间传说 / 299

第一节　政治神话 / 301
　　一、开国之君神话 / 301
　　二、继体之君神话 / 304
　　三、刘邦开国神话 / 308
第二节　民间传说 / 323
　　一、神君传奇 / 323
　　二、"俗说""俗言" / 327
第三节　神话、传说与谣言 / 331

第六章 观察与思考 / 343

    第一节　谣言的史料和历史价值 / 345

    第二节　谣言的起源：浮浪不根、不断流动 / 353

    第三节　谣言因何而生、因何而盛？/ 354

    第四节　谣言有哪些表现形式？它们如何传播？
           如何建构？/ 356

      一、谣言的表现形式 / 356

      二、谣言如何传播和建构？/ 357

    第五节　谣言惑众：在传播中凝聚共识 / 362

    第六节　谣言与舆论 / 366

      一、谣言是社会舆论的一种表现形式 / 366

      二、从民间歌谣看谣言对公众的影响力及其局
         限性 / 367

      三、从民间歌谣看舆论引导 / 370

      四、谣言与舆论监督 / 372

第七节　信谣、传谣心态试析 / 374
　　一、"天惑其意，不能自止"？ / 374
　　二、"谣言止于真相"？ / 378
　　三、"谣言止于智者"？ / 382
　　四、谣言凭什么成谶？ / 386
第八节　如何消解谣言的负面影响 / 389
　　一、视谣言为专制政治体制下一种以特殊方式
　　　　表达的社会舆论 / 390
　　二、信息渠道的畅通和信息发布机构的公信力 / 392
　　三、谣言未必止于真相 / 393
　　四、谁将是谣言的终结者？ / 394

附　录　卢芳与"刘文伯" / 409

参考文献 / 429

后　记 / 455

修订版后记 / 459

# 绪言

什么是谣言?

现代汉语中,谣言往往被定义为"没有事实根据的传闻,捏造的消息"[1]、"没有事实根据的消息"[2]、"没有事实根据的传言"[3]。讨论大众心理学的普及读物,或将其定义为主动造假、凭空捏造而在一定时空范围内流传的言论。[4] 社会心理学著作称之为"错误不实的消息"[5],"在社会大众中相互传播的关于人或事的不确切信息"[6]。有的历史学学者在其研究近代史上谣言的著作中,定义谣言为"彻头彻尾的假言,凭空捏造,毫无依据","构成因素中没有一点真实性的条件"。[7]

以上通俗或学术的定义,各有其特定语境和学术、社会背景。欧美经典谣言心理学著作认为:谣言是指在缺乏可靠证据的情形下,人们基于自己的信念所作的特定或时事性陈述,一般经过口耳相传，在人与人之间传播；在传播过程中，任何谣言都可能包含着某些真实的信息。[8]

谣言是如何发生、如何成形的？G. W.奥尔波特（G. W. Allport）和利奥·波斯特曼（Leo Postman）认为，谣言的发生有两个基本条件：对于传谣者和听谣者来说，流传中的谣言必须包含"重要"的议题；而谣言中所包含的真实信息必被隐藏并经过"模糊"处理。[9]谣言其实也遵从着社会心理学的一个普遍规则：人们在对环境的感知与演绎中，难免涉及主观情感的扭曲，而扭曲的程度则取决于"重要"和"模糊"的叠加效果。[10]他们由此归纳出一个谣言发生条件的著名公式：R（rumor谣言）=i（importance重要性）×a（ambiguity模糊性）。所谓"模糊性"，是指谣言发生时所处情境/语境所具有的不明朗性。所带出的信息、议题越重要，所处语境的不明朗性越高，谣言的影响力就越大。

这个公式在揭示谣言发生的前提条件方面，有一定说服力，有助于理解谣言的发生机制，但却忽略了在谣言形成、传播和演变过程中人际沟通网络的重要性，以及不同群体、个人的反应和互动，有意无意间将牵涉谣言发生和流传的群体、个人视为"无意识地做出反应的主体"[11]。

欧美社会学家们在研究谣言时，针对谣言传播过程中的人际网络、群体互动，作了深入的探讨。美籍日裔社会学家涩谷保（Tamotsu Shibutani）发现，在谣言研究中，不同学科的关注重点有所不同：历史学家和法理学家关注证言可靠性的问题，心理学家更关注感知与记忆的准确度，精神病学家对沟通行为中所表现出来的被压抑之冲动有特别兴趣，社会学家则着重研究谣言形成过程中如何凝聚成集体解决问题的方案、公众舆论，以及面对灾难的群体回应。[12] 他称谣言为"即兴创作的新闻"，认为谣言是一种集体解决问题的方式，是一种在人群、社会中反复出现的沟通形式。人们通过这种沟通形式，尝试在不明朗、不稳定的社会处境中，共享其智力资源，建构出对他们而言有意义的关于处境的诠释。[13]

也有学者认为，虽然"不明朗"因素在谣言形成中是一个常见的原动力，却并非必要条件，其他环境因素如社区的矛盾冲突，就可能对谣言的发生和形成更为重要。[14] 相比其他言论资讯如新闻报道、记事、声明等，谣言与其相别之处主要在于后者"未经（权威）证实"。这些"未经证实"的信息很可能在事后被证明是真实的，当然也可能是虚构的。[15] "谣言并非事实，只是传闻或闲言碎语。有些谣言最终可能被证实是正确的，但当其仍被视为'谣言'时，它们是未经证实的信息。"[16]

一则谣言出现以后，能否获得广泛传播、广泛接受，其涵盖的议题、提出的看法和诉求是个关键。涩谷保认为，谣言传播和形成过程中的人际互动和群体散布，应该是一个充满有意识的"扭曲"、沟通、集体讨论、构建和再构建的动态过程，最后达成共识。因此，"虚假谬误"并非谣言必然具备的特性。一则谣言可能在初起时传达着虚假信息，但在构建、再构建期间则会逐渐发展成为自我实现的预言。[17]

参考上述社会心理学家、社会学家关于谣言的论述，笔者在本书中将谣言定义为一种未经证实，但未必为虚妄谬误、主要经口头传播（当然也可以以文字为载体）的言论信息，经人际沟通、集体参与和广泛传播而构建成形。至于谣言的最初版本是否属无中生有，或谣言原创者（如果有的话）的动机是否故意捏造，并不是本书关注的重点。因为一则言论，如果不能进入传播渠道并在人际互动中赢得一定的受众和关注，它就不属于本书要探讨的谣言。而一旦它进入传播渠道且产生相当的社会影响，并在群体互动中建构出能够凝聚一定共识的版本，那它代表的已是群体的意愿和诉求，与原创者的主观动机不再相干。本书所要讨论的谣言，是一种广泛存在的社会文化现象，其在任何历史时期、任何国家地区、任何社会文化形态中，可以说是无时不在、无处不在。"虽然其具体内容会因不同时空的语境而异，其行为方式却是不断重复的。"[18]正因为谣言是一种普遍存在、影响广泛的文化现象，在现代语言学、社会学、心理学、人类学、传播学、市场学中，谣言已成为一个重要的研究范畴。[19]

谣言与历史也大有干系。其实，人类历史的大部分时间都是在对种种谣言或谣言类言论做出反应、与之互动。[20]在古希腊的雅典,谣言被视为宙斯的神谕,当时的人们曾为传播谣言的女神设立神坛。[21]在古罗马帝国,谣言女神的名字叫法玛,在拉丁语中意为名誉、公众看法、流言蜚语、谣言。帝国首都罗马,曾是"一个充斥着流言、传言与谣言的城市"[22]。在欧洲的中世纪至近现代历史叙事中,谣言仍然满天飞。陆威仪(Mark Edward Lewis)教授指出,西方历史学中的谣言研究与社会学的发展及大众心理学的兴起有密切关系。19世纪后期,"乌合之众(crowds)""大众(masses)""公众舆论(public opinion)"等现象引起了社会学界尤其是法国社会学界和心理学界的极大关注,其奠基之作首推法国社会心理学家、社会学家古斯塔夫·勒庞(Gustave Le Bon)的名著《乌合之众:大众心理研究》(*Psychologie des foules*, 1895)和《政治与社会防卫心理学》(*La Psychologie politique et la défense sociale*, 1910),以及加布里埃尔·塔尔德(Gabriel Tarde)的《舆论与大众》(*L'Opinion et la foule*, 1901)。在社会学、社会心理学学术范式的影响下,西方的历史学者们对谣言的研究聚焦于它们的内容和影响,特别是如何通过谣言揭示历史叙事通常忽略的社会底层民众(如农民和工人)的恐惧、期望、怨愤及其他情绪。例如乔治·勒费弗尔(George Lefebvre)在其心态史学名著《1789年大恐慌:法国大革命前夜的谣言、恐慌和反叛》(*La Grande

*Peur de 1789*, 1932)中,审视了欧洲历史上的一些关键时刻,例如法国大革命及其前夕,谣言如何在贫苦的"乌合之众"中传播恐惧情绪、激发群体恐慌。更多的史学论著探讨欧洲中世纪至法国大革命种种群体叛乱事件中谣言的角色,如阿莱特·法尔热(Arlette Farge)和雅克·勒韦(Jacques Revel)的著作《巴黎儿童失踪事件——法国大革命前夕的舆论与谣言》(*The Vanishing Children of Paris: Rumor and Politics before the French Revolution*, 1991)。这些研究向读者展示了贫民群体在特定时刻面对来自其他阶级威胁的无力感,以及在某些地域流传的生死攸关的可怕谣传。英国马克思主义历史学家和社会历史学家乔治·鲁德(George Rudé)所著的《法国大革命中的群体》(*The Crowd in the French Revolution*, 1959)和《历史中的群体:1730—1848》(*The Crowd in History, 1730–1848*, 1964),则是英语学界研究历史上群体现象的开山之作。西方历史学中谣言研究的另一主题——法国大革命前夕日积月累的有关国王、王后、贵族无耻生活的闲言碎语,例如某位国王阳痿、王后和情妇对国王的操控以及各种色情故事。据美国的欧洲文化史专家罗伯特·达恩顿(Robert Darnton)的研究,这些累积数十年的批评君主体制的色情故事、闲言碎语、谣言和观念,在启蒙运动中都被编撰成攻击君主制的漫画式书籍并出版流通。正是这些批判堕落贵族和腐败王权的谣言和类谣言,引发了革命意识的觉醒。[23]相

关的研究主题还包括文艺复兴时期欧洲的新闻与谣言[24]、16世纪大发现时代的旅行和谣言与流行于巴尔干、东欧、小亚细亚、中东、北非、印度等地区的东方基督教徒[25]，以及《锡安长老议定书：一个反犹太主义的谣言案例》[26]、谣言与18世纪中叶北美殖民地纽约的"黑人大阴谋"冤案[27]，等等。

在中国历史上，谣言也是普遍存在的社会文化现象。许多脍炙人口、传诵千古的传奇、神话故事，其原型都来自谣言；在军事、政治斗争中兵不厌诈地使用的大量"诈伪"之言，亦可说是谣言；种种朝廷言不由衷的宣言、御史的风闻言事、政治神话、民间传说，即使被载入正史，仍然可能是谣言。

现代中国谣言研究的先驱陈雪屏先生[28]，在1939年已指出："谣言与其他一切语言文字的报告或陈述，如新闻、传说、历史等，在实质上是可以相通的。"如果以"真实"作为区分不同形式言论信息的标准，则"不可靠""不真实"并非谣言独有的特性。报纸和广播所传播的新闻，是现代人生活中一种不可缺少的智识来源，应该在性质上与谣言大不相同，但在国际形势复杂、新闻受到管制、社会上迷信与欺诈流行的时代，新闻却不可尽信。众所周知、深入人心的民间甚至历史传说，其实往往是经过时代淘洗而得以长久留存的谣言；最为宝贵、最可信赖的史料，以及依据史料撰述而成的史学论述，其中难免掺杂着无数不可靠的成分，而事过情迁，客观的标准早已不存在。本应是最真确的档案文件，往往由于某些"不便宣布"的理由，若干部分竟被篡改或删除，有的被删除的部分也许比保存下来的更重要，《东华录》的编纂方法就是一个好例子。各种有意无意的主观成见，都足以减少历史的可靠性。如果以"无根之言""传闻之未实者"来界定谣言，则这样的言论"在新闻、供词、传说、宣称与历史中无不存在"。[29]

笔者引用以上论述，当然并非要将谣言与出自严肃、权威渠道的言论信息等量齐观，而是要说明在历史研究上，各种形式的语言文字信息都有其特定价值与局限。从这个意义上说，孔飞力（Philip A. Kuhn）的《叫魂》[30]、柯文（Paul A. Cohen）的《历史三调：作为事件、经历和神话的义和团》（第五章）[31]、苏萍的《谣言与近代教案》等著作，以谣言为切入点，别出蹊径研究清史和近代史，都可谓独具只眼的力作。

清、近代的史料浩如烟海，为研究历史上的谣言提供了较大的便利。中国古代的传世和出土文献虽然数量有限，但也记载了一些谣言、谣言类言论。官方认可的政治神话、民间流传的传奇"俗说"，有些已著录文本。这些言论通常被视为虚妄、谬误、无稽、迷信，是没有事实根据的传闻、捏造的消息、怪诞不经的邪说，易为有心人利用来误导、愚民，颇类现代汉语所说的"谣言"。这些谣言或谣言类言论，或散见于史籍纪、传，或与朝野间流行的诗谶、民谣、童谣一起,由传统历史编纂者编入《五行志》诗妖类,成为历史诠释的小小注脚。我们今天如果要研究古代历史上的谣言,历代的《五行志》可以说是一个"宝库"[32]。但到目前为止,中国古代史研究中,尚缺乏对这些谣言或谣言类言论的系统整理和严肃讨论,当然也就难以认真回答如下问题:在中国古代,什么样的言论被标签为谣言?谣言因何而发生?有哪些表现形式?如何传播?如何建构?所传递的信息属何性质,有何特点?谣言所承载的信息与真相、虚假、讹误之间有什么样的关系?传谣者和受众以什么样的心态看待谣言?人们为何信谣和传谣?谣言有什么样的社会、政治影响力、功能及局限?统治当局如何面对、回应谣言?智识界如何面对、回应谣言?

由于种种局限(包括史料和功力、见地),本书恐怕难以逐一回答上述一系列问题和完整地重构约两千年前谣言发生、传播时的社会文化情境。但对有关历史文献所记载的流言、讹言、妖言、谶言、谣言、政治神话、民间传说及其相关语境进行认真考察和研究,可能有助于我们提示官式文本、主流思维之外的另类真相或史观,解读特定历史时空中的群体心态和社会心理氛围,描绘出更多维、多层、多彩的历史图像,对此类信息的"历史真实性"及其与特定历史语境之间的关系做出更完整的解读。这正是笔者在这本小书中想做的尝试。

**注释**

[1] 夏征农主编:《辞海》,上海:上海辞书出版社,1999,第1册,第1094页。

[2] 中国社会科学院语言研究所词典编辑室编:《现代汉语词典(第5版)》,北京:商务印书馆,2005,第1583页。

[3] 罗竹风主编:《汉语大词典》(11册),上海:汉语大词典出版社,1993,第382页。

[4] 张铁民:《谣言和流言:错位的心态》,南京:江苏教育出版社,1997,第6、30页。

[5] 刘安彦:《社会心理学(第5版)》,台北:三民书局,1993,第133页。

[6] 周晓虹:《现代社会心理学——多维视野中的社会行为研究》,上海:上海人民出版社,1997,第427页。

[7] 苏萍:《谣言与近代教案》,上海:远东出版社,2001,第5页。

[8] G. W. 奥尔波特（G. W. Allport）、利奥·波斯特曼（Leo Postman）, *The Psychology of Rumor*, preface ix.该书原版由Henry Holt and Company于1947年出版,1965年由纽约的Russell & Russell, INC.重版。中译本作奥尔波特等著,刘水平、梁元元、黄鹏译《谣言心理学》(沈阳:辽宁教育出版社,2003)。

[9] G. W. Allport and Leo Postman. *The Psychology of Rumor*. Reissued (New York: Russell& Russell, INC., 1965), p. 33.

［10］G. W. Allport and Leo Postman (1965), p. 44.

［11］汉斯-约阿希姆·诺伊鲍尔著，顾牧译:《谣言女神》，北京：中信出版社，2004，第221页。即 Hans-Joachim Neubauer. *The Rumour: A Cultural History* (Trans. into English by Christian Braun, London: Free Association Books, 1999)，书名原意为《谣言文化史》。

［12］Tamotsu Shibutani. *Improvised News: A Sociological Study of Rumor* (Indianapolis: The Bobbs-Merrill Company, 1966), p. 3.

［13］Tamotsu Shibutani (1966), p. 17.

［14］Terry Ann Knopf. *Rumors, Race and Riots* (New Brunswick: Transaction Books, 1975), pp. 90–91.

［15］Terry Ann Knopf (1975), p. 2.

［16］Ralph L. Rosnow. and Gary Alan Fine. *Rumor and Gossip: the Social Psychology of Hearsay* (New York: Elesevier, 1976), p. 10.

［17］Tamotsu Shibutani (1966), pp. 14–24, 70–97, 140–181.

［18］Tamotsu Shibutani (1966), p. 17.

［19］如周晓虹（1997）在其《现代社会心理学》中论述"由信息传播影响的集群行为"时，专门讨论了流言与谣言的性质、传播过程及制止的方法。（第427—434页）

［20］G. W. Allport and Leo Postman (1965), p. 159.

［21］诺伊鲍尔（2004），第12—13页。

［22］诺伊鲍尔（2004），第43、51页。

［23］《汉代的谣言》英译本获国家社科基金中华学术外译基金资助，于2021年由剑桥大学出版社出版。美国斯坦福大学历史系李

国鼎讲座教授陆威仪（Mark Edward Lewis）在英译本的导言中，概略回顾了欧美历史学中的谣言研究。见Lu, Zongli, translated by Wee Kek Koon. *Rumor in Early Chinese Empires* (London: Cambridge University Press, 2021), pp. 1–3.

[24] George Tennyson Matthews. *News and Rumor in Renaissance Europe: the Fugger Newsletters*. New York: Capricorn Books, 1959.

[25] Francis Millet Rogers. *The Quest for Eastern Christians: Travels and Rumor in the Age of Discovery*. Minneapolis: University of Minnesota Press, 1962.

[26] Stephen Eric Bronner. *A Rumor About the Jews: Reflections on Antisemitism and the Protocols of the Learned Elders of Zion*. New York: St. Martin's Press, 2000.

[27] Thomas J. Davis. *A Rumor of Revolt: the "Great Negro Plot" in Colonial New York*. New York: Free Press, 1985.

[28] 陈雪屏（1901—1999），江苏宜兴人。1926年毕业于北京大学哲学系，主修心理学，随即赴美国哥伦比亚大学心理研究所进修，获硕士学位。20世纪30年代初回国，先后任教于东北大学、北京师范大学、北京大学、西南联大，著有《谣言的心理》（1939）等。1948年曾任国民政府教育部政务次长、代部长。1953年开始担任台湾大学心理学系教授。其女陈淑平之夫婿即历史学家余英时。

[29] 陈雪屏:《谣言的心理》，长沙艺文丛书编辑部，1939，第4—9、13页。

[30] Philip A. Kuhn. *Soulstealers: the Chinese Sorcery Scare of*

*1768*. Cambridge, MA.: Harvard University Press, 1990. 中译本作孔飞力著，陈兼、刘昶译：《叫魂：1768年中国妖术大恐慌》（上海：上海三联书店，1999）。

［31］Paul A. Cohen. *History in Three Keys: the Boxers as Event, Experience, and Myth*. New York: Columbia University Press, 1997. 中译本作柯文著，杜继东译：《历史三调：作为事件、经历和神话的义和团》（南京：江苏人民出版社，2000）。

［32］陈雪屏（1939），第8页。

# 第一章 流言与讹言

## 第一节 流　言

现代汉语语文工具书，一般定义"流言"为"散布没有根据的话""谣言"[1]、"没有根据的话（多指背后议论、诬蔑或挑拨的话）"[2]。陈雪屏先生认为，"谣言或被称为流言或被称为讹言"，亦即流言等于谣言。[3]社会心理学者或有不同的理解，比如认为流言与谣言都是"不确切的信息"，但也有些区别，区别主要在于"前者常常是无意讹传的消息，后者则是有意捏造的"。[4]也有大众心理学者归纳为："流言，事出有因；谣言，凭空捏造。"[5]笔者在绪言中已说明，本书所讨论的谣言，无论是发生在古代还是流传在现代，都不等于没有根据、虚假、捏造的言论信息。那么，流言与谣言，究竟是什么关系呢？汉代的流言，究竟是什么样的一种言论呢？

我们先来看看流言在先秦典籍中的用法，以及汉代以降经学名家对它的诠释。

"流言"一词,见于《尚书·周书·金縢》:"武王既丧,管叔及其群弟乃流言于国,曰:'(周)公将不利于孺子。'"[6]此《今文尚书》文,属上古历史文献汇编,一般认为编定于战国时期,秦始皇(嬴政,前221—前210年在位)诏令焚书后,已有残缺。至西汉初,《今文尚书》由秦博士伏胜(约前260—前161)口传、以隶书抄录而成。这则故事在汉代家喻户晓,《史记》的《周本纪》和《管蔡世家》都有记述。此处的"流言",指公开散布、传播言论,"流"用作动词。从《金縢》的上下文来看,该文献编撰者对管叔及其众弟子的传播行为和所传播的言论持批评态度。但就字面而言,"流言"所表达的只是言论的公开散布及传播之过程。所以郑玄(127—200)在《尚书笺》中虽然强化这则信息中的道德批判分量,斥管、蔡所言"公将不利于孺子"是"诬周公,惑成王",但释"流言"为"放言",并不含褒贬的意味。孔颖达(574—648)疏:"流言者,宣布其言,使人闻之,若水流然。流即放也。"[7]这与郑玄的诠释一致。

就我们所见的先秦文献而言,"流言"有时确与虚假、没有根据的言论联系起来,如《诗·大雅·荡》:"强御多怼,流言以对,寇攘式内。"郑玄笺:"女执事之臣,宜用善人,反任强御众怼为恶者,皆流言谤毁贤者。王若问之,又以对寇盗攘窃为奸宄者,而王信之,使用事于内。"[8]此论明确地以"流言"为"谤毁贤者"的恶劣言论。

朱熹（1130—1200）在《诗集传》中对"流言"的解释是："浮浪不根之言也。""言汝当用善类，而反任此暴虐多怨之人，使用流言以应对，则是为寇盗攘窃而反居内矣。是以致怨谤之无极也。"[9]此说也指"流言"出自"暴虐多怨之人"之口。《战国策·赵策二》：赵肃侯（赵语，前350—前326年在位）十六年（前334），燕文侯（前361—前333年在位）资助苏秦（？—前284）车马金帛，令其游说赵国合纵抗秦。苏秦在游说中，希望肃侯能排除谗言流言的影响、当机立断，便曰："臣闻明王绝疑去谗，屏流言之迹，塞朋党之门。"[10]此处显然也视流言为不良言论。

顾炎武（1613—1682）释《大雅·荡》"流言以对"句，谓：

> 强御多怼，即上章所云强御之臣也，其心多所怼疾，而独窥人主之情，深居禁中而好闻外事，则假流言以中伤之，若二叔之流言以间周公是也。夫不根之言，何地蔑有？以斛律光之旧将，而有百升明月之谣；以裴度之元勋，而有坦腹小儿之诵。所谓流言以对者也。如此则寇贼生乎内，而怨诅兴乎下矣。郤宛之难，进胙者莫不谤令尹，所谓"侯作侯祝"者也。孔氏疏《采苓》曰："谗言之起，由君数问小事于小人

也。"可不慎哉![11]

黄汝成(1799—1837)按语曰:"明封疆勋旧多伤于谗,而卒以人之云亡,邦国殄瘁,皆由中朝奸邪之徒流言以对也。"在这里,顾、黄都将流言等同奸邪之徒恶意中伤的谗言。顾炎武所引的"百升明月之谣""坦腹小儿之诵",是北魏、唐代政治斗争中的著名谣言。现代汉语中流言常被定义为"散布没有根据的话""背后议论、诬蔑、挑拨的话",就是受到上述传统诠释的影响。

但没有根据、难以确认的言论,未必等同诬蔑、诽谤。《荀子·致士》曰:

> 凡流言、流说、流事、流谋、流誉、流愬,不官而衡至者,君子慎之。闻听而明誉之,定其当而当,然后(士)[出]其刑赏而还与之,如是则奸言、奸说、奸事、奸谋、奸誉、奸愬莫之试也,忠言、忠说、忠事、忠谋、忠誉、忠愬莫不明通,方起以尚尽矣。[12]

在荀子(约前313—前238)看来,君子听到流言一类的言论,应当秉持谨慎的态度,令信息公开化、透明化,同时认真鉴别、明智判断、赏罚得当,如此则奸人难售其奸。荀子以"流"为无根源、无确证之谓,却并不认为

"流言"一定是奸言、奸谋、谮谗之类。

在先秦文献中,"流言"还可指众人流传之言。先儒称许儒者之特立独行,可做到"流言不极"[13]。不极,即不追究其所从出,因为那是众人"流传之言"。

## 一、"管、蔡流言"

汉代文献中的"流言"一词常被涂上伦理色彩,视同诽谤、诬蔑、挑拨、谣言,这显然是受到《金縢》用例的影响。周公被古典儒家视为理想政治制度的创始人,也是儒家伦理传统中的完美典范。所以其诸弟在权力斗争中发动的以"流言"争取公众支持的舆论攻势,很自然地被儒家影响下的传统史观定位为谣言惑众、诽谤圣人、挑拨君臣关系的典型案例。虽说西汉武帝以后"独尊儒术"是言过其实,但周、孔之超然历史地位在汉代毋庸置疑。汉代史家似乎也普遍接受这一价值判断。《史记·鲁周公世家》对该事件的陈述完全基于《金縢》:"其后武王既崩,成王少,在襁褓之中。周公恐天下闻武王崩而畔,周公乃践阼代成王摄行政当国。管叔及其群弟乃流言于国曰:'周公将不利于成王。'"[14]"管、蔡流言"因而成为汉代政争舆论战中之习用标签,成王、周公、管、蔡等历史人物成为定型化的政治符号。

如《汉书·昭帝纪》赞:

> 昔周成以孺子继统，而有管、蔡四国流言之变。孝昭幼年即位，亦有燕、盖、上官逆乱之谋。成王不疑周公，孝昭委任霍光，各因其时以成名，大矣哉！承孝武奢侈余敝师旅之后，海内虚耗，户口减半，光知时务之要，轻徭薄赋，与民休息。至始元、元凤之间，匈奴和亲，百姓充实。举贤良文学，问民所疾苦，议盐铁而罢榷酤，尊号曰"昭"，不亦宜乎！[15]

昭帝（刘弗陵，前87—前74年在位）八岁登基，在位十三年，霍光（？—前68）以大司马大将军专擅朝政，甚至操纵昭帝身后之废立，直至宣帝（刘询，前74—前49年在位）地节二年（前68）病逝。一年后，霍家以谋反之罪名被族诛。其情其境，虽不同于成王、周公、管、蔡之局，史家赞语以霍光比拟周公、昭帝比拟成王，颇有褒扬之意。值得玩味的是，这赞语也成为当时朝野反霍流言汹涌之反证。

元帝（刘奭，前49—前33年在位）初元（前48—前43）、永光（前43—前38）年间，外戚许氏、史氏与宦官弘恭、石显弄权，屡次排斥朝臣萧望之（前114？—前47）、周堪（？—前40）、张猛（？—前40）等人。宗室刘向（前77—前6）与萧望之等相党，乃于永光元年上书，寄望元帝为成王，推许望之、堪等为周公，指斥恭、显等为管、蔡之流：

> 昔者鲧、共工、驩兜与舜、禹杂处尧朝，周公与管、蔡并居周位，当是时，迭进相毁，流言相谤，岂可胜道哉！帝尧、成王能贤舜、禹、周公而消共工、管、蔡，故以大治，荣华至今。[16]

成帝（刘骜，前33—前7年在位）时，外戚大司马大将军领尚书事王凤（？—前22）用事，排除异己，朝廷侧目。王凤独信重大将军武库令杜钦，置之幕府，国家政事多与之谋，史称"当世善政，多出于钦者"。杜钦有鉴于王凤专政太重、树敌甚众，屡以"管、蔡流言"相提醒，希望王凤能居安思危、警惕流言的杀伤力："昔周公身有至圣之德，属有叔父之亲，而成王有独见之明，无信谗之听，然管、蔡流言而周公惧。"杜钦希望王凤仿效"周公之谦惧"，"毋使范雎之徒得间其说"。

哀帝（刘欣，前7—前1年在位）元寿元年（前2），以日食诏举方正直言，也是汉代常见的开放言路的举措。杜邺（？—前2）举方正，对策说："臣闻野鸡著怪，高宗深动；大风暴过，成王恒然。"颜师古（581—645）注："谓成王信流言而疑周公，天乃雷电以风，禾尽偃，大木斯拔，王乃启《金滕》之书，悔而还周公。"[17]杜邺引经据典，期许哀帝以成王为典范善待贤臣，其实也是以"管、蔡"影射当时用事的太后们及外戚傅氏、丁氏。

因白居易（772—846）的"周公恐惧流言日，王莽谦恭未篡时。向使当初身便死，一生真伪复谁知"一诗而盖棺论定[18]，被后世认定与流言结下难解之缘的王莽（前45—23），常爱以周公辅成王自况，占据道德高地，却也因此对"流言惑众"最为敏感，常以"管、蔡"之罪名加诸政敌，甚至与自己政见不同的家人。

如王莽之子王宇（？—3），不赞成其父隔绝平帝与其生母卫姬，恐平帝长大后见怨，但王莽不听。王宇与其师吴章、妻舅吕宽商议，为惊怪以惧之。事发后，王莽下令处死王宇夫妻，奏曰："宇为吕宽等所诖误，流言惑众，与管、蔡同罪，臣不敢隐，其诛。"太后下诏："公居周公之位，辅成王之主，而行管、蔡之诛，不以亲亲害尊尊，朕甚嘉之。昔周公诛四国之后，大化乃成，至于刑错。公其专意翼国，期于致平。""莽因是诛灭卫氏，穷治吕宽之狱，连引郡国豪桀素非议己者"，"死者以百数，海内震焉"。[19]

有趣的是，王莽既以周公自许，朝野间不满时政者就有为召公、管、蔡做翻案文章的。当时被举贤良方正的申屠刚，就在对策中质疑王莽隔绝平帝与外家冯、卫二族的用心："臣闻成王幼少，周公摄政，听言下贤，均权布宠，无旧无新，唯仁是亲，动顺天地，举措不失。然近则召公不悦，远则四国流言。"[20]申屠刚这段话的潜台词是，忠贤如周公，摄政时举措毫无失误，仍不免引起同为贤者的召公不悦，认为周公应该功成身退，归政于成王。王莽不臣之心，路人皆知，招致四方流言，岂足怪哉！申屠刚的论说已隐隐视流言为公众舆论，不尽含贬义。

汉平帝（刘衎，前1—5年在位）驾崩，王莽奉孺子（刘婴，6—8年在位）居摄。东郡太守翟义（？—7）心恶之，他对外甥陈丰说："新都侯摄天子位，号令天下，故择宗室幼稚者以为孺子，依托周公辅成王之意，且以观望，必代汉家，其渐可见。"翟义于是举兵反，立宗室严乡侯刘信为天子，并以舆论攻势先行，"移檄郡国，言莽鸩杀孝平皇帝，矫摄尊号"[21]。

"莽鸩杀平帝"是一则"未经验证"、无事实根据的谣言。但以王莽屡立孺子之居心、挟天子令天下之态势，自居周公而行迹之可疑鬼祟，这则流言很可能引起不少人的共鸣。王莽起初大惧，大举发关东甲卒击翟义，又日抱孺子会群臣，称："昔成王幼，周公摄政，而管、蔡挟禄父以畔，今翟义亦挟刘信而作乱。自古大圣犹惧此，况臣莽之斗筲！"未几，翟义被击破，王莽大喜，下诏指斥："翟义、刘信等谋反大逆，流言惑众，欲以篡位，贼害我孺子，罪深于管、蔡，恶甚于禽兽。"[22]王莽既曰"惑众"，可知翟义的流言攻势在当时很可能产生了一定的舆论影响。

从上述历史案例看，在西汉后期的政治斗争中，公开散布、传播的言论一旦被贴上"管、蔡流言"的标签，不论其论述是否虚假、悖逆、恶意，在政治伦理上立即处于劣势，当权者也可以名正言顺地剥夺其论述的正当性。但一则流言被定位为诬蔑、诽谤，还是拨乱反正的公众舆论，仍要视具体的历史语境和当事人的立场、利益而定。当权者所贴的标签，有时未必可以完全剥夺一则流言的认受性及其对大众心理的影响力。申屠刚的翻案文章、翟义的舆论造势，就是例子。

## 二、"众人流传之言"

当"管、蔡流言"成为政治斗争中的习见标签、符号，流言的原意——"言论的公开散布及传播"就往往被人们遗忘或忽略。流言之公开散布及传播，不同于许多在史籍中被定位为"诽谤""诬蔑"的言辞，其散布、传播的主体和客体一般是群体或集团。某些流言的传播面积较大，很容易成为"众人流传之言"，如水银泻地、无孔不入，在一定条件下、一定范围内能够影响甚至形塑公众舆论。对"流言"的这层语义及其社会政治功能，汉代政论家也有所认识。

《汉书·司马相如传》赞："《大雅》言王公大人，而德逮黎庶，《小雅》讥小己之得失，其流及上。所言虽殊，其合德一也。"[23]此处的"流"，即含流动、散布之义。所以《汉书》注引张揖："己，诗人自谓也。己小有得失，不得其所，作《诗》流言，以讽其上也。"[24]也就是说，在《汉书》编撰者和曹魏时期经学家的心目中，《诗·小雅》诸篇其实可视为在下者讽喻上层及自我表达、宣泄的"流言"。

杜周（？—前95）少子杜延年（？—前52），为霍光故吏，昭帝初年以告发上官桀（？—前80）、燕王刘旦（？—前80）、桑弘羊（前152—前80）等谋逆，为霍光排除政敌建立大功。但当霍光与丞相车千秋在处分廷尉王平、少府徐仁的案件上出现分歧时，杜延年力谏霍光：

> 以为丞相久故，及先帝用事，非有大故，不可弃也。间者民颇言狱深，吏为峻诋，今丞相所议，又狱事也，如是以及丞相，恐不合众心。群下欢哗，庶人私议，流言四布，延年窃重将军失此名于天下也！[25]

在杜延年看来，群下欢哗而四布的流言，不但不能强化霍光的道德优势，论证霍光为周公和反霍光者为管、蔡，反会令霍光丧失众心、失名于天下。

元帝时，宦官石显等屡次谮毁大臣周堪、张猛等，刘向上书皇帝，说这是"群小窥见间隙，缘饰文字，巧言丑诋，流言飞文，哗于民间"[26]。可知石显等对周、张等的"丑诋"已超出在人主面前的耳语诽谤，而成为在众人中流传的言论。

成帝即位，重用外戚，王太后的兄弟王凤、王音

（？—前14）、王商、王根分别位居要津，形成"王凤专权，五侯当朝"的局面。而曾教授太子《论语》的张禹（？—前5），以帝师为关内侯、诸吏、散骑光禄大夫、给事中，与大司马大将军王凤并领尚书。张禹内不自安，屡次以病为由上书请求退休，成帝埋怨道：

> 朕以幼年执政，万机惧失其中，君以道德为师，故委国政。君何疑而数乞骸骨，忽忘雅素，欲避流言？朕无闻焉。君其固心致思，总秉诸事，推以孳孳，无违朕意。[27]

既谓流言，张禹欲避的恐怕亦不只是王凤个人或王氏家族的攻讦。

事实上，如果不是出于政治斗争的私心，汉代君臣未必动辄给流言贴上"管、蔡"的标签，有时，他们还视之为一种探测舆情、观察政局动向及预警信号的公众言论，即所谓物议。

元帝时，东平思王刘宇与其母公孙太后失和。元帝遣太中大夫张子蟜奉玺书敕谕之，提醒刘宇留心流言的批评："今闻王自修有阙，本朝不和，流言纷纷，谤自内兴，朕甚僭焉，为王惧之。"[28]元帝指出东平国之流言纷纷，是因为刘宇自身不正，"谤自内兴"，而非居心叵测的管、蔡之流造谣生事。

成帝为元帝与王政君（前71—13）之子，成帝之立与王政君之成为太后，对于西汉后期的政治、国运影响极大。成帝为太子时，元帝因其放纵佚荡、意志力薄弱，曾考虑另立傅昭仪之子定陶王。若果另立，王氏失去政治舞台，此后数十年之历史可能重写。《汉书·史丹传》称竟宁元年（前33）元帝病重，而与太子有隙，曾有另立嗣君之意。时外戚史丹有宠，常侍视疾，候元帝独寝，直入卧内，涕泣言曰：

> 皇太子以嫡长立，积十余年，名号系于百姓，天下莫不归心臣子。见定陶王雅素爱幸，今者道路流言，为国生意，以为太子有动摇之议。审若此，公卿以下必以死争，不奉诏。臣愿先赐死以示群臣！[29]

"太子由是遂为嗣矣"，《史丹传》的说法当然略显简单，太子之定嗣，还因得到丞相匡衡、外戚王氏、中书令石显等权势人物的全力支持。然而史丹以"道路流言"、众心浮动为由，力谏元帝勿以废嗣动摇国本，仍然不失为一有力的论据。

哀帝宠爱董贤（前23—前1），欲封为侯。丞相王嘉（？—前2）与御史大夫贾延上封事劝阻，亦以"流言"为由，警诫哀帝：

> 窃见董贤等三人始赐爵，众庶匈匈，咸曰贤贵，其余并蒙恩，至今流言未解。陛下仁恩于贤等不已，宜暴贤等本奏语言，延问公卿大夫博士议郎，考合古今，明正其义，然后乃加爵土；不然，恐大失众心，海内引领而议。[30]

以上所引杜延年、汉元帝、史丹、王嘉等关于"流言"的论述，都被视为反映"众心"向背的指标性信息，而非诽谤、虚假之言。

新莽末年，四方兵起、群雄割据，多存逐鹿中原之心。更始三年（25）四月，公孙述于蜀地称帝，国号"成家"，建元龙兴。六月，赤眉军于长安立刘汉宗室刘盆子为帝。同月，刘汉宗室、南阳豪族刘秀（25—57年在位）于鄗城即皇帝位，即光武帝，改元建武，国号仍为汉。不久，光武帝迁都洛阳。割据凉州的隗嚣（？—33），同时受到公孙述和刘秀的拉拢和威压，首鼠两端，难以抉择。隗嚣便以马援为使臣，遣其先往成都，观公孙述虚实。马援回凉州后，警告隗嚣："子阳（公孙述）井底蛙耳，而妄自尊大，不如专意东方。"光武帝建武四年（28），马援（前14—49）又受命出使东方的洛阳，其回到凉州后复命曰：

> 隗嚣与援同卧起，问以东方流言及京师得失。援说嚣曰："前到朝廷，上引见数十，每接燕语，自夕至

旦,才明勇略,非人敌也。且开心见诚,无所隐伏,阔达多大节,略与高帝同。经学博览,政事文辩,前世无比。"嚣曰:"卿谓何如高帝?"援曰:"不如也。高帝无可无不可;今上好吏事,动如节度,又不喜饮酒。"嚣意不怿,曰:"如卿言,反复胜邪?"然雅信援,故遂遣长子恂入质。[31]

从马援与隗嚣的对话来看,隗嚣关心的"京师得失",当指对光武帝及洛阳势力的第一手评估。至于"东方流言",史文未详。唐章怀太子李贤(655—684)注:"流犹传也。"则很可能是指中原地区的舆论动向,亦反映出流言在当时社会政治生活中的分量。

历史上,光武帝以善待功臣和善于用人著称。但其在建武初年的某些用人方略,也曾受到批评,如依据谶文任用官员、地方长吏调任频繁等(见本书第三、四章之讨论)。建武三年(27)三月,日食,太中大夫郑兴因而上书,批评光武帝当时用人的另一弊端:

《春秋》以天反时为灾,地反物为妖,人反德为乱,乱则妖灾生……夫国无善政,则谪见日月,变咎之来,不可不慎,其要在因人之心,择人处位也。尧知鲧不可用而用之者,是屈己之明,因人之心也。齐桓反政而相管仲,晋文归国而任郤縠者,是不私其私,择人处位也。今公卿大夫多举渔阳太守郭伋可大司空者,而不以时定,道路流言,咸曰"朝廷欲用功臣",功臣用则人位谬矣。愿陛下上师唐、虞,下览齐、晋,以成屈己从众之德,以济群臣让善之功。[32]

"道路流言"说"朝廷欲用功臣",可能有某些事实根据,也可能反映了公众的关注和揣测。关注和揣测滋生出流言,应该是光武帝初期的一些人事任命给公众留下这样的印象。史称"书奏,多有所纳"[33],而光武帝后来的用人政策,又以"退功臣、进文吏"受到史论的好评,郑兴的谏诤和对"道路流言"的关注,也许曾发挥了一定的影响。

桓、灵之世,外戚、宦官交替专权,儒家官僚、士人多不齿宦官,因此形成激烈的"党争"局面。

> 后汝南太守宗资任功曹范滂,南阳太守成瑨亦委功曹岑晊,二郡又为谣曰:"汝南太守范孟博,南阳宗资主画诺。南阳太守岑公孝,弘农成瑨但坐啸。"
> 因此流言转入太学,诸生三万余人,郭林宗、贾伟节为其冠,并与李膺、陈蕃、王畅更相褒重。学中语曰:"天下模楷李元礼,不畏强御陈仲举,天下俊秀王叔茂。"又渤海公族进阶、扶风魏齐卿,并危言深论,不隐豪强。自公卿以下,莫不畏其贬议,屣履到门。[34]

这里说的"流言",就是指各地流传颂扬名士的"谣"言。东汉的官僚、士人擅长相互标榜、设定话题。这些"谣"言经过众人传播,引导着当时的舆论走向。

渤海王刘悝,是桓帝(刘志,147—167年在位)的弟弟。延熹八年(165),刘悝"谋为不道,有司请废之。帝不忍,乃贬为瘿陶王,食一县"。刘悝后来企图通过贿赂中常侍王甫以恢复旧封,答应事成后谢钱五千万。桓帝临终前,遗诏复封刘悝为渤海王,但刘悝知道王甫在这件事上并未出力后,不肯给谢钱。"甫怒,阴求其过。初,迎立灵帝,道路流言悝恨不得立",并诬告刘悝与中常侍郑飒、中黄门董腾有勾结,而郑飒等——

> 谋迎立悝,大逆不道。遂诏冀州刺史收悝考实,又遣大鸿胪持节与宗正、廷尉之渤海,迫责悝。悝自杀。妃妾十一人,子女七十人,伎女二十四人,皆死狱中。傅、相以下,以辅导王不忠,悉伏诛。悝立二十五年国除。众庶莫不怜之。[35]

中国古代,每逢皇帝驾崩,而又没有事先确立认受性高的储君继嗣,皇室、宫廷的拥立、反拥立政争必然十分激烈,成王败寇。桓帝无子,灵帝(刘宏,168—189年在位)是桓帝的堂侄,获桓帝的皇后窦妙选中,迎立为帝。刘悝心中不服,完全可能。"道路流言悝恨不得立",既是谣言，也合乎人之常情。这样的流言，往往"事出有因，查无实据"，属于诛心之论，真相难明。在集权专制的时代，它被拿来作为政争的弹药，打击政敌，每有奇效，也制造了不少冤狱。但造成"悝自杀。妃妾十一人，子女七十人，伎女二十四人，皆死狱中。傅、相以下，以辅导王不忠，悉伏诛"的大悲剧，结果引起"众庶"的同情。

### 三、"流言惑众"

流言既是众人流传之言，自然可以作为宣传舆论战中的武器。当权者常以此为标签，妖魔化政敌，化解反抗群体的舆论攻势。而处于弱势或体制外的反抗群体，亦可借助流言在民间的传播速度和影响力，为己方营造有利的舆论，强化抗争的正当性。

如王莽居摄二年（7），诸将击破西羌及翟义起事。王莽高兴地上奏表功："遭羌寇害西海郡，反虏流言东郡，逆贼惑众西土，忠臣孝子莫不奋怒，所征殄灭，尽备厥辜，天下咸宁。"[36] 翟义之"流言东郡"、诸羌之"惑众西土"，在当时应该都是反抗群体起事前以舆论造势的必备动作。

新莽末年，赤眉、绿林等群雄并起，前汉宗室刘玄（？—25）由新市、平林、下江诸将共推为皇帝，号更始（23—25）。其时，有关汉室中兴、新莽即亡的形形色色的符瑞、流言、谶言满天飞，由于"人心思汉"的群体心理效应,"刘氏当王"的谶言(也是流言)迅速得到广泛传播。王莽恐慌之余,下令曰平林将领、前汉宗室刘縯(刘秀的哥哥,前16?—23)及其"族人婚姻党与,妄流言惑众,悖畔天命,及手害更始将军廉丹、前队大夫甄阜、属正梁丘赐","有能捕得此人者,皆封为上公,食邑万户,赐宝货五千万"。[37]可是天命难悖、流言难禁,由惑众而至众志成城,新莽终于崩溃,谶言"赤伏符"的受益者、刘縯之弟刘秀成为汉室中兴的真命天子。

综上所述,流言是指难以追溯起源、未能证实却在公众中散布传播的言论。至于其传播的信息是否真实、有无根据,应定位为诬蔑、诽谤还是物议或公众舆论,当视具体的历史语境和当事人的立场、利益而定。

## 第二节 讹 言

### 一、诈伪、讹误、变化、流动之言

讹言,现代汉语词典编纂者一般定义为"诈伪的话""谣言"[38]、"谣传""虚假、谣传的话"[39]。

"讹"字在古代文献中本有虚假、诈伪、错谬之义,可以找到不少书证。如《诗·小雅·沔水》有载:"民之讹言,宁莫之惩。"郑玄笺:"伪也。言时不令,小人好诈伪,为交易之言使见怨咎,安然无禁止。"[40]朱熹《诗集传》曰:"讹,伪。"[41]

《诗·小雅·正月》载曰:"正月繁霜,我心忧伤;民之讹言,亦孔之将!"郑玄笺:"讹,伪也。人以伪言相陷入,使王行酷暴之刑,致此灾异,故言亦甚大也。"孔颖达疏:"有霜由于王急,王急由于讹言,则此民之讹言为害亦甚大矣!"[42]刘向认为此句:"言民以是为非,甚众大也。此皆不和,贤不肖易位之所致也。"颜师古注:"此言王政乖舛,阳月多霜,害于生物,故己心为忧伤,而众庶之人,共为伪言,以是为非,排斥贤俊,祸甚大也。"[43]朱熹《诗集传》曰:"此诗亦大夫所作。言霜降失节,不以其时,既使我心忧伤矣。而造为奸伪之言,以惑群听者,又方甚大。"[44]皆以"讹"为虚假、诈伪。按照朱熹的诠释,士大夫认为民众以是为非,共造伪言(奸伪之言),以惑群听,遂作此诗讥刺之。[45]

郦道元(?—527)在《水经注·河水三》中记曰:"汉高祖破以县之,王莽之利平矣。民俗语讹,谓之高楼城也。"[46]是以讹为讹误、错谬。讹字的这种用法,在《水经注》《史记》三家注、《汉书》诸家注中相当普遍。

但在先秦文献的不同语境中,"讹"字还有更丰富、复杂的用法。如"讹"也通"吪""化",意为感化、变化,以及行动、移动。[47]如《书·虞书·尧典》载:"申命羲叔,宅南交,平秩南讹。"[48]《诗·小雅·节南山》:

"式讹而心，以畜万邦。"郑玄笺："讹，化，畜养也。"[49]朱熹《诗集传》："讹，化。"[50]陈奂（1786—1863）《传疏》："讹，当作吪。"[51]《诗·小雅·无羊》："或降于河，或饮于池，或寝或讹。"毛传："讹，动也。"[52]

"讹"字的这些用法，在汉代史籍中也不难找到。如《汉书·扬雄传》："炎感黄龙兮，熛讹硕麟。"颜师古注："讹，化也。"[53]《汉书·王莽传中》："予之南巡，必躬载耨，每县则薅，以劝南伪。"颜师古注："伪读曰讹。讹，化也。"[54]《史记·天官书》："鬼哭若呼，其人逢俉。化言，诚然。"《索隐》："俉音五故反。逢俉谓相逢而惊也。亦作'迕'，音同。'化'当为'讹'，字之误耳。"[55]《索隐》"字误"之说，当据《汉书·天文志》之对应段落："鬼哭若呼，与人逢俉。讹言，诚然。"[56]然而化、讹本通，化或即讹之本字。所以王先谦引朱一新说，不赞成《索隐》"字误"之说："讹本训化，见《释言》。此借字，非误字。"[57]

"讹"字有"变化、移动"一义，而"讹言"也有"流动的言论""变化的言论"之语义。所以汉代史籍中标签为"讹言"的言论，往往与"流言"类似。只不过，流言兼指在朝廷或民间散播的言论，讹言则更多用来描述民间流传之言。如《后汉书·冯衍传》："或讹言更始随赤眉在北，（鲍）永、（冯）衍信之，故屯兵界休，方移书上党，云皇帝在雍，以惑百姓。"[58]《王允传》：（董卓死）

"时百姓讹言，当悉诛凉州人，遂转相恐动。"[59]

## 二、怪诞、妖异之言

或许，因"讹"字本有伪、谬之义，亦可用来形容怪诞妖异。如《山海经·西山经》有载："有鸟焉，其状如鹤，一足，赤文青质而白喙，名曰毕方，其鸣自叫也。见则其邑有䛬火。"郭璞（276—324）注："䛬亦妖讹字。"[60]

《史记·赵世家》记曰：赵王迁六年，大饥。"民䛬言曰：'赵为号，秦为笑。以为不信，视地之生毛。'"[61] "䛬言"即讹言。这则讹言的表达形式类似童谣，"地生毛"乃对事实的描述，"赵为号，秦为笑"表达民众对当时政治局势的评估，如果解读这则讹言为虚假、诈伪的谣传，显然说不过去。所以，朱自清说："'谣'字有或作'讹'字者，如《风俗通·皇霸篇》载赵王迁时童谣，《史记·赵世家》'童谣'作'民讹言'……而其词用韵，实系歌谣之体，与他处'讹言'无韵者不同。"[62]

在汉至南北朝文献的大量用例中，讹言类言论所包含的信息与"虚假、伪造、荒谬"并无必然联系，却常常带有怪诞妖异的色彩。所以郭璞在注释《尔雅·释诂下》"讹，言也"时，会说"世以妖言为讹"。[63] 这也是为什么在汉代史籍中，流言常散见于纪、传，讹言则兼见于《五行志》的原因，《汉书》以下的《五行志》多采讹言入诗妖类，《后汉书·五行志》就设有"讹言"专题。这些怪诞妖异的讹言因时因地变化流动，无根无源、难以证实，却在民众中广泛流传，成为带有怪异色彩的谣言。

### 三、灾异、社会危机与讹言

或许是由于讹言常具怪诞妖异的色彩，出现在汉代史籍中的讹言常与灾异情境密切相关。

#### （一）小女陈持弓与大水讹言

西汉元成之际，宦官、外戚、朝臣相争，废立流言不绝，各地则水旱连绵、民情纷扰不安。"成帝建始三年夏，大水，三辅霖雨三十余日，郡国十九雨，山谷水出，凡杀四千余人，坏官寺民舍八万三千余所"[64]，或说"关中大雨水四十余日"[65]。于是讹言纷传，说京师也即将发大水。这则大水讹言当时流传甚广，以致发生了小女陈持弓阑入尚方掖门的怪异事件：

> 秋，关内大水。七月，虒上小女陈持弓闻大水至，走入横城门，阑入尚方掖门，至未央宫钩盾中。吏民惊上城。九月，诏曰："乃者郡国被水灾，流杀人民，多至千数。京师无故讹言大水至，吏民惊恐，奔走乘城。殆苛暴深刻之吏未息，元元冤失职者众。遣谏大夫林等循行天下。"[66]

《汉书·五行志下之上》在记录同一事件时多了一些

细节，时序上有些不同："成帝建始三年十月丁未，京师相惊，言大水至。渭水虒上小女陈持弓年九岁，走入横城门，入未央宫尚方掖门，殿门门卫户者莫见，至句盾禁中而觉得。"[67]

虒上，地名，据东汉应劭注，虒上在渭水边。横城门即横门，是长安北城墙西侧的第一座城门。未央宫在长安城内西南角，是西汉皇帝常驻的正宫，禁卫森严。"无符籍妄入宫曰阑"，即擅闯宫禁区，属重罪。而一位九岁少女，未持任何入宫凭证，施施然步入宫城的小门，经过设在后宫的尚方、钩盾两署，"殿门门卫户者莫见"，可谓怪异至极。[68]据《成帝纪》，先有陈持弓闻大水将至而阑入宫禁，之后"京师无故讹言大水至，吏民惊恐，奔走乘城"；《汉书·五行志下之上》则序"京师相惊，言大水至"在先。我们以为，《成帝纪》的记载是比较可信的，即"虒上小女陈持弓闻大水至，走入横城门"，又"阑入"宫中之怪事，可能是"吏民惊上城"以致"长安中大乱"之导因。大水犯京师之言，后来虽然被证明是讹传，但"郡国被水灾，流杀人民，多至千数"，却是确凿的事实。结合当时政局之不稳、吏治之苛刻腐败，民众中流行这种惊恐心态完全是可以理解的。

汉宣帝母亲王翁须侄子、乐昌侯王商，时任左将军，在朝会上展现了镇静清醒的政治风格：

> 建始三年秋，京师民无故相惊，言大水至，百姓奔走相踩躏，老弱号呼，长安中大乱。天子亲御前殿，召公卿议。大将军凤以为太后与上及后宫可御船，令吏民上长安城以避水。臣皆从凤议。左将军商独曰："自古无道之国，水犹不冒城郭。今政治和平，世无兵革，上下相安，何因当有大水一日暴至？此必讹言也，不宜令上城，重惊百姓。"上乃止。有顷，长安中稍定，问之，果讹言。上于是美壮商之固守，数称其议。[69]

对此讹言，汉成帝亲临未央宫前殿，召集公卿大臣商议。大将军王凤建议太后、皇帝和后宫可以乘船避难，众人都随声附从，只有王商发表异议。但他所谓的"今政治和平，世无兵革，上下相安"，当然是粉饰太平之言，"政治正确"却对朝野大众并无说服力。但王商对京师大水讹言所作的判断，以"大水一日暴至"为"讹言"，主张"不宜令上城，重惊百姓"，事后被证明是正确的，起到了安定朝野的效果。

朝廷上下明知该则大水讹言不实，但在盛行于时的天谴灾异信仰笼罩之下，却也不敢忽视讹言所透露的预警信息，认为应该"有则改之，无则加勉"。成帝当时专宠许皇后，其他嫔妃希得进见。王太后及其家族用事，对此颇有异言。刘向、谷永（？—前11）等遂上书大谈灾异，认为大水讹言之出现，其咎在于后宫及外戚擅权。成帝接受他们的意见，下诏省减后宫用度。许皇后不服，上疏自辩，成帝就以刘向、谷永所论灾异回复，谓种种不祥之兆，如白气出于营室、流星出于文昌，乃至"北宫井溢，南流逆理，数郡水出，流杀人民。后则讹言传相惊震，女童入殿，咸莫觉知"，都是上天对后宫坐大发出的警讯。[70]

元延（前12—前9）、绥和（前8—前7）年间，灾异频生。灾异学家李寻认为这是汉中衰之象。"往者赤黄四塞，地气大发，动土竭民，天下扰乱之征也。彗星争明，庶雄为桀，大寇之引也。"[71]就连地震与彗星这样的大凶之兆，都已经出现了，而按他的推算，还应该有大水为灾。建始三年（前30），长安"城中讹言大水，奔走上城，朝廷惊骇，女孽入宫"[72]，就是一个信号。虽然长安最后没有发生水灾，这并不意味着大水讹言是虚幻捏造之言。

成帝绥和二年（前7）春，荧惑守心，李寻又向丞相翟方进进言："应变之权，君侯所自明。往者数白，三光垂象，变动见端，山川水泉，反理视患，民人讹谣，斥事感名。三者皆效，可为寒心。"[73]李寻对讹言预警功能的重视，可见一斑。值得注意的是，李寻认为讹言不仅有预警的功能，更具谶言的特质："案行事，考变易，讹言之效，未尝不至。"[74]大水不是不至，时机未到而已，所以必须赶紧亡羊补牢，以顺天心。刘向、谷永、李寻皆善说《洪范五行》灾异,按汉代流行的"洪范五行"说,大水乃阴盛之罚,后宫、外戚用事擅权,属阴气过盛,自然要出现水灾。所以京师大水虽是并未应验的"讹言",在汉代的人们看来,其预警威力丝毫未减。

值得注意的是,《汉书·五行志下之上》对小女陈持弓事件的意义别有一番诠释:

> 民以水相惊者,阴气盛也。小女而入宫殿中者,下人将因女宠而居有宫室之象也。名曰持弓,有似周家麋弧之祥。《易》曰:"弧矢之利,以威天下。"是时,帝母王太后弟凤始为上将,秉国政,天知其后将威天下而入宫室,故象先见也。其后,王氏兄弟父子五侯秉权,至莽卒篡天下,盖陈氏之后云。京房《易传》曰:"妖言动众,兹谓不信,路将亡人,司马死。"[75]

所谓"周家麋弧之祥",典出《国语·郑语》:"且(周)宣王之时有童谣曰:'麋弧箕服,实亡周国。'"[76]即以陈持弓阑入宫禁与褒姒亡西周相比拟,亦提醒后世读者,大水讹言之警告不只针对许皇后,更预警王太后及其庞大家族(包括王莽)将给刘汉皇室带来的沉重打击。

《汉书·五行志》强调陈持弓"年九岁",也值得注意。九岁少女被视为传递天谴信息的"妖人",或与当时以为"童男女"具有特殊的神秘主义品性、其言行能够启示天意的观念有关。详见本书第四章的讨论。[77]

以"洪范五行"灾异理论解读讹言的预警功能,在东汉政治中仍然流行。《后汉书·桓帝纪》载,延熹八年(165)十一月壬子:

> 德阳殿西阁、黄门北寺火,延及广义、神虎门,烧杀人。[78]

李贤注引《袁山松书》:"是时连月火灾,诸宫寺或一日再三发。又夜有讹言,击鼓相惊。陈藩等上疏谏曰'唯善政可以已之',书奏不省。"当时流传讹言的具体内容不得而详,陈藩等人上疏的内容见于《后汉书》志一四《五行二》李贤注引《袁山松书》:

> 陈藩、刘矩、刘茂上疏谏曰:"古之火皆君弱臣强,极阴之变也。前始春而狱刑惨,故火不炎上。前入春节连寒,木冰,暴风折树,又八九州郡并言陨霜杀菽。《春秋》晋执季孙行父,木为之冰。夫气弘则景星见,化错则五星开,日月蚀。灾为已然,异为方来,恐卒有变,必于三朝,唯善政可以已之。愿察臣前言,不弃愚忠,则元元幸甚。"[79]

陈藩等所言，皆据"洪范五行"灾异说。桓帝时，有灾异学家襄楷诣阙上书曰："三月洛阳城中夜无故云火光，人声正喧，于占皆不出三年，天子当之。"[80]无故火灾和讹言出现，都是对君主的警告，所谓"古之火皆君弱臣强，极阴之变也"。

**（二）传行西王母筹讹言**

另一则汉代广泛流传的讹言，就是中国宗教、神话史上著名的"传行西王母筹"。有关西王母神话的记载，或说于殷代卜辞中已出现，较可靠的是战国时期的文献，如《穆天子传》《竹书纪年》《山海经》等。有学者认为，西王母在西汉已有福神和高禖之神的职能，东汉画像石、画像砖上也常见西王母的形象。在后来的道教神谱中，西王母更占据一个重要的地位。但在西汉的国家祭祀与民间信仰体系中，西王母的地位、职能究竟如何，尚待深入研究。[81]

哀帝建平四年（前3）春，大旱。这一年出现了空前壮观、遍及全国、延续达大半年的"传行诏筹"恐慌性群体事件。《汉书·哀帝纪》："关东民传行西王母筹，经历郡国，西入关至京师。民又会聚祠西王母，或夜持火上屋，击鼓号呼相惊恐。"[82]《汉书·天文志》："民相惊动，欢哗奔走，传行诏筹祠西王母，又曰'从（纵）目人当来。'"[83]《汉书·五行志》的记载更为详细生动：

哀帝建平四年正月，民惊走，持稾或棷一枚，传相付与，曰行诏筹。道中相过逢多至千数，或被发徒践，或夜折关，或逾墙入，或乘车骑奔驰，以置驿传行，经历郡国二十六，至京师。其夏，京师郡国民聚会里巷仟佰，设张博具，歌舞祠西王母。又传书曰："母告百姓，佩此书者不死。不信我言，视门枢下，当有白发。"至秋止。[84]

从这次"行西王母筹"事件的规模、参预者的狂热程度以及涉及的区域之广来看，在行筹事件发生之前，民间对西王母的信仰应已相当普遍。后来王莽以新代汉，改封元后为"新室文母太皇太后"，即利用此讹言事件，将其称为新室的祥瑞，说"哀帝之代，世传行诏筹，为西王母共具之祥，当为历代（为）母，昭然著明"[85]。但哀帝的朝廷及汉代史家对此事件的正式定性，仍然是"讹言惑众"。只是这则讹言的预警针对什么现象而发，不同立场者有不同的反应和解读。

哀帝宠臣、屡被舆论指斥为灾异祸源之一的息夫躬，声称祸在边防，建议整饬武备、斩一郡守以立威：

往年荧惑守心，太白高而芒光，又角星茀于河鼓，其法为有兵乱。是后讹言行诏筹，经历郡国，天下骚动，恐必有非常之变。可遣大将军行边兵，敕武备,斩一郡守,以立威,震四夷,因以厌应变异。[86]

是时,哀帝亲近祖母傅太太后、生母丁太后,丁、傅两家外戚显赫专权、子弟并进,又多用佞臣。朝野间不少人对此不满,认为行筹讹言是对哀帝重用外戚佞幸的谴告,舆情汹涌。元寿元年(前2)正月朔日,日蚀,哀帝面对地震、行筹讹言和日蚀等灾异的冲击,不得不顺应舆情,重新起用威望素著的大臣孔光(前65—5),罢免宠臣孙宠、息夫躬及其他近臣数十人。丞相王嘉则认为种种灾异是上天对哀帝过度宠幸董贤、滥予国家名器的警告:

> 奢僭放纵,变乱阴阳,灾异众多,百姓讹言,持筹相惊,被发徒跣而走,乘马者驰,天惑其意,不能自止。或以为筹者策失之戒也。陛下素仁智慎事,今而有此大讥。[87]

前凉州刺史杜邺举方正,奉旨上书直言,他在对策中说:

> 窃见陛下行不偏之政,每事约俭,非礼不动,诚欲正身与天下更始也。然嘉瑞未应,而日食地震,民讹言行筹,传相惊恐。[88]

《春秋》灾异,以指象为言语。筹,所以纪数。

民,阴,水类也。水以东流为顺走,而西行,反类逆上。象数度放溢,妄以相予,违忤民心之应也。西王母,妇人之称。博弈,男子之事。于街巷阡陌,明离阃内,与疆外。临事盘乐,炕阳之意。白发,衰年之象,体尊性弱,难理易乱。门,人之所由;枢,其要也。居人之所由,制持其要也。其明甚著。今外家丁、傅并侍帷幄,布于列位,有罪恶者不坐辜罚,亡功能者毕受官爵。皇甫、三桓,诗人所刺,《春秋》所讥,亡以甚此。指象昭昭,以觉圣朝,奈何不应![89]

杜邺对传行西王母筹事件中出现过的关键符号和意象,包括筹、民、西王母、博具、里巷仟佰、门、枢、白发,从"洪范五行"灾异学的角度一一作了诠释,以外戚丁、傅为灾异谴告的矛头所指。

不久,傅太后崩,名儒、谏大夫鲍宣(前30—3)上书说"陛下父事天,母事地,子养黎民,即位以来,父亏明,母震动,子讹言相惊恐","诚可畏惧"。如今虽然哀帝"深内自责,避正殿,举直言,求过失,罢退外亲及旁仄素餐之人,征拜孔光为光禄大夫,发觉孙宠、息夫躬过恶,免官遣就国",但"二月丙戌,白虹虹日,连阴不雨,此天有忧结未解,民有怨望未塞者也"。[90]鲍宣请求罢免董贤,遣之就国。哀帝不能听,反拜董贤为大司马、卫将军，领尚书事，甚至有意禅让帝位于董贤。至元寿二年（前1），哀帝崩，成帝母王太皇太后临朝，拜王莽为大司马，始废黜董贤，诛灭丁、傅。

## （三）土德讹言

与宗教、神话有关的传说、信仰，虽然在智者看来荒谬无稽，却不能简单将其斥为迷信、怪诞、谬误。信众之所以相信，自有其深刻的社会心理背景和实际的需要，王嘉所谓"天惑其意，不能自止"，是也。"行西王母筹"讹言的发生和传播就是一个例子，汉代人们对五德终始政治历史观的普遍信仰是另一个例子。王莽依五德相生说，推定代汉火德者当为土德；东汉自承火德，汉末意图代汉者亦多自居土德。所以汉新、汉魏之际，涉及赤、黄更迭的祥瑞灾异征兆及传说多不胜数，其中就有不少被标签为"讹言"。

《汉书·王莽传中》载，新莽天凤二年（15），民间"讹言黄龙堕死黄山宫中，百姓奔走往观者有万数。莽恶之"。王莽自承土德，自然恶闻黄龙堕死，下令"捕系问语所从起"，显已违背先儒"流言不极"的教诲，结果自然是"不能得"。[91] 王莽对这则讹言可能引发的社会影响之恐惧，不能算是过度反应，他只是不明白"防民之口，甚于防川"，民间舆论之向背不能靠高压堵截来操控左右。结果可想而知，同类言论在民间持续流传发酵，终酿成"人心厌新"之社会思潮。

《后汉书》志一七《五行五》载，桓帝永康元年（167）八月，

> 巴郡言黄龙见。时吏傅坚以郡欲上言，内白事以为走卒戏语，不可。太守不听。尝见坚语云："时民以天热，欲就池浴，见池水浊，因戏相恐'此中有黄龙'，语遂行人间。闻郡欲以为美，故言。"[92]

由民间"戏语"经流传而形成众所周知的传说，是讹言、民间俗信的典型生成方式之一。应劭《风俗通义》记载的多种汉代俗神信仰，往往生于误会、误传、戏语（对于这种现象，第五章将作具体讨论）。但巴郡的黄龙传闻，本在当地走卒中戏传，上达郡听后，郡守为了迎合朝廷所好、美化自己的治绩，便将其作为祥瑞上报，载入史册。"桓帝时政治衰缺，而在所多言瑞应，皆此类也。"当权者有意利用民间戏语，以讹传讹，制造上天垂瑞的假象，岂止桓帝。然而，如"先儒言：瑞兴非时，则为妖孽，而民讹言生龙语，皆龙孽也"[93]。民间戏语所言黄龙，即使当真，亦土德当令之象征。桓帝竟认为汉室祥瑞之征，毋乃天夺其智乎？这则记载，令我们对汉代讹言的发生、传播、建构过程有了一些较具体的认识。

桓灵之世，与土德相关之讹言陆续有来，《后汉书》志一七《五行五》载曰：

熹平二年六月,雒阳民讹言虎贲寺东壁中有黄人,形容须眉良是,观者数万,省内悉出,道路断绝。到中平元年二月,张角兄弟起兵冀州,自号黄天,三十六方,四面出和,将帅星布,吏士外属,因其疲馁,牵而胜之。[94]

李贤注引应劭《风俗通》:

应劭时为郎。《风俗通》曰:"劭故往视之,何在其有人也!走漏污处,腻䐗流漉,壁有他剥数寸曲折耳。劭又通之曰:季夏土黄,中行用事,又在壁中,壁亦土也。以见于虎贲寺者,虎贲国之秘兵,扞难御侮。必示于东,东者动也,言当出师行将,天下摇动也。天之以类告人,甚于影响也。"[95]

虽然洛阳虎贲寺的"黄人"纯属讹传,但在东汉末,黄人、黄土、黄天、黄巾都有强烈的象征意义。李贤注引杨泉《物理论》:"黄巾被服纯黄,不将尺兵,肩长衣,翔行舒步,所至郡县无不从,是曰天大黄也。"[96]张角兄弟选择黄天、黄巾为其政治符号,显然是为了配合当时的普遍信仰和社会心态。东汉末期,民间层出不穷的与土德、黄色相关的讹言,也可能对张角兄弟的这一选择起了推波助澜的作用。

### (四)乱世讹言

自然灾异与社会危机最易在民众中诱发讹言,上述大水、西王母、土德讹言发生之历史情境皆如是。故有汉一代,即有不少讹言发生、流传于战乱时期或治安恶劣的社会环境之中。

前文在讨论"流言"时曾提到,申屠刚举贤良方正,在对策中质疑王莽隔绝平帝与外家冯、卫二族的用心。在同一篇对策中,他还指出:

> 今承衰乱之后,继重敝之世,公家屈竭,赋敛重数,苛吏夺其时,贪夫侵其财,百姓困乏,疾疫夭命。盗贼群辈,且以万数,军行众止,窃号自立,攻犯京师,燔烧县邑,至乃讹言积弩入宫,宿卫惊惧。自汉兴以来,诚未有也。[97]

可见即使接近权力中心的宫禁宿卫,在"盗贼群辈,且以万数,军行众止,窃号自立,攻犯京师,燔烧县邑"之际,也会因惊惧而受讹言的摆布。东汉章帝(刘炟,75—88年在位)建初二年(77),马严(17—98)出任陈留太守。"时京师讹言贼从东方来,百姓奔走,转相惊动,诸郡惶急,各以状闻。严察其虚妄,独不为备。诏书敕问,使驿系道,严固执无贼,后卒如言。"[98]

类似事例史不绝书,如《后汉书》志一三《五行一》:

安帝永初元年十一月，民讹言相惊，司隶、并、冀州民人流移。时邓太后专政。妇人以顺为道，故礼"夫死从子"之命。今专主事，此不从而僭也。[99]

献帝（刘协，189—220年在位）初平三年（192），董卓（？—192）遭李肃（？—192）、吕布（？—198）等刺杀。董卓旧部群龙无首、人心惶惶，而朝廷当权者在处置这支凉州大军的决策上，首尾两端、犹豫不决，于是"百姓讹言，当悉诛凉州人，遂转相恐动。其在关中者，皆拥兵自守"[100]。董卓旧部之间，及其与其他武装集团因讹言而发生的冲突混战，启动了三国鼎立之前长达二十余年的内战。

## 第三节　汉代官方对流言、讹言的态度及其理论背景

从先秦至两汉，历代朝廷都不会喜欢流言、讹言之类官方难以控制的言论信息。[101]据《周礼·大司徒》，周代"以乡八刑纠万民……七曰造言之刑。"郑玄注："造言，讹言惑众"[102]。顾炎武认为，造言之刑非常必要，"讹言莫惩，而宗周灭矣"：

> 舜之命龙也，曰："朕聖谗说殄行，震惊朕师。"故大司徒以乡八刑纠万民，造言之刑，次于不孝、不弟，而禁暴氏掌诛庶民之作言语而不信者。至于讹言莫惩，而宗周灭矣。[103]

不孝不悌，在古代是重罪。对编造讹言的刑罚仅次于不孝不悌，可知罪名之重。

秦汉政府对妖言、诽谤实施严刑峻罚，史有明文。著名案例如秦始皇之坑儒案、"尽取石旁居人诛之"的陨石铭文案以及西汉武帝杀窦婴（？—前131）、灌夫（？—前130）案等。其他因诽谤、妖恶言惑众而徙边、下狱、伏诛、弃市者，不计其数。然而，这未必表示秦汉当权者对造谣诬蔑、诏媚陷害、迷信虚妄深恶痛绝，禁之严、罚之重，纯粹出于道德、伦理、价值判断之考虑。因为有些造谣诽谤、诬蔑陷害的案例就是受当权者默许、纵容、鼓励而起，至于虚假信息的释放、传播更是政治斗争中的家常便饭。应该说，对妖言、诽谤的禁罚主要是出于稳定政局的考虑；有时是因为内部政争激烈，对控制局势缺乏自信；或是讳疾忌医、怕家丑外扬。

今存秦汉法令中，未见有关编造、传播讹言的罪名及惩罚，但讹言与妖言二词在汉代史籍中往往互通，罪罚当比照妖言。东汉宗室刘瑜，延熹八年（165）由太尉杨秉举为贤良方正。刘瑜到京后上书切谏，痛斥宦官"比肩裂土，皆竞立胤嗣，继体传爵……常侍、黄门，亦广妻娶。怨毒之气，结成妖眚……民愁郁结，起入贼党，官辄兴兵，诛讨其罪。贫困之民，或有卖其首级以要酬赏，父兄相代残身，妻孥相视分裂。"[104]桓帝不能用其言。桓帝崩，大将军窦武谋大诛宦官，引刘瑜为侍中，后事败，刘瑜被诛。"瑜诛后，宦官悉焚其上书，以为讹言。"[105]另据《杨秉传》李贤注引谢承《后汉书》，中常侍侯览之弟侯参，"取受罪臧累亿。牂柯男子张矝，居为富室，参横加非罪，云造讹言，杀矝家八人，没入庐宅"[106]。由上述两案例看，编造讹言乃灭门死罪，被认定为讹言的文字必须销毁。

至于流言，虽常被贴上"管、蔡同罪"的标签，在政治伦理上处于劣势并被剥夺论述的正当性，但不同于讹言之带有妖异色彩，流言的内容多与政治、人事相关，有时也传递一些真实信息。我们在流言部分的讨论中谈到，"流言惑众"罪虽可行"管、蔡之诛"，一些当权者或统治集团的成员有时也视流言为一种探测舆情、观察政局动向及政治预警信号的公众言论。

值得注意的是，官方虽然视讹言与妖言同罪，汉代政府中的明智者其实并未小觑其对民众的心理影响，也没有忽视其反映舆情的功能。汉代监察制度中的刺史代表中央政府巡视地方，负责监察吏治与行政效能。据《汉官典职仪》，"刺史班宣，周行郡国，省察治状，黜陟能否，断治冤狱,以六条问事,非条所问,即不省"。刺史监察内容的第三项,是郡国长吏有否"不恤疑狱,风厉杀人,怒则任刑,喜则淫赏,烦扰刻暴,剥截黎元,为百姓所疾"之劣迹。而此类劣迹,是以有否出现"山崩石裂,妖祥讹言"为判断标准的。[107]

汉代人视讹言具有山崩石裂之类天谴灾异的力量,不仅因为"讹言"与"妖言"两词在表达时可以互换,更因为它本身就是一种以言论形式显示的灾异、一种特殊的天启征兆。王嘉"天惑其意,不能自止"之说,即已暗示讹言的这种特质。汉代人的这种认识,有其神秘主义的理论基础。

哀帝宠臣息夫躬曾将西王母行筹讹言与荧惑、太白、角星等星异联系起来,称"恐必有非常之变",建议哀帝"遣大将军行边兵,敕武备,斩一郡守,以立威,震四夷,因以厌应变异"。[108]灾异学家李寻向最高统治者强调"讹言之效,未尝不至",讹言几乎等同谶言。李寻的学问传自伏胜至小夏侯今文《尚书》学一脉,这一学派善说《洪范五行》灾异,在汉代政治中极具影响。《汉书·五行志》即是以《洪范》灾异说为框架,汇集伏胜、大小夏侯以下及刘向、刘歆(?—23)父子等诸家《尚书》学而成。

见于《汉书·五行志》的"洪范五行"说,依据的是天人感应、有机互动的宇宙观。据这一宇宙观,天地人间出现的任何反常、怪异现象,都可能是超自然的神秘力量针对人间特别是统治者所作所为而发出的奖善惩恶之预兆。惩恶的预兆,依程度不同,被称为妖、孽、祸、痾等。"凡草物之类谓之妖。妖犹夭胎,言尚微。"[109]所谓异常、妖孽,在"洪范五行"说的理论框架中未必是贬义,端视观察者与解读者的立场而定。因为惩罚不得人心的统治者之恶行,正是为了顺应民众之意[110],讹言在汉代政治和社会语境中有时被赋予天启征兆之象征含义。广泛流传、接受度高且对舆论有导向能力的流言、讹言,它们所凝聚的群体期望、诉求和共识,以及时人对其神秘能力之信仰,可以令它们成为自我暗示型、自我实现型的天启式预言或谶言,有时甚至可以影响事件的发展方向、形塑历史的未来。

**注释：**

[1]《辞海》(1999)，第2册，第2545页。

[2]《现代汉语词典》(2005)，第876页。

[3] 陈雪屏 (1939)，第4页。

[4] 周晓虹 (1997)，第427页。

[5] 张铁民 (1997)，第30页。

[6] 阮元编：《十三经注疏·尚书正义》卷一三，北京：中华书局，1980，第197页。

[7]《十三经注疏·尚书正义》卷一三，第197页。

[8]《十三经注疏·毛诗正义》卷一八，第553页。

[9] 朱熹：《诗集传》卷一八，北京：中华书局，1958，第203页。

[10] 诸祖耿：《战国策集注汇考（增补本）》中册卷19，南京：凤凰出版社，2008，第941、942页。

[11] 顾炎武著，黄汝成集释，栾保群、吕宗力校点：《日知录集释》卷三，上海：上海古籍出版社，2006，第163页。

[12] 王先谦注："流者，无根源之谓。愬，谮也。""君子闻听流言、流说，则明白称誉。谓显露其事，不为隐蔽。如此，则奸人不敢献其谋也。"（王先谦撰，沈啸寰、王星贤点校：《荀子集解》卷九，北京：中华书局，1988，第259页）

[13]《十三经注疏·礼记正义》卷五九，第1669页。

[14] 司马迁：《史记》卷三三《鲁庄公世家》，北京：中华书局，

1959，第1518页。

［15］班固：《汉书》卷七《昭帝纪》，北京：中华书局，1964，第233页。

［16］《汉书》卷三六《楚元王传附刘向传》，第1943页。

［17］《汉书》卷八五《谷永杜邺传》，第3478页。

［18］"周公恐惧流言后"句，一作"周公恐惧流言日"。参见白居易著，顾学颉校点：《白居易集》卷一五《放言五首》之三，北京：中华书局，1979，第319页。

［19］《汉书》卷九九上《王莽传上》，第4065页。

［20］范晔：《后汉书》卷二九《申屠刚传》，北京：中华书局，1965，第1012页。

［21］《汉书》卷八四《翟方进传附翟义传》，第3426页。

［22］《汉书》卷八四《翟方进传附翟义传》，第3436页。

［23］《汉书》卷五七下《司马相如传》二七下，第2609页。

［24］《汉书》卷五七下《司马相如传》二七下，第2610页。

［25］《汉书》卷六〇《杜延年传》，第2663页。

［26］《汉书》卷三六《楚元王传附刘向传》，第1945页。

［27］《汉书》卷八一《张禹传》，第3348页。

［28］《汉书》卷八〇《东平思王传》，第3321页。

［29］《汉书》卷八二《史丹传》，第3377页。"天下莫不归心臣子。见定陶王雅素爱幸"两句，疑当断作"天下莫不归心。臣子见定陶王雅素爱幸"。

［30］《汉书》卷八六《王嘉传》，第3492页。

[31]《后汉书》卷二四《马援传》,第830—831页。

[32]《后汉书》卷三六《郑兴传》,第1221页。

[33]《后汉书》卷三六《郑兴传》,第1223页。

[34]《后汉书》卷六七《党锢列传序》,第2186页。

[35]《后汉书》卷五五《章帝八王列传》,第1798页。

[36]《汉书》卷九九上《王莽传上》,第4089页。

[37]《汉书》卷九九下《王莽传下》,第4180—4181页。

[38]《辞海》(1999),第1册,第1046页。

[39]《汉语大词典》(1993),第11册,第73页。

[40]《十三经注疏·毛诗正义》卷一一,第433页。

[41]《诗集传》卷一〇,第120页。

[42]《十三经注疏·毛诗正义》卷一二,第441—442页。

[43]《汉书》卷三六《楚元王传附刘向传》。

[44]《诗集传》卷一一,第129页。

[45]汉以后注家对这两首古诗中"讹言"的诠释,是否符合先秦语境中的原义,尚有进一步斟酌考辨的余地,笔者暂置不论。

[46]郦道元撰,陈桥驿校证:《水经注校证》卷三,北京:中华书局,2007,第87页。

[47]参见《汉语大字典》卷6(1989),第3948页;《汉语大词典》(1993),第11册,第72页。

[48]《十三经注疏·尚书正义》卷二,第119页。《史记·五帝本纪》卷一"讹"作"为":"申命羲叔,居南交。便程南为,敬致。"《集解》引孔安国曰:"为,化也。"《索隐》:"为依字读。春言东作,

夏言南为，皆是耕作劝农之事。孔安国强读为'讹'字，虽则训化，解释亦甚纡回也。"（第18页）

［49］《十三经注疏·毛诗正义》卷一二，第441页。

［50］《诗集传》卷一一，第129页。

［51］陈奂：《诗毛氏传疏》，台北：世界书局，1957，第124页。

［52］《十三经注疏·毛诗正义》卷一一，第438页。

［53］《汉书》卷八七上《扬雄传上》，第3532—3533页。

［54］《汉书》卷九九中《王莽传中》，第4133—4134页。

［55］《史记》卷二七《天官书》，第1339—1340页。

［56］《汉书》卷二六《天文志》，第1298页。

［57］《汉书补注》上册，第583—584页。

［58］《后汉书》卷二八上《桓谭冯衍列传》，第975页。

［59］《后汉书》卷六六《陈王列传》，第2176页。

［60］袁珂校注：《山海经校注》卷二，上海：上海古籍出版社，1980，第52、53页。

［61］《史记》卷四三《赵世家》，第1832页。

［62］朱自清：《中国歌谣》，台北：开今文化，1994，第24、25页。

［63］《十三经注疏·尔雅注疏》卷二，第2575页。

［64］《汉书》卷二七上《五行志上》，第1347页。

［65］荀悦、袁宏撰，张烈点校：《两汉纪》卷二四，北京：中华书局，2002，第419页。

［66］颜师古注："讹，伪言。"《汉书》卷一〇《成帝纪》，第

306—307页。

［67］《汉书》卷二七下之上《五行志下之上》，第1474页。

［68］参见《汉书·成帝纪》应劭、如淳、颜师古注。

［69］《汉书》卷八二《史丹传》，第3370页。

［70］《汉书》卷九七下《外戚传下·孝成许皇后传》，第3979页。

［71］《汉书》卷七五《眭两夏侯京翼李传》，第3181页。

［72］《汉书》卷七五《眭两夏侯京翼李传》，第3181页。

［73］《汉书》卷八四《翟方进传》，第3421页。

［74］《汉书》卷七五《眭两夏侯京翼李传》，第3183页。

［75］《汉书》卷二七下之上《五行志下之上》，第1474—1475页。

［76］徐元诰撰，王树民、沈长云点校：《国语集解》，北京：中华书局，2002，第473页。

［77］参见王子今：《略论两汉童谣》，《重庆师范大学学报》2007年第3期；王子今：《秦汉神秘主义信仰体系中的"童男女"》，《周秦汉唐文化研究》第5辑，西安：三秦出版社，2007；王子今、吕宗力：《论长安"小女陈持弓"大水讹言事件》，《史学集刊》2011年第4期。

［78］《后汉书》卷七《孝桓帝纪》，第316页。

［79］《后汉书》志一四《五行二》，第3296页。

［80］袁宏撰，周天游校注：《后汉纪校注》卷七《孝桓帝纪》，天津：天津古籍出版社，1987，第615页。

［81］有关西王母的专门研究，参见 Michael Loewe, *Ways to*

*Paradise: The Chinese Quest for Immortality* (London; Boston: Allen& Unwin, 1979), 86-126; Suzanne E. Cahill, *The Queen Mother of the West in Medieval China* (Stanford: Stanford University Press, 1993); 王青:《汉朝的本土宗教与神话》,台北:洪叶文化,1998,第253—347页;王子今、周苏平:《汉代民间的西王母崇拜》,《世界宗教研究》1999年第2期。

[82]《汉书》卷一一《哀帝纪》,第342页。

[83]《汉书》卷二六《天文志》,第1312页。

[84]《汉书》卷二七下之上《五行志下之上》,第1476页。如淳注:"椒,麻秆也。"颜师古注:"藁,禾秆也。"王先谦《哀帝纪》注曰:"天子将出,一人前行清道,呼曰传筹。今制尚有之,盖昉自汉世。此讹言王母将出至,为之传行诏筹,即其义也。"(班固撰,王先谦补注:《汉书补注》上册,北京:中华书局,1983,第138页)这则讹言的传播方式,令人不禁联想起近世不时出现的"连锁信",谓接到信后必须抄缮若干份,迅速分寄朋友,勿令连锁中断,否则必遭不测。甚至到了互联网时代,这样的心理游戏仍未绝迹,历史有时真可为鉴。

[85]《汉书》卷九八《元后传》,第4033页。《汉书》卷二七下之上《五行志下之上》也说:一曰"此异乃王太后、莽之应云"。(第1477页)

[86]《汉书》卷四五《息夫躬传》,第2184页。

[87]《汉书》卷八六《何武王嘉师丹传》,第3496页。

[88]《汉书》卷八五《谷永杜邺传》,第3476页。

[89]《汉书》卷二七下之上《五行志下之上》，第1476—1477页。

[90]《汉书》卷七二《王贡两龚鲍传》，第3091—3092页。

[91]《汉书》卷九九中，第4139页。《后汉书》卷三〇下《襄楷传》：桓帝延熹九年，襄楷上疏，有谓："王莽天凤二年，讹言黄山宫有死龙之异，后汉诛莽，光武复兴。虚言犹然，况于实邪"（第1079页）？指讹言为虚言。但虚言能吸引往观者万数，令王莽寝食难安，其社会政治影响力不容小觑。

[92]《后汉书》志一七《五行五》，第3344页。

[93]《后汉书》志一七《五行五》，第3344页。

[94]《后汉书》志一七《五行五》，第3346页。

[95]《后汉书》志一七《五行五》，第3346页。

[96]《后汉书》志一七《五行五》，第3346页。

[97]《后汉书》卷二九《申屠刚传》，第1013页。

[98]《后汉书》卷二四《马严传》，第861页。

[99]李贤注引《古今注》："章帝建初五年，东海、鲁国、东平、山阳、济阴、陈留民讹言相惊有贼，捕至京师，民皆入城也。"《后汉书》志一三《五行一》，第3277页。

[100]《后汉书》卷六六《王允传》，第2176页。

[101]逸言、告密、情报、官方故意释放的假消息等，恐怕又当别论。

[102]《十三经注疏·周礼注疏》卷一〇，第707页。

[103]黄汝成案：野旷难稽，而民愚易惑，故造言必始于乡，唯

乡刑得而治之。《日知录集释》卷五"造言之刑",第280—281页。

[104]《后汉书》卷五七《刘瑜传》,第1855—1857页。

[105]《后汉书》卷五七《刘瑜传》,第1858页。

[106]《后汉书》卷五四《杨秉传》,第1774页。

[107]《汉书》卷一九上《汉书·百官公卿表上》"部刺史"条颜师古注引,第742页。

[108]《汉书》卷四五《息夫躬传》,第2184页。

[109]《汉书》卷二七中之上《五行志中之上》,第1353页。

[110]《汉书·五行志》及汉代阴阳灾异说中关于言语之妖的具体论述,将在第四章"谶谣"部分介绍。

第二章　妖言

"妖言"与"流言""讹言"一样，是传统中国政治生活和社会生活中一种常见的言论标签。与"流言""讹言"相比，"妖言"尤令历朝统治者深恶痛绝。两千多年来，历朝当局对"妖言"的污名化颇为深入人心，对一般的士大夫和普通民众而言，"妖言"都代表着怪异、妖异、危险、不可信的负面信息。在现代汉语中，当"流言""讹言"被定义为虚妄、谬误、无稽、迷信或没有事实根据的传闻、捏造的信息，以及易为有心人利用来误导、愚民而被视为"谣言"时，"妖言"的定义是"迷惑人的邪说"[1]、"怪诞不经的邪说"[2]、"胡说，妄言"以及"邪说，惑乱人心的话"[3]，也属于谣言的一种表现形式。本章尝试通过对相关历史文献所记载的妖言案例及其相关语境所作的考察和解读，以期对汉代的妖言及其政治、社会角色做出更完整、更深入的解释。

## 第一节 "妖"字在先秦秦汉文献中的语义

妖,在先秦、秦汉文献中亦常作"訞"[4],或"袄"[5],亦通"夭"[6]。

妖、訞、袄,多用以形容一些反常、怪异和不同寻常的事物与现象。如《荀子·天论》有载:"故水旱不能使之饥,寒暑不能使之疾,袄怪不能使之凶。"[7]《吕氏春秋·察贤》记曰:"雪霜雨露时,则万物育矣,人民修矣,疾病妖厉去矣。"高诱注:"妖,怪;厉,恶。"[8]

有些怪异的自然或人文现象,古人难免会理解为涉及鬼神灵异。如《睡虎地秦墓竹简·日书甲种·诘篇》:"鸟兽能言,是夭(妖)也,不过三言。言过三,多益其旁人,则止矣。"[9]《左传·僖公十五年》:"寡人之从君而西也,亦晋之妖梦是践。"杜预注:"狐突不寐而与神言,故谓之妖梦。"[10]《后汉书·郡国志》广陵郡东陵亭刘昭注引《博物记》:"女子杜姜,左道通神,县以为妖,闭狱桎梏,卒变形莫知所极。以状上,因以其处为庙祠,号曰东陵圣母。"[11]

反常、怪异、不同寻常,在先秦、秦汉的历史语境中,有时并不等同负面、邪恶。如《左传·昭公二十六年》:"在定王六年。秦人降妖。"《正义》云:"降者,自上而下之言。当时秦人有此妖语,若似自上而下,神冯之然。"[12]这里的"妖",是附体于王室巫师的神物,故能为秦人作出灵异的预言。前引僖公十五年(前645)《左传》所说的"妖梦",也是指神降于狐突梦中。

也因此,美得不同寻常的人物或事物,在当时人笔下,常被形容为"妖"。如宋玉《神女赋》:"近之既妖,远之有望。"李善注:"近看既美,复宜远望。"[13]在汉魏文学作品中,"妖人"[14]、"妖女"[15]或指美女,"妖冶"[16]、"妖蛊"[17]常写美态。

当然,不同寻常的美,对端方谨严的正人君子而言,亦可能带些淫邪不正的意味。《后汉书·皇后纪序》以"妖幸"形容以姿色得幸于君王的嫔妃美人[18],《后汉书·梁冀传》对东汉外戚权臣梁冀(？—159)妻孙寿(？—159)的描述为"色美而善为妖态,作愁眉"[19],即反映出当时史家带有强烈意识形态意味的一种审美观念。

反常、怪异或不同寻常的事物与现象,在原始信仰、自然崇拜流行的时代,往往能予人以不祥的印象,引起惊惧和警惕。而在讲求天人合一、相信天人感应的秦汉社会中,这种现象被引申为上天示警的凶兆。所以在先秦、秦汉的传世文献和出土简帛中,我们可以读到大量这样的论述:

> 《左传·庄公十四年》:"妖由人兴也。人无衅焉,妖不自作。人弃常,则妖兴,故有妖。"[20]

《左传·宣公十五年》:"天反时为灾,地反物为妖,民反德为乱。乱则妖灾生。"[21]

《国语·晋语六》:"辨袄祥于谣。"[22]

《战国策·楚策四》:"先生老悖乎?将以为楚国袄祥乎?"[23]

《吴子·料敌》:"百姓怨怒,袄祥数起,上不能止。"[24]

《荀子·非相》:"今之世梁有唐举,相人之形状颜色而知其吉凶妖祥,世俗称之。"《大略》:"口言善,身行恶,国妖也。"[25]

《吕氏春秋·制乐》:"妖者祸之先者也,见妖而为善则祸不至。""夫天之见妖也,以罚有罪也。"[26]

《礼记·乐记》:"夫古者天地顺而四时当,民有德而五谷昌,疾疢不作,而无妖祥,此之谓大当。"[27]

《长沙子弹库战国楚帛书·甲篇》:"日月星辰,乱逆其行。赢绌逆(?乱),卉木亡常,是(?)谓妖。""惟邦所□妖之行，卉木民人，□四践之常，□□上妖，三时是行。""惟天作福，神则格之；惟天作妖，神则惠之。"[28]

《上海博物馆藏战国楚竹书·容成氏》："当是时也，疠疫不至，妖祥不行，祸灾去亡，禽兽肥大，卉木蓁长。昔者天地之佐舜而佑善，如是状也。"[29]

《马王堆汉墓帛书·刑德乙篇》："事若已成，天乃见祆，是谓发筋，先举事者地削兵弱。"[30]

从《史记》《汉书》等记载来看，"妖"在大多数语境中也都含有此意。于是，不祥之兆被称为"妖"或"妖祥"，自然或人事现象出现反常的变化被称为"妖变"，预兆灾祸的星象被称为妖星，起事倡乱者被称为妖贼，等等。更常见的用语是"妖孽"，如《国语·吴语》称：

今大夫老，而又不自安恬逸，而处以念恶，出则罪吾众，挠乱百度，以妖孽吴国。[31]

江陵张家山汉简之《奏谳书·盖庐》亦称：

凡用兵之谋，必得天时，王名可成，祆孽不来，

> 凤鸟下之，无有疾灾，蛮夷宾服，国无盗贼，贤悫则起，暴乱皆伏，此谓顺天之时。[32]

在汉代人的心目中，"妖孽"具有代天谴告的预警功能。《礼记·中庸》中有一段著名的论述"至诚之道，可以前知。国家将兴，必有祯祥；国家将亡，必有妖孽"[33]，就常被汉儒引为"天谴灾异"说的理论依据。汉人为什么认为"妖""孽"可以预言政事、人事的吉凶呢？

如前所述，在先秦、秦汉文献中，"妖"亦通天。班固（32—92）撰《汉书·五行志》，曾综合西汉今文《尚书》学名家欧阳、大小夏侯、京房（前77—前37）《易》学、刘向、刘歆父子诸说[34]，解释伏胜《洪范五行传》中的灾异说：

> 凡草物之类谓之妖。妖犹夭胎，言尚微。虫豸之类谓之孽。孽则牙孽矣。及六畜，谓之祸，言其著也。及人，谓之痾。痾，病貌，言寝深也。甚则异物生，谓之眚；自外来，谓之祥。[35]

其中对形容灾异的妖、孽、祸、痾诸词之词义有所区隔，妖、孽二字的解释，既取不祥之义，也强调其少、微之义，以为灾祸初生之名。正因初生，才有预警、征兆之功能。如京房所撰《易妖占》，就是一种凭据种种自然事物的反常"妖"象来预测政治、社会变动的占卜书。[36]

《汉书·五行志中之上》说"凡草物之类谓之妖"[37]，以之区别虫孽、畜祸、人痾，与《左传·宣公十五年》"地反物为妖"暗合，都以"妖"来形容与植物有关的异象。所以，当"上不明，暗昧蔽惑，则不能知善恶，亲近习，长同类，亡功者受赏，有罪者不杀，百官废乱"，就可能出现"冬温，春夏不和，伤病民人"的反常气候和物候，如"霜不杀草""桑谷共生""十二月，李梅实""枯树复生"等，统称为草木之妖。[38]

但细察综观《汉书·五行志》的论述，无论天地、星辰、人畜，凡见异象都可称"妖"，不限于"草物之类"。如社会上出现身份错置、性别倒乱、人畜不分的奇装异服之怪象，就被认定是出现了服妖。人类生理形态或行为的"奇异"现象，如女变男身、人身长毛或头生角、人有畸形或异形、人死复生、人食人等，被目为人妖。家畜家禽出现怪异反常形态或行为，如犬马鸡生角、犬与豕交、豕入居室、牛生五足、雄鸡自断其尾、雌鸡化为雄等，被视为犬妖、豕妖、牛妖、马妖、鸡妖。与野生及神奇动物有关的，则称鼠妖、狼妖、鸟妖、龙妖、鱼妖等。与天象气候有关的妖孽异象，有雨妖、脂夜之妖、星陨之妖。此外，山崩地裂、城门自坏，皆属妖征；宫室火灾，被视为妖火。

那么，在语言文字表达中出现的异常现象、反常言论，应该被称为什么呢？

## 第二节 "妖言"在秦汉历史论述中的语义

《白虎通·灾变》曰:"妖者,何谓也?衣服乍大乍小,言语非常。"[39]所以,反常、怪异的言论,就叫"妖言"。

在秦汉历史论述中,妖言有时指妄言诽谤。如《史记·秦始皇本纪》:"诸生在咸阳者,吾使人廉问,或为訞言以乱黔首。"[40]《史记·淮南衡山列传》:"荧惑百姓,倍畔宗庙,妄作妖言。"[41]也就是说,对上不敬、不利在上位者的言论,都可能被标签为妖言。妄言、诽谤,以及非所宜言,在秦汉法律中都是与妖言并列的严重言论罪行,也都具有对上不敬、不利在上位者的性质。它们之间应如何区分呢?按张仁玺的研究,"凡是对封建王朝有不满言论的,就可能构成诽谤罪"。妄言"就是指煽动或推翻封建王朝统治的言论",而凡是说了不该说的话,就可能有罪,这叫非所宜言罪。至于什么可以说,什么不可以说,法律上并没有明确的规定,所以其随意性很大。[42]至于妖言的定义,张仁玺引《汉书·高后纪》颜师古注:"过误之语以为妖言。"[43]什么是过误之语?"从当时的情况来看,就是'诵不详之辞',以迷惑群众。"[44]

据上述定义和描述,四种可以入罪的言论在内容上和表达形式上有相当高的同质性,都属于违逆上意的大不敬罪。只是"诽谤"罪的重点在于惩罚以古非今的言论;"妄言"多具有煽动或推翻皇朝统治的谋逆性质;"非所宜言"像个大筐,什么都可以往里装;"妖言"则有两个特性,即"不详(祥)"和"惑众"。

张氏的论述相当扎实细腻,也比较准确。当然,从相关史籍的记载来看,在秦汉实际政治生活中,被冠以上述标签的这几种言论,在内容上有时难以严格区隔。例如秦始皇三十五年(前212),侯生、卢生议论秦始皇"刚戾自用""乐以刑杀为威",不算是以古非今,始皇却以卢生等为"今乃诽谤我,以重吾不德也"。[45]汉代法律则以在皇帝面前"怨望非议"政治,为诽谤之罪。[46]

不少标签为"妄言"的言论确实具有煽动谋逆的性质,如项羽(前232—前202)与其叔项梁(？—前208)观秦始皇帝游会稽、渡浙江时所出之言。项羽曰:"彼可取而代也。"梁掩其口,曰:"毋妄言,族矣！"[47]但也有不少被定为妄言罪的,只是一些胡言妄语、狂妄自大语,或只是不顺上意、对上不敬之语。在秦汉历史论述中,"妄言"与"妖言"这两种言论标签有时也互通互用、难以区分。比较而言,"不祥"和"惑众"确实可以被看作是"妖言"的特性。所谓"不祥之辞",即语涉阴阳灾异、吉凶鬼神,带有明显神秘色彩的言论,与"妖"字在汉代的常见含义相合。

对妖言的这一诠释,始见于《汉书·律历志上》所载昭帝元凤(前80—前75)年间太史令张寿王请改太初历案。寿王"妄言太初历亏四分日之三,去小余七百五分,以故阴阳不调,谓之乱世",有司劾以"古之大夫,服儒衣,诵不详之辞,作祅言欲乱制度"。[48]妖言、妄言、诽谤、非所宜言这几种言论标签,在汉代历史叙述中虽然同质性高,但天谴灾异、神鬼吉凶之类的神秘色彩,确是更多地体现在被标签为"妖言"的言论之中。

《史记·高祖本纪》有一段刘邦(西汉开国皇帝,前202—前195在位)起事前醉斩白蛇的著名故事,是有关西汉皇室开国合法性最重要的政治神话。[49]刘邦斩蛇之后,有人"来至蛇所,有一老妪夜哭。人问何哭,妪曰:'人杀吾子,故哭之。'人曰:'妪子何为见杀?'妪曰:'吾子,白帝子也,化为蛇,当道,今为赤帝子斩之,故哭。'人乃以妪为不诚,欲告之,妪因忽不见"[50]。《论衡·纪妖篇》中转述这段故事,改"人乃以妪为不诚,欲告之"为"人以妪为妖言,因欲笞之"[51]。此即当时人以鬼神之说为妖言的一个例证。

东汉时,社会动荡加剧,"盗贼"蜂起,起事者不少具有巫术、原始道教等宗教背景,其动员民众的口号、言论常带有妖异神秘色彩。这些口号、言论往往被当局称为"妖言",其造作者、宣扬者则被目为"妖人""妖贼"。所以后世兵家论述军中如何人尽其才,便主张派"善张皇鬼神之说、推引天命"者去向敌方散布"妖言诈辞","使扬声惑众以动敌心"以获得心理战的效果。[52]

妖言多是以口头形式传播的，集为文字，就被目为"妖书"或"妖邪之书"了。如《后汉书》志一一《天文中》载，东汉明帝（刘庄，57—75年在位）永平十三年（70）"楚王英与颜忠等造作妖书谋反，事觉，英自杀，忠等皆伏诛"[53]。东汉道教经典《太平经》的前身，干吉于曲阳泉水上所得之《太平清领书》，以"其言以阴阳五行为家，而多巫觋杂语"，被有司奏为"妖妄不经"。[54]东汉末年流传的《石包（室）谶》，亦被指为"妖邪之书"[55]。

汉代人认为，妖言的神秘特征，不仅仅表现在其直接与阴阳灾异、吉凶鬼神相关的内容。有时不同寻常的词语选择或其表达方式，甚或表面看似平常无奇的语词和表达方式，其实内涵妖祥征兆的神秘意义，也可视作妖言。《白虎通》之"言语非常"，此之谓也。

如袁康《越绝书·德序外传记》：

> 吴王将杀子胥，使冯同征之。胥见冯同，知为吴王来也，泄言曰："王不亲辅弼之臣，而亲众豕之言，是吾命短也。高置吾头，必见越人入吴也，我王亲为禽哉！捐我深江，则亦已矣！"胥死之后，吴王闻以为妖言，甚咎子胥。王使人捐于大江口。勇士执之，乃有遗响，发愤驰腾，气若奔马，威凌万物。归神大海，仿佛之间，音兆常在。后世称述盖子胥水仙也。[56]

伍子胥（？—前484）之语激愤慷慨，溢于言表，却非妖异怪诞之论。吴王以为妖言，因其大不敬。但后人（包括东汉人）视子胥故事为传奇，认为吴越之争后来的事态发展，在在验证了子胥之语的预警力量，所以此类言语现象，即属言之妖者。

妖言的第二个特色是"惑众"。从秦汉史籍所记载的妖言案件来看，并非所有的妖言都曾在众人中广泛传播，有些妖言，仅见于"上书"、私人书信、私下诽谤等影响较小的场合。但有些妖言，确实具备"惑众"的能力或潜力。如秦始皇指责群儒"或为訞（妖）言以乱黔首"。淮南王刘安的谋逆罪状之一是"荧惑百姓，倍畔宗庙，妄作妖言"。至东汉中后期，社会多动乱，又有原始道教兴起，此类事件尤多，于是有"妖惑"之词，即以妖言、妖术煽惑群众之意。[57]

## 第三节　秦汉史中的妖言案例

秦汉时期与妖言相关的个案甚多，笔者以发生的时代为序，取其中具有典型历史意义者，试图在历史自身的演变脉络中，观察妖言的政治和文化意味及官方的应对之道。

## 一、秦诸生"为訞言以乱黔首"案

秦始皇三十四年（前213）焚书、三十五年坑儒，是中国政治史、思想文化史上的大事件，史家论述甚丰。本文仅就坑儒事件与"妖言"的关系，略作探讨。

在中国思想史、文化史的研究中，常将坑儒与焚书并提，强调两者在意识形态、政治利害考虑上的密切关联，以此为秦始皇灭绝儒术之铁证。对此，王充在《论衡·语增篇》中已提出质疑：

> 传语曰："秦始皇帝燔烧《诗》《书》，坑杀儒士。"言燔烧《诗》《书》，灭去五经文书也；坑杀儒士者，言其皆挟经传文书之人也。烧其书，坑其人，《诗》《书》绝矣。言燔烧《诗》《书》，坑杀儒士，实也。言其欲灭《诗》《书》，故坑杀其人，非其诚，又增之也。
>
> 燔《诗》《书》，起淳于越之谏；坑儒士，起自诸生为妖言，见坑者四百六十七人。传增言坑杀儒士，欲绝《诗》《书》，又言尽坑之，此非其实，而又增之。[58]

秦至西汉的儒士，往往兼具方士性格，所以王充认为坑儒与禁绝儒家《诗》《书》之间并无必然的联系：

"三十五年,诸生在咸阳者,多为妖言。始皇使御史案问诸生,诸生传相告引者,自除犯禁者四百六十七人,皆坑之。"[59]这一说法,与《史记·秦始皇本纪》对事件的叙述大致相同,王充对焚书与坑儒的起因和性质加以区分,是有道理的。

《史记·秦始皇本纪》在叙述坑儒事件前,先叙侯生、卢生私下对秦始皇的尖锐批评,以及其逃亡又引发秦始皇的极度愤怒。[60]始皇怒曰:

> 吾前收天下书不中用者尽去之,悉召文学方术士甚众,欲以兴太平。方士欲练以求奇药。今闻韩众去不报,徐市等费以巨万计,终不得药,徒奸利相告日闻。卢生等吾尊赐之甚厚,今乃诽谤我,以重吾不德也。[61]

秦始皇骂的主要是方士,紧接着他又说:"诸生在咸阳者,吾使人廉问,或为訞(妖)言以乱黔首。"于是,始皇传令派御史将诸生抓起来审问,"诸生传相告引,乃自除犯禁者四百六十七人,皆坑之咸阳,使天下知之,以惩后。益发谪徙边"[62]。

从《史记》的上下行文来看,被逮捕审问的诸生,当与方士关系密切,而其"妖言"是否语涉妖异,史书没有明确记载,无从考究。对诸生该坑的坑、该流放的流放之后,始皇长子扶苏(?—前210)谏曰:"天下初定,远方黔首未集,诸生皆诵法孔子,今上皆重法绳之,臣恐天下不安。唯上察之。"[63]原来所谓"妖言",竟是诵法孔子之言?抑或扶苏的意思是这些诸生虽有方士性格亦具儒生身份,故请父皇手下留情?扶苏谏诤的结果,是他自己被放逐去边郡,未能改变秦始皇迫害诸生的态度。但我们从中或可推测,当年诸生的"妖言",其实亦不过是所谓引古非今、不顺上意的"诽谤"之语。

到了秦始皇三十六年(前211),倒真是发生了一些涉及妖异言语的事件,尽管史书并未将这些言语标签为"妖言"。《史记·秦始皇本纪》曰:

> 有坠星下东郡,至地为石,黔首或刻其石曰"始皇帝死而地分"。始皇闻之,遣御史逐问,莫服,尽取石旁居人诛之,因燔销其石。
> 
> 秋,使者从关东夜过华阴平舒道,有人持璧遮使者曰:"为吾遗滈池君。"因言曰:"今年祖龙死。"使者问其故,因忽不见,置其璧去。使者奉璧具以闻。始皇默然良久,曰:"山鬼固不过知一岁事也。"退言曰:"祖龙者,人之先也。"使御府视璧,乃二十八年行渡江所沉璧也。于是始皇卜之,卦得游徙吉。[64]

陨石坠落,在秦汉社会的普遍观念中本已是不祥之征,黔首所刻更属不祥之辞。"始皇帝死而地分",不仅是民众的诅咒,也可以被视为上天的预警。"今年祖龙死"不但语含神秘,其出现及传播的过程更是妖异莫测。秦始皇虽然可以燔销陨石,尽诛石旁居民以泄一朝之忿,但面对层出不穷的妖异言语及其所代表的民心舆论,最后仍不得不默然良久,卜问鬼神。[65]

## 二、淮南王刘安"荧惑百姓,妄作妖言"案

西汉武帝(刘彻,前141—前87年在位)元狩元年(前122),淮南王刘安(约前179—前122)谋反事败,自杀国除。治秦汉史者对此多耳熟能详,对于此案缘起、过程,以及究竟是谋叛案还是冤狱,仍有不少争议。笔者在此无意对此案作全面检讨,只是将《史记》和《汉书》有关此案记载中涉及妖言的一些情节略作梳理。

刘安是淮南王刘长(约前198—前174)之子、汉高祖刘邦之孙、汉武帝之叔。文帝时,刘长骄恣僭越,擅杀辟阳侯审食其(?—前177),又密议谋反。事发后,刘长被废并放逐蜀郡,途中绝食而死,文帝追谥其为厉王。

据《史记》《汉书》的记载,刘安袭封后,"时时怨望厉王死",胸怀异志,"为人好读书鼓琴,不喜弋猎狗马驰骋,亦欲以行阴德拊循百姓,流誉天下"[66]。景帝(刘启,前157—前141年在位)三年(前154),吴楚七诸侯王国反,刘安本欲起兵响应,因国相反对及朝廷及时派兵

至淮南，未遂。

武帝即位初（建元二年，前139），刘安入朝。据《史记·淮南衡山列传》，武安侯田蚡（？—前131）时为太尉，迎刘安于霸上，对他说："方今上无太子，大王亲高皇帝孙，行仁义，天下莫不闻。即宫车一日晏驾，非大王当谁立者！"刘安大喜，厚遗武安侯财物。[67]

建元六年（前135），彗星见。当时的社会观念，普遍认为此异象主刀兵之乱。刘安"以为上无太子，天下有变，诸侯并争"，积极整治兵备，重金招徕游士奇才至数千人。他所招揽的辩士，其中便有"妄作妖言，谄谀王"[68]者。用来取悦刘安的这些妖言，当即后文所说的"言上无男，汉不治"之类言论。当时武帝已二十一岁，仍无子嗣。无论前文所引建元二年（前139）田蚡与刘安的秘密对话是否属实，看来刘安一直对武帝无子之情势保持热切关注，并有一种希望这种情势持续下去的心理期待。

元朔五年（前124），淮南王太子刘迁违法，事连刘安，武帝罚以削地二县。"淮南王削地之后，其为反谋益甚。诸使道从长安来，为妄妖言，言上无男，汉不治，即喜；即言汉廷治，有男，王怒，以为妄言，非也。"[69]问题是，武帝于元朔元年（前128）已得长子刘据（即戾太子，前128—前91）[70]，虽然没有立即将其立为太子[71]，却不可谓"无男"。难道刘安根本否认武帝有子，或心中不承认刘据是武帝之子、帝室继嗣？[72]难道当时宫廷中或社会上对此有什么传言？抑或是刘安坚持先入为主的偏见，拒绝相信任何他不愿意相信的信息，偏执到走火入魔、完全不顾事实的地步？[73]

诸侯王、列侯、丞相等集议刘安罪状，胶西王刘端所议"淮南王安废法行邪，怀诈伪心，以乱天下，荧惑百姓，倍畔宗庙，妄作妖言"[74]，即淮南君臣间流传的种种"妖言"，不但存背叛宗庙之心，而且可能有蛊惑百姓之实，成为此案定罪量刑的重要罪状之一。但刘安"妖言"的具体内容，在汉代历史叙述中多缺而不言，或轻描淡写，令今人对两千多年前发生的这一大案之真相，不免有雾里看花之叹。

无论当时刘安心中想的是什么，其根据又是什么，我们今日已不可考，但可以推测相关妖言的内容很可能涉及宫廷秘辛，近乎诽谤、无稽之谈，而非带有妖异色彩的言论。

### 三、张寿王"诵不详之辞，作祆言欲乱制度"案

昭帝初，内有权臣把持朝政[75]，外有强藩虎视眈眈[76]，朝野民间纷传的灾异现象，如大水、大旱、日食、亡冰、城门灾、殿堂灾、鼠舞不休、乌鹊相斗、树枝如人头等，也此伏彼起。[77]这样的情形，在当时被认为是阴阳不调所致。

元凤三年（前78），太史令张寿王上书说阴阳失调乃武帝太初元年（前104）修历不当所致，要求改用他所传承的黄帝历。昭帝诏命主历使者鲜于妄人召集多位治历专家，从元凤三年十一月朔旦冬至至元凤五年（前76）十二月，观察日月晦朔弦望、八节二十四气以比较当时流传的十一家历法。专家们观察比较的结论是，张寿王的黄帝历误差最大。于是，有司劾奏张寿王"非汉历，逆天道，非所宜言，大不敬"[78]。

逆天道、非所宜言，都是大不敬之重罪。但朝廷没有立刻处分张寿王，而是要求治历专家们再多观察一年，结论仍然是太初历误差最小，黄帝历误差很大。有司再次劾奏张寿王身为八百石之官员，乃古之大夫，服儒衣，却"妄言太初历亏四分日之三，去小余七百五分，以故阴阳不调，谓之乱世"，"诵不详之辞，作祅言欲乱制度，不道"。[79]汉代"妖言"的定义之一为"诵不详（祥）之辞"，典出于此。昭帝虽愿再次赦免，张寿王却固执己见，终于下吏而死。

张寿王虽然愚昧偏执，他所关注的其实只是历法的学理问题。但在汉代，历法所代表的是天道和正朔，是皇朝统治合法性所在。张寿王坚持批判兼具学理和政治正当性的太初历，确是言非所宜言；而声称太初历导致"阴阳不调，谓之乱世"，更是触犯当朝的政治忌讳，判他犯下妖言罪不算冤枉。然而，他的"妖言"毕竟不含明显的政治目的，对治历圈子以外的影响看来也不大，这也许就是昭帝，或者说主持政务的霍光，愿意再三赦免他的原因。而大约同时发生的眭弘妖言案，就没有那么幸运了。

**四、眭弘、夏侯胜等的谶言式妖言案**

眭弘（？—前78），字孟，鲁国蕃人。从董仲舒弟子嬴公受《春秋》公羊学，以明经为议郎，至符节令。

昭帝元凤三年正月：

> 泰山、莱芜山南匈，匈有数千人声，民视之，有大石自立，高丈五尺，大四十八围，入地深八尺，三石为足。石立后有白乌数千下集其旁。是时昌邑有枯社木卧复生，又上林苑中大柳树断枯卧地，亦自立生，有虫食树叶成文字，曰"公孙病已立"。[80]

大石自立、枯木复生、虫食树叶成文字，这些自然界的异象，在汉代一般思维中，都属于典型的灾异征兆，按"洪范五行"说的分类，属于草木、金石之妖及虫祸。按照京房《易》学、董氏《春秋》公羊学，石属阴类；木则或说属少阳，或说属阴。眭弘根据所习董氏《春秋》公羊学，认为：

> 石柳皆阴类，下民之象，泰山者岱宗之岳，王

者易姓告代之处。今大石自立,僵柳复起,非人力所为,此当有从匹夫为天子者。枯社木复生,故废之家公孙氏当复兴者也。[81]

所以刘汉皇朝已面临改朝换代,新天子将是来自民间的落难王公后裔。这样的"非常"言论,如果不被汉代朝廷视为妖言才怪呢。

这所谓"公孙氏",当求诸何人?当时的学者们有不同的理解,按照京房《易妖占》的解释:"石立如人,庶士为天下雄。立于山,同姓;平地,异姓。立于水,圣人;于泽,小人。"[82]如今大石自立于泰山莱芜山南,从匹夫为天子者,就应出自同姓。然而,眭弘依董氏《春秋》说却鼓吹"汉家尧后,有传国之运",称"先师董仲舒有言,虽有继体守文之君,不害圣人之受命",汉帝应该顺应天命,遍访贤人,禅让帝位,然后退为百里侯,如殷周二王后之故事。[83]这显然是要汉室禅让于异姓贤人了。

眭弘对这套严重犯忌的论述深信不疑,请友人内官长赐呈上此书。而当政者对此会作何反应,也完全可以想象得到。昭帝当时虽已十七岁,但朝廷的军政大权仍由大将军霍光把持,禅让之说最令其尴尬。霍光对此说深恶痛绝,将案件交给廷尉审讯。结果眭弘以"妄设祅言惑众,大逆不道"罪伏诛。[84]既言"惑众",则眭弘这一套妖言论述,在当时可能已在一定范围内传播且产生了相应的社会影响。

后来的事态发展颇有趣。眭弘伏诛四年之后，即元平元年（前74）四月，昭帝暴病驾崩，无嗣，霍光等迎立武帝之孙昌邑王刘贺（前92—前59）。这就应验了昌邑枯社木卧复生之预兆。刘贺于六月丙寅即位，癸巳即因霍光等大臣以其淫乱，奏请皇太后废黜，在位仅二十七日。[85] 至七月，霍光等议决迎立武帝曾孙、戾太子之孙刘病已，即后来的宣帝。[86]

刘病已祖父戾太子刘据、父亲刘进，都在武帝征和二年（前91）的巫蛊之祸中蒙冤遇难。刘病已当时是襁褓中的婴儿，也被投入狱中，后逢大赦出狱，由祖母娘家史氏养育，在民间成长直至十八岁，后被霍光选中迎立。他的背景，可以说完全符合"故废之家公孙氏"的描述。他本人经历了从匹夫到天子一步登天的传奇历程，他的背景、经历和名字与虫文"公孙病已立"完全吻合。元凤三年的种种妖异现象以及眭弘的妖言，除了禅让于异姓这一点，在当时的人们看来，已成为完全应验了的谶言，相信对论证宣帝即位的合法性也发挥了不可低估的作用。所以宣帝即位以后，征眭弘之子为郎[87]，表达了对眭弘的肯定和感激。眭弘有弟子数百，著名者如严彭祖、颜安乐、贡禹（前124—前44）等，后来不是以经学传世，就是位至三公。

眭弘"妄设祆言惑众"一案是由霍光指使廷尉定谳。自昌邑王至宣帝，霍光都居于造王者的地位。宣帝即位之初，霍光仍位处权力的顶峰，他为什么没有阻止宣帝为眭弘平反呢？以下案例，也许可以帮助我们理解霍光当时的心态。

据说，昌邑王刘贺被霍光等大臣选中继嗣皇位后，表现怪诞，骄奢淫逸，灾异累生。[88]霍光因而与亲信大司农田延年（？—前72）、车骑将军张安世（？—前62）密谋废立。事极机密，外间无有知者。刘贺毫无警觉，照常出宫游玩，时任光禄大夫的夏侯胜拦在乘舆前劝谏说："天久阴而不雨，臣下有谋上者，陛下出欲何之？"[89]

夏侯胜是西汉今文《尚书》《齐诗》学名家夏侯始昌的族子及弟子，他本人从多位名师受《尚书》及《洪范五行传》，善说灾异，《汉书·五行志》常引述其论说。在汉代的历史文化语境中，按照《洪范五行传》的学说，"久阴不雨"也叫"常阴"，是上天针对"皇之不极，是谓不建"降下的惩罚。"皇之不极，是谓不建"，是说"人君貌言视听思心五事皆失"，因而见事不明、处事不得其中，结果是万事皆不能立，上弱下强，有下人伐上之祸。[90]

由此可见，夏侯胜对刘贺的劝谏及其对政治形势的预言，有其经术根据。然而刘贺不仅拒绝纳谏，而且大怒，说夏侯胜"为袄言"，缚以属吏。主审官吏向霍光报告有关案情，霍光颇紧张，以为同谋废立的张安世泄露机密，但经询问，安世不曾外泄。霍光因此大为好奇，乃召问夏侯胜。夏侯胜回答说："在《洪范传》曰'皇之不极,厥罚常阴,时则下人有伐上者',恶察察言,故云臣下有谋。"[91]霍光、张安世大惊,从此不敢轻视经术之士的预言能力,非但不治夏侯胜"为祆言"之罪,而且在废刘贺、另立宣帝之后,更推荐夏侯胜教授皇太后《尚书》学,迁长信少府,赐爵关内侯。[92]

霍光经历刘贺、宣帝之废立,亲验夏侯胜的灾异论述之后,应该会对眭弘当年的"妖言"有不同的理解。眭案的平反,大概就是得益于这样的政治语境。

后来夏侯胜多次因灾异进谏、触怒宣帝而屡次下狱,又屡蒙赦免,于九十岁卒于官。不过夏侯胜所获得的宽容,似乎主要得益于宣帝、皇太后对他个人的信任,并不代表宣帝朝对妖言案采取宽松政策。本始二年(前72),温水侯刘安国"坐上书为妖言"案[93],以及五凤四年(前54)牵连多名政府要员的杨恽"妖言"案可以为证。

## 五、杨恽"作为妖言"案

杨恽(?—前54),华阴人,父杨敞(?—前73),安平侯,昭帝时历任大司农、御史大夫、丞相,母为司马迁之女。杨恽虽是少子,不得嗣父爵,却以其本身才能及家传的史学造诣,名显朝廷,被擢为左曹。宣帝世,杨恽以告发霍氏谋反,封为平通侯,迁中郎将、光禄勋。[94]

杨恽一生,以两件事名垂中国文化史册。司马迁完成《太史公书》后,正本藏之"名山"(宫廷),副本藏于家中，流传极稀。至杨恽得母亲传授，研读外祖巨著，始在小范围内讲读传抄，令外间得稍窥其学[95]，这是第一件事。宣帝五凤四年，杨恽以"作为妖言"之大逆罪，腰斩国除[96]，成为西汉以言论获罪的典型案例，是第二件事。此案在当时就引起不少议论，《汉书》叙述其事为"大臣杨恽、盖宽饶等坐刺讥辞语为罪而诛"[97]。当时的皇太子、后来的汉元帝刘奭（前49—前33年在位），为此婉转劝喻宣帝"陛下持刑太深，宜用儒生"，结果引发出宣帝一段在中国政治思想史上极其著名的议论："汉家自有制度，本以霸王道杂之，奈何纯任德教，用周政乎！且俗儒不达时宜，好是古非今，使人眩于名实，不知所守，何足委任！"宣帝甚至慨叹曰："乱我家者，太子也！"这件事，差点令刘奭做不成皇帝。[98]后世学者或认为杨恽被腰斩一案是以诗文取祸的滥觞[99]，也可以说是中国最早的文字狱。

杨恽"作为妖言"一案，缘由始末，非一言可尽；其罪罚从免官就国到腰斩国除，亦非一日之寒。"以诗文取祸"或"文字狱"之说，略显简单化。据《汉书》，杨恽为人轻财好义，为官清廉公平有才干，颇得宣帝信任，与名臣韦玄成（？—前36）、张敞（？—前47）、盖宽饶、韩延寿（？—前57）等厚善。然而，杨恽为人尖刻，好发人阴私，多结怨于朝廷。该案起因于五凤二年（前56），他与太仆戴长乐间的相互攻讦。宣帝与戴长乐相知于民间，即位后拔擢后者至亲近职位。戴长乐平步青云，得意而忘形，向部属泄露宣帝即位经过细节，有人于是上书告他"非所宜言"，事下廷尉。[100] 戴长乐怀疑是由杨恽教唆，于是亦上书告发杨恽。

戴长乐所告发之言论，包括两类：一类是说杨恽牢骚满腹、对上不敬，"诽谤当世，无人臣礼"。例如左冯翊韩延寿有罪下狱，杨恽上书为延寿辩白，但却对能否保住延寿毫无信心，说是"胫胫者未必全也。我不能自保，真人所谓鼠不容穴衔窭数者也"。杨恽到西阁观看人像，明明有尧、舜、禹、汤的画像，他偏偏要指着桀、纣画像，对乐昌侯王武说："天子过此，一二问其过，可以得师矣。"杨恽又妄引亡国之例，以古喻今，如听说匈奴单于被杀，发挥说"得不肖君，大臣为画善计不用，自令身无处所"，甚至讥曰"古与今如一丘之貉"。[101] 这些话，如果杨恽有说过，确有讥刺在上位者之嫌，但说他诽谤皇帝，就有些捕风捉影或挑拨离间了。

另一类言论则语涉妖异，属"不祥之辞"。如高昌侯董忠车奔入北掖门，杨恽对富平侯张延寿说："闻前曾有犇车抵殿门，门关折，马死，而昭帝崩。今复如此，天时，非人力也。"[102] 上文引述过夏侯胜劝谏昌邑王"天久阴而不雨，臣下有谋上者"之语。据戴长乐之揭发，杨恽也曾当面对他说，"正月以来，天阴不雨，此《春秋》所记，夏侯君所言"，所以宣帝应该不会出宫去河东祭祀后土了。

戴长乐说，这些言论都显示出杨恽"以主上为戏语，尤悖逆绝理"[103]。

案子到了廷尉于定国（？—前40）手中，认定杨恽获皇上信任，身列九卿诸吏、宿卫近臣，与闻政事却不忠不义、妄生怨望，犯下"称引为訞（妖）恶言，大逆不道"之罪，应该逮捕审讯。[104]但杨、戴均为宣帝亲信之臣，而戴长乐告发的内容多出自私下议论，未必查有实证，难免欲加之罪之嫌。宣帝有意大事化小，诏免恽、长乐为庶人了事。

杨恽既失官爵，在家治产业、起室宅，以财自娱，日子似乎过得颇惬意，谁知一年多后，竟又引起小人觊觎。时值日食异象，有养马的小吏上书举报杨恽，"骄奢不悔过，日食之咎，此人所致"。该举报交由廷尉审查，揭示出案情颇严重。如杨恽与侄子安平侯典属国杨谭聊天，杨谭说，西河太守杜延年以前因罪被贬，现已被征召为御史大夫。您罪很轻，又是有功之人，应该会再次受到重用。杨恽竟然说："有功何益？县官不足为尽力。"杨谭也居然回答："县官实然，盖司隶、韩冯翊皆尽力吏也，俱坐事诛。"[105]

随后，有人又揭发出杨恽给朋友孙会宗的一封书信。孙会宗，西河人，时任安定太守，曾给杨恽写信，提醒他大臣废退，应当阖门惶惧，作可怜态，而不是治产业、通宾客赢得外间的称誉。杨恽的回信，就是文学史上的名篇

《报孙会宗书》，摘引如下：

> 臣之得罪，已三年矣。田家作苦，岁时伏腊，烹羊炰羔，斗酒自劳。家本秦也，能为秦声。妇，赵女也，雅善鼓瑟。奴婢歌者数人，酒后耳热，仰天拊缶而呼乌乌。其诗曰："田彼南山，芜秽不治，种一顷豆，落而为萁。人生行乐耳，须富贵何时！"是日也，拂衣而喜，奋袖低昂，顿足起舞，诚淫荒无度，不知其不可也。恽幸有余禄，方籴贱贩贵，逐什一之利，此贾竖之事，污辱之处，恽亲行之。下流之人，众毁所归，不寒而栗。虽雅知恽者，犹随风而靡，尚何称誉之有！董生不云乎？"明明求仁义，常恐不能化民者，卿大夫之意也；明明求财利，常恐困乏者，庶人之事也。"故"道不同，不相为谋"，今子尚安得以卿大夫之制而责仆哉！[106]

班固对杨恽写此信的评论是："恽宰相子，少显朝廷，一朝以晻昧语言见废，内怀不服。"张晏的解读是："山高在阳，人君之象也。芜秽不治，朝廷荒乱也。一顷百亩，以喻百官也。言豆者真直之物，零落在野，喻己见放弃也。萁曲而不直，言朝臣皆诌谀也。"[107] 这种影射解读，有些无限上纲的意味，宣帝未必认同，但字里行间的牢骚怨气、刺讥辞语，还是不难体会。新仇旧账，令宣帝这一次不肯轻轻放过。廷尉审决,杨恽罪当大逆不道。杨恽"作为妖言"案,成为西汉言论入罪的典型案例。

### 六、甘忠可"汉当更受命"案

西汉成帝时,有齐人甘忠可,作《天官历》《包元太平经》十二卷,宣称:"汉家逢天地之大终,当更受命于天,天帝使真人赤精子,下教我此道。"[108]

说起"汉当更受命于天"的话题,自然就会联想起昭帝时眭弘鼓吹"汉家尧后,有传国之运"的妖言,不同的是甘忠可强调在位君主"更受命",而非易姓改朝。甘忠可一案,在《汉书》叙述中虽未被加上"妖言"标签,但他的言论,可说是十足的妖言,他的两部书,按汉代的标准,也可以算是货真价实的妖书,对东汉不少"妖贼"有深远的影响,所以本章亦将其列为妖言的一个案例。

不同于眭弘,甘忠可无官在身。所以他的著述并未上呈朝廷,而是通过授徒等方式在民间传播。他的弟子,知名的有夏贺良、丁广世、郭昌等。甘忠可的论述,在当时的朝野应该造成了一定的影响,所以时任中垒校尉的刘向检举甘忠可的罪名为"假鬼神罔上惑众"[109]。甘忠可在狱中病死,其弟子夏贺良等皆受牵连,当以不敬论罪。然而此案最后似乎不了了之,夏贺良等人继续在民间教授甘忠可的学说。

哀帝初立,疾病缠身,灾变数降,外戚骄恣,司隶

校尉解光、骑都尉李寻皆以明通"洪范五行"灾异学说得幸。经过他们的再三推荐,夏贺良等得以向哀帝宣讲甘忠可的论述,即:

> 汉历中衰,当更受命。成帝不应天命,故绝嗣。今陛下久疾,变异屡数,天所以谴告人也。宜急改元易号,乃得延年益寿,皇子生,灾异息矣。得道不得行,咎殃且亡,不有洪水将出,灾火且起,涤荡民人。[110]

这套"更受命"论述,不要求改朝换代或实行政治变革,只需要改元易号,在仪式和符号上做些手脚。哀帝病急乱投医,"几其有益,遂从贺良等议",改建平二年(前5)为太初元将元年,自称陈圣刘太平皇帝。结果当然是"上疾自若","卒无嘉应,久旱为灾"。哀帝最后罢黜并放逐解光、李寻,夏贺良等被判"执左道,乱朝政,倾覆国家,诬罔主上,不道"罪,皆伏诛。[111]

### 七、楚王英造作图谶妖恶大故案

东汉明帝永平十三年(70),男子燕广告楚王刘英(?—71)与王平、颜忠等造作图谶,有逆谋。事下有司案验。

刘英,光武帝刘秀子,母许美人,无宠,所以封国最贫小。明帝为太子时，与刘英特别亲近，及即位，屡有赏赐。刘英少好游侠，交通宾客，但身为诸侯藩王，这种喜好是很招忌讳的。所以他后来沉迷黄老，又学佛教的斋戒祭祀，施舍赎罪，"大交通方士，作金龟玉鹤，刻文字以为符瑞"[112]。在刘英看来，这或许只是一些信仰仪式，目的是求长生、吉祥。但东汉皇室在信仰和意识形态上最崇谶纬，在合法性论证上最重谶纬，亦最忌诸侯臣下操弄谶纬以及神鬼巫道，刘英所为，恰犯大忌。有司迎合上意，奏英"招聚奸猾，造作图谶，擅相官秩，置诸侯王公将军二千石，大逆不道，请诛之"[113]。明帝虽以亲亲，仅废刘英为庶人，徙丹阳，但刘英心中明白自己的真实处境，到了流放地就自杀了。

此是谋反大案，涉及的是造作图谶，与妖言又有什么关系呢？前面说过，在东汉的历史语境中，妖言与谶言之间的关系，十分微妙。妖言常以准预言的面目出现，所以刘英的罪状是造作图谶，《后汉书》志一一《天文志中》却叙述为"楚王英与颜忠等造作妖书谋反"[114]。此所以该案受牵连被囚及禁锢者，罪名都是"妖恶大故"[115]。

## 八、以妖言惑众的"妖巫""妖贼"

东汉建武十二年（36），光武帝刘秀基本平定新莽末年崛起的大型武装割据势力，统一全国。散布各地的豪强大姓、散兵游勇、"群盗"仍或"处处并起，攻劫在所，害杀长吏。郡县追讨，到则解散，去复屯结。青、徐、幽、冀四州尤甚"[116]。这样的小规模武装骚乱，对当局而言算是癣疥之疾，以政策鼓励有守土之责的地方官吏积极剿除，较快就平息下来。

然而，到了建武十七年（41）有"妖巫李广等群起据皖城"，建武十九年（43）有"妖巫单臣、傅镇等反，据原武"[117]，看来声势颇大，朝廷需要调动开国名将马援、臧宫率领的部队才能镇压下去。所谓"妖巫"，是指这两宗起事具有宗教（或邪教）、巫术的背景，其领袖人物李广、单臣等也有涉及妖异的言或行。他们曾否编造、散布妖言以聚众倡乱？

《后汉书·臧宫传》说得很清楚："十九年，妖巫维汜弟子单臣、傅镇等，复妖言相聚，入原武城，劫吏人，自称将军。"[118]《后汉书·马援传》所载与此呼应，指出李广、单臣等的师父是卷人维汜，早些年曾"訞（妖）言称神，有弟子数百人，坐伏诛"。后其弟子李广等"宣言汜神化不死，以诳惑百姓。十七年，遂共聚会徒党，攻没皖城，杀皖侯刘闵，自称'南岳大师'"[119]。

东汉中后期，帝室、外戚、宦官、官僚、党人各集团间斗争激烈，灾异频传[120]，"群盗"丛生。自安帝、顺帝（刘保，125—144年在位）至桓帝、灵帝，"剧贼""海贼""盗贼""贼"、诸羌、南蛮、鲜卑等各地区及各族群的民间武装反抗、反叛事件，渐如燎原之野火，此起彼伏,构成当时社会、政治生活中一幅幅鲜明而残酷的景观。而具有种种宗教或巫术背景、以妖言妖术煽惑信众为特点的"妖贼"起事,在其中占了相当大的比重。

如顺帝阳嘉元年(132),有"扬州六郡妖贼章河等寇四十九县,杀伤长吏"[121]。顺帝崩后之建康元年(144)十一月至明年三月,九江阴陵人徐凤、马勉等"复寇郡县,杀略吏人。凤衣绛衣,带黑绶,称'无上将军',勉皮冠黄衣,带玉印,称'黄帝',筑营于当涂山中"[122]。历阳"贼"华孟也"自称'黑帝',攻九江,杀郡守"[123]。

桓帝建和元年(147)十一月及和平元年(150)二月,先后有"陈留盗贼李坚"和"扶风妖贼裴优"自称"皇帝"。所谓"皇帝",即道教常说的"黄帝"。建和二年(148)十月,有"长平陈景自号'黄帝子',署置官属,又南顿管伯亦称'真人',并图举兵"[124]。

同是建和元年十一月,有"甘陵人刘文与南郡妖贼刘鲔交通,訞言清河王当统天子,欲共立蒜"[125]。此处的訞言,亦通妖言。《后汉书·李固传》叙此事,即作:"甘陵刘文、魏郡刘鲔各谋立蒜为天子,梁冀因此诬固与文、鲔共为妖言,下狱。"[126]永兴二年(154)九月有"蜀郡李伯诈称宗室,当立为太初皇帝"[127];延熹四年(161)十月有"南阳黄武与襄城惠得、昆阳乐季訞(妖)言相署"[128];延熹八年(165)十月有"渤海妖贼盖登等称'太上皇帝'"[129];延熹九年(166)正月有"沛国戴异得黄金印，无文字，遂与广陵人龙尚等共祭井，作符书，称'太上皇'"[130]。

灵帝世尤为多事之秋，鱼豢《典略》概括为："熹平中，妖贼大起，三辅有骆曜。光和中，东方有张角，汉中有张修。骆曜教民缅匿法，角为太平道，修为五斗米道。"[131] 熹平元年（172）十一月，先有"会稽妖贼许昭起兵句章，自称'大将军'，立其父生为越王，攻破城邑，众以万数"[132]。熹平四年（175），五官郎中冯光、沛相上计掾陈晃上疏说近来妖民叛寇益州、盗贼相续为害，是因为历元不正、与图纬不合，"历当用甲寅为元而用庚申，图纬无以庚申为元者"，只要据图纬改正之，就可以天下太平。[133] 三公拟劾冯光、陈晃不敬之罪，诏勿治。

东汉的"妖贼"中，最有代表性、影响最大的，当然就是《典略》提到的张角和太平道。关于太平道以及后来的黄巾起义的种种来龙去脉，史学界已有颇多研究讨论。本文试从妖言的角度，作一探讨。

西汉成帝时，甘忠可作《天官历》《包元太平经》。至东汉顺帝时，又有"琅琊宫崇诣阙，上其师干吉于曲阳泉水上所得神书百七十卷，皆缥白素朱介青首朱目，号《太平清领书》"。《太平清领书》以阴阳五行为理论框架，而多巫觋图谶杂语。"有司奏崇所上妖妄不经，乃收臧之"[134]，可见当时的朝廷亦以妖书视之。

至张角创太平道，以《太平清领书》为其纲领，兼采民间巫术如以符水咒语疗病等,"十余年间,众徒数十万,连结郡国,自青、徐、幽、冀、荆、杨、兖、豫八州之人,莫不毕应。遂置三十六方。方犹将军号也。大方万余人,小方六七千,各立渠帅"[135]。张角擅以符号式的"非常言语"作舆论造势,先声夺人、煽惑众心。"苍天已死,黄天当立,岁在甲子,天下大吉",就是极成功的"妖言"式口号。"其信徒以白土书京城寺门及州郡官府,皆作'甲子'字",令其口号以具震撼力的态势广泛传播。[136]

与此同时,民间又有其他妖言流传,与太平道的黄天论述遥相呼应。如本书第一章提到过,熹平二年(173)"雒阳民讹言虎贲寺东壁中有黄人","观者数万,省内悉出,道路断绝"。到中平元年(184)张角兄弟起兵,自号黄天,着黄巾,令群众对之前流传的"黄人"讹言中暗藏的种种信息有恍然大悟之感。

光和元年(178)五月壬午,有一白衣男子闯德阳门,自称"我梁伯夏,教我上殿为天子"。中黄门及门卫正欲收缚之,须臾不见,求索不得,不知姓名。蔡邕认为此妖异事件与成帝时男子绛衣入宫,曰"天帝令我居此"之事类似,其后应在王莽篡位。"以往况今,将有狂狡之人,欲为王氏之谋,其事不成。"至张角称黄天作乱,遂被认为即此异之应。[137]于是,张角和他的太平道成为东汉末年"妖贼"的代表。其言、其事、其人、其众,在当时及稍后的历史叙述中都被贴上"妖"的标签。如:

应劭《汉官》："张角怀挟妖伪,遐迩摇荡,八州并发,烟炎绛天,牧守枭裂,流血成川。"[138]

《后汉书·李燮传》："先是安平王续为张角贼所略,国家赎王得还,朝廷议复其国。燮上奏曰:'续在国无政,为妖贼所虏,守藩不称,损辱圣朝,不宜复国。'"[139]

《后汉书·刘陶传》："时钜鹿张角伪托大道,妖惑小民。"[140]

《后汉书·皇甫嵩朱儁列传》赞:"黄妖冲发,嵩乃奋钺。"[141]

## 第四节 汉朝廷对"妖言"的因应之道

### 一、西汉的严刑峻法

张仁玺在《秦汉家族成员连坐考略》一文中指出,秦汉时期涉及连坐的重罪罪名有十五种:盗窃、罪犯逃亡、挟书、谋反、巫蛊、祝诅、首匿、诬罔、首恶、见知不举、诽谤、妄言、非所宜言、妖言和降敌。不计祝诅,也有四种罪名属言论入罪，即诽谤、妄言、非所宜言、妖言。[142]秦汉以降，乃至于清，历代律法中，多包含有特别针对妖言之类的言论以及妖言惑众行为而设的法例，定义此类言论和行为为大逆不道、问斩甚至灭族的罪行。

据史籍所见，妖言兴罪始于秦代。秦始皇统一天下之后，相当警惕舆论和意识形态领域中的离心、离德倾向。故丞相李斯建议"今诸生不师今而学古，以非当世，惑乱黔首"，应令"史官非秦记皆烧之。非博士官所职，天下敢有藏《诗》《书》、百家语者，悉诣守、尉杂烧之。有敢偶语《诗》《书》者弃市。以古非今者族"。[143]秦始皇感到深获我心，随即有焚书之令。所谓"偶语"，是对聚而语[144]，至少要两人，再多就是众。在先秦、秦汉语境中，"众"是指三人及以上。[145]秦律有"誉敌以恐众心者，戮。戮者何如？生戮，戮之已乃斩之之谓也"[146]，就是针对言论惑众而发。秦始皇以诸生"或为訞（妖）言以乱黔首"，逮捕四百六十余人而坑之；三十六年追查陨石刻文"始皇帝死而后分"，无人认罪，尽取石旁居人诛之，可见其严苛程度。但相关法律条文的具体内容，迄今为止尚不得而详。

刘邦于公元前206年入咸阳，屯军霸上，与关中诸县父老豪杰约法三章——"父老苦秦苛法久矣，诽谤者族，偶语者弃市"[147]，答允废除苛法。可知言论入罪，当时也不得人心，但没有提到废妖言罪。[148]

《汉书·高后纪》载，吕后元年（前187）春正月诏："前日孝惠皇帝言欲除三族罪、妖言令，议未决而崩，今除之。"[149]可知当时仍有妖言令之存在，其刑罚大约与诽谤等相当，属族诛之罪，至少是大辟，还要先受断舌之刑。[150]所以颜师古注曰："罪之重者戮及三族，过误之语以为妖言，今谓重酷，皆除之。"[151]

然而在吕后废除妖言令的九年之后的文帝二年（前178），朝廷又一次下诏废除诽谤、妖言之令，文帝废令的理由是：

> 古之治天下，朝有进善之旌，诽谤之木，所以通治道而来谏者。今法有诽谤妖言之罪，是使众臣不敢尽情，而上无由闻过失也。将何以来远方之贤良？其除之。民或祝诅上以相约结而后相谩，吏以为大逆，其有他言，而吏又以为诽谤。此细民之愚无知抵死，朕甚不取。自今以来，有犯此者勿听治。[152]

这道诏令可分为两段。上段讲的是"诽谤妖言之罪"，在文帝看来，臣下批评君主的一些不中听的言论，若一概禁绝难免闭塞言路，不利下情上达，所以要废除诽谤、妖言之罪。至于下段，是说普通民众发牢骚或犯上祝诅之语，可能触犯或误触法网禁忌，而官吏动辄以"妖言""诽谤"罪名罗织入法网，令小民以"无知"而"抵死",非治民之正道。

一个需要注意的问题是,颜师古《汉书》注已指出:"高后元年诏除妖言之令,今此又有訞(妖)言之罪,是则中间曾重复设此条也。"[153]此罪何时由何人复设?史无明文。文帝废除诽谤、妖言法,是他所推行的一系列刑法改革的一部分。文帝曾与丞相周勃、陈平及太尉、廷尉等大臣就刑法改革作过详细的讨论,其内容包括"肉刑不用,罪人亡帑,非(诽)谤不治,铸钱者除"[154],受到当时及后世史家的高度赞扬。汤凌慧引述《文帝本纪》,认为自文帝废除诽谤、妖言之罪,广开言路,不少大臣敢于直言极谏,"其言多激切","然终不加罚"。[155]

然而至文帝后元元年(前163),方士新垣平欺诈事发,"复行三族之诛"[156]。是否同时复设妖言之罪,史文不详。但武帝时期淮南王刘安谋逆案,其主要罪状之一就是"妄作妖言",可知妖言罪之复设当在文帝后元元年与武帝元狩元年(前122)之间。刘安案发后自到国除,王后、太子、涉案宾客"皆族",受牵连的"列侯二千石豪杰数千人,皆以罪轻重受诛"[157],可见刑罚甚严酷。

昭帝时的眭弘案、张寿王案,都处死刑。

昌邑王时夏侯胜为"祅言",缚以属吏,因受到霍光保护,获免。

宣帝本始二年(前72),温水侯刘安国坐上书为妖言,国除。会赦,免。

宣帝五凤三年（前55），杨恽先以妖言诽谤，免为庶人；一年后，又被举报不思悔改，牢骚满腹，判决腰斩，国除。杨恽妻、子连坐，遭流放酒泉。杨谭被免为庶人，诸在位与恽厚善者，包括未央尉韦玄成、京兆尹张敞及孙会宗等，皆遭免官。

成帝时，甘忠可作妖言、妖书遭检举，下狱，病死。

哀帝时，夏贺良等"执左道，乱朝政，倾覆国家，诬罔主上"，皆伏诛。

终西汉之世，诽谤入罪的案例，触目皆是；偶语弃市虽然不再，妖言惑众仍须大辟。

## 二、东汉层出不穷的"妖恶禁锢"案
## 　　与当局的四次特赦令

东汉前期涉及"妖言"的最大案件，当属楚王英案。明帝永平十三年（70）楚王刘英造作妖书逆谋大案，虽经有司案验定谳，其犯罪事实仍有不少疑点。例如刘英、王平、颜忠等究竟有没有造作图谶、谋逆不道？有多少同谋？而明帝的态度，却是旗帜鲜明：穷究到底，一个也不放过。"楚狱遂至累年，其辞语相连，自京师亲戚诸侯州郡豪桀及考案吏，阿附相陷，坐死徙者以千数。"[158]此案牵连极广，下狱者数千人，许多功臣之后继承的侯国被废除，官僚士大夫遭流放、弃市，以及因妖恶受禁锢者无数。

当时的社会舆论，显然对这样的做法有相当保留。一些官员及士人在此案中凭其据理力争、救助无辜的无畏气概，赢得广泛的声誉。永平十四年（71），袁安（？—92）临危受命出任楚郡太守，审理楚狱。当时由于"显宗（明帝）怒甚，吏案之急，迫痛自诬，死者甚众"。袁安到任后，"不入府，先往案狱，理其无明验者，条上出之。府丞掾史皆叩头争，以为阿附反虏，法与同罪，不可。安曰：'如有不合，太守自当坐之，不以相及也。'遂分别具奏"，"得出者四百余家"。[159]

守侍御史寒朗（26—109）与三公府掾属在京师共同审理楚狱的主犯颜忠、王平等，其供词牵连到隧乡侯耿建、朗陵侯臧信、护泽侯邓鲤、曲成侯刘建等，而耿建等坚称从未见过颜忠、王平。当时的办案官吏窥伺上意，人人自危，秉持宁枉勿纵的态度。寒朗审明耿建等未涉案后，大胆向明帝陈情，指出：

> 臣见考囚在事者，咸共言妖恶大故，臣子所宜同疾，今出之不如入之，可无后责。是以考一连十，考十连百。又公卿朝会，陛下问以得失，皆长跪言，旧制大罪祸及九族，陛下大恩，裁止于身，天下幸甚。及其归舍，口虽不言，而仰屋窃叹，莫不知其多冤，无敢忤陛下者。[160]

两天后，明帝亲临洛阳狱录囚徒，释放无罪者千余人。

河东太守焦贶因楚狱牵连被捕，在路上病殁，"妻子闭系诏狱，掠考连年。诸生故人惧相连及，皆改变名姓，以逃其祸"，唯独其同郡学生郑弘"髡头负铁锧，诣阙上章，为贶讼罪。显宗觉悟，即赦其家属，弘躬送贶丧及妻子还乡里，由是显名"。[161]

直至永平十五年（72），"时楚狱连年不断，囚相证引，坐系者甚众"。马皇后"虑其多滥，乘闲言及，恻然"，明帝"夜起仿偟，为思所纳，卒多有所降宥"，此案才算告一段落。[162]

也许是因为楚王英案对社会的伤害太大，造成统治集团内部的裂痕太深，章帝终于在元和元年（84）十二月颁布特赦令：

> 《书》云："父不慈，子不祇，兄不友，弟不恭，不相及也。"往者妖言大狱，所及广远，一人犯罪，禁至三属，莫得垂缨仕宦王朝。如有贤才而没齿无用，朕甚怜之，非所谓与之更始也。诸以前妖恶禁锢者，一皆蠲除之，以明弃咎之路，但不得在宿卫而已。[163]

由诏书得知，东汉因妖言所兴的大狱，不但主谋刑罚极重，连累范围亦甚广，所谓"妖恶禁锢"，禁至三属。[164] 元和诏令只特赦此前旧案案情较轻的被牵连者，并未特赦主谋及其连坐的家属，也没有废除与妖言相关的法律。

安帝的生母左姬，名小娥，因其伯父左圣"坐妖言伏诛，家属没官"，和其姊大娥"数岁入掖庭，及长，并有才色。小娥善史书，喜辞赋。和帝赐诸王宫人，因入清河第。庆初闻其美，赏傅母以求之。及后幸爱极盛，姬妾莫比"。[165]安帝出生，是在元和元年特赦令的十年之后，左圣伏诛、小娥入宫，很可能在元和元年前，但她们姊妹及与该案有关的人，看来并未获得赦免。元和特赦令颁布之后，妖言案仍然不时发生，不时有案犯的家属连坐受罚，也不断有触犯"妖恶"禁网者。

西汉武帝元封五年（前106）始置刺史巡行所部郡国，东汉沿置。虽然刺史的职掌、权限、管辖范围因时而异，两汉刺史"以六条问事"，监察辖区，则是一以贯之。六条中第三条，是考察郡国长官在刑狱方面的处置是否得当，以及观察"山崩石裂，妖祥訛言"之类的灾异现象。[166]也就是说，地方上的"妖言"，是刺史必须留意收集和追查的重要信息。和帝（刘肇，88—105年在位）永元年间（89—105），兖州刺史王涣"绳正部郡，风威大行。后坐考妖言不实论。岁余，征拜侍御史"[167]。永元十二年（100），东平、清河"奏訞（妖）言卿仲辽等，所连及且千人"，尚书令黄香"科别据奏，全活甚众"。[168]可知章帝元和诏令颁布之后，留意和追查妖言仍是刺史和地方长官的重要职责之一，而由一、二郡国揭发的妖言案,有时可能牵连上千人。

元兴元年(105)和帝崩,邓太后垂帘听政,颁布了东汉第二次针对妖言案牵连者的特赦令:"常以鬼神难征,淫祀无福,乃诏有司罢诸祠官不合典礼者。又诏赦除建武以来诸犯妖恶,及马、窦家属所被禁锢者,皆复之为平人。"[169]特赦适用范围包括建武以来诸犯妖恶而受牵连、被禁锢者,可知元和特赦令的颁布,并未真正令之前犯妖恶而被禁锢者都得到解脱。

安帝永初四年(110)二月,"诏自建初以来,诸袄言它过坐徙边者,各归本郡;其没入官为奴婢者,免为庶人"[170]。这是东汉的第三次特赦令,特赦范围主要针对连坐者,多为主谋的家属。安帝当时十七岁,已于前一年行过冠礼,但邓太后仍然垂帘听政,所以永初特赦令,可视为元兴特赦令的补充和继续。前面说过,安帝的生母左小娥曾因受伯父妖言案牵连,没入宫中为婢。永初四年特赦令,也许为与左小娥同命相连的那些女性提供了一个解脱的机会吧。

桓帝即位初,即发生一起涉及"妖言"的大案。建和元年(147),甘陵人刘文与南郡刘鲔散布清河王刘蒜当为天子的妖言。虽不久事败,刘蒜也从未参预其事,却受到有司劾奏,贬爵为侯,旋自杀,国绝。太尉、士人领袖李固曾于冲帝、质帝去世时,力主立年较长的刘蒜继位,此时梁冀却乘机诬李固与刘文、刘鲔共为妖言,李固被下狱。

建和三年（149）五月乙亥，桓帝颁诏：

> 昔孝章帝愍前世禁徙，故建初之元，并蒙恩泽，流徙者使还故郡，没入者免为庶民。先皇德政，可不务乎！其自永建元年迄乎今岁，凡诸妖恶，支亲从坐，及吏民减死徙边者，悉归本郡；唯没入者不从此令。[171]

这是东汉针对妖言案牵连者的第四次特赦令。章帝颁布特赦令，是在元和元年（84）。此诏所谓"昔孝章帝愍前世禁徙，故建初之元，并蒙恩泽，流徙者使还故郡，没入者免为庶民"，应当是指章帝建初元年（76）正月的劝农诏令，鼓励"流人归本"，并未涉及妖恶连坐者。[172]建和三年令的重点，是特赦顺帝以来因妖恶案连坐被流放者，家属没入官府宫廷的不在赦内。然而此令颁布之后，外戚、宦官、党人斗争激烈，加上连年灾荒、灾异数见，社会矛盾特别尖锐，妖言案也屡屡发生，所牵连之人众多。至永寿元年（155），太学生刘陶上疏桓帝痛陈时弊，有"高门获东观之辜，丰室罗妖叛之罪"之语[173]，可知以妖言获罪、因妖恶连坐已成当时严重的社会问题，即使是豪门巨室，也难逃罗网。

至于史籍中常见有被标签为"妖逆""妖巫""妖贼"者，如李广、单臣、章河、刘文、刘鲔、许昭、张角等，其"罪行"已不仅停留在言论层面，而是演变为以妖言煽惑大众武装叛乱，当局自然会对这些武装叛乱集团坚决实施武力镇压，斩尽杀绝。即使一些"妖人"并未谋逆起事，只是聚众学习道术，仍为当局所忌并指其为妖言惑众，加以妖妄之罪。如维汜本来不过是"訞（妖）言称神，有弟子数百人"，却被当局视为大敌，"皆伏诛"。其漏网弟子李广、单臣后来举兵造反，未始不是为当局之前的残酷镇压所迫。又如颍川人刘根，隐居嵩山中，只因"诸好事者自远而至，就根学道"，太守史祈就指为妖妄，收执诣郡。[174]

通过以上妖言案例和当局的因应之道，我们可以了解到：

第一，秦汉统治当局对"妖言"的因应之道，主要是以严刑峻法打压。从秦、西汉至东汉的440余年中，除了两次短暂的"松绑"（吕后元年和文帝二年）[175]，造作和传播"妖言"一直被统治当局列为重大的言论罪行，必须受到"妖言令"所规定的惩处。东汉虽颁布过四次特赦诏令，特赦范围主要包括受牵连者，至多是连坐的家属，主谋从未被包括在内。有趣的是，妖言令在西汉两次"松绑"，史书皆大书特书，视为当政者之德政，然而对其不久后复设的情形，却多半"失语"了。[176]

第二，秦汉"妖言令"的具体条文，如对"妖言"罪的详细定义,在现存史籍和出土文献中未见。[177] 在前文中我们归纳出在现存秦汉史籍论述中被标签为"妖言"的言论之特点,主要是"诵不详之辞",以迷惑群众。所谓"不详之辞",既指语含妖异、鬼神、阴阳五行等超自然因素,也包括荒诞不经的邪说。[178] 这些特点,与我们在上两节中讨论过的案例基本吻合。但我们也注意到,有些被标签为"妖言"并因而获罪的言论,其实不过是牢骚话、上位者觉得不中听的话,或是民间、私下流传的流言、讹言。

第三,由于"妖言令"的具体条文未能见到,对秦汉"妖言"罪的量刑准则及其细节,目前还不能作准确描述。就所见史料来看,"妖言"罪的性质是"大逆不道"和"大不敬",在秦和西汉初,相应刑罚是大辟、族诛,甚至要先"断舌",可谓"重酷"。汉文帝改革刑法后,残酷的肉刑虽逐渐废除,但一朝被判决犯下"妖言"罪者,诸侯王及列侯多被废为庶人或自杀、国除,甚至株连家属、宾客。其他案例中,主谋多"伏诛"或被"腰斩",族刑较少见,但亲属连坐没官、大量受牵连者遭流放却是屡见不鲜的。东汉"妖言""妖恶"案往往有大批受牵连、遭禁锢者,包括亲族、下属、朋友等。"妖言令"的打击对象,主要是在统治者看来有不良政治意图或不良政治影响者。至于治历专家从学理角度质疑现行历法(如张寿王案)、臣下相互攻讦口不择言(如杨恽案),或妖言内容对己有利（如夏侯胜案），即使其言语可能妖异不经，统治当局有时也愿意表示宽容。而当一些"妖言"经事实检验成为灵验的"谶言"（通常是对正在当权者有利），原先被下狱、诛杀的案犯往往可以得到平反，甚至叙功（如眭弘、夏侯胜）。

第四，秦汉乃至后世统治者对妖言最深恶痛绝处，是它的惑众潜力和能力。尚未广泛传播，仅出现于"上书"、私下谈话等场合的妖异言论，有时可能获得宽容。一旦妖言走向群众，进入非官方、非主流传播渠道，以妖异不经之言欺诳、煽惑众人，就可能形成对统治者不利的舆论，对统治秩序的破坏、威胁极大，所以秦汉当局要以严刑峻法及时封杀妖言。[179] 而这些走向群众甚至进入非官方、非主流传播渠道，并在传播互动中建构成形且具有"惑众"能力的妖言，正是谣言研究中应予关注的。

## 第五节　两汉思想界解构"妖言"污名的论述策略

### 一、颠覆论述策略

秦汉时代被标签为"妖言"的言论，有一部分类似"妄言"，并非荒诞不经，也不带妖异色彩，只因是逆耳之言，难惬上意。以严刑峻法封杀一切妖言，虽可在一定范围内、一定程度上压制对统治者不利的舆论，维持一段时间的社会稳定，却也妨碍了朝廷与民间、统治集团内各层面各派系间的正当有效沟通，反而会对政治与社会的长治久安带来不良影响。唐人刘蜕在《投知己书》中批评说："及秦世为之妖言，东汉为之党禁，公道畏忌，相顾而野死。"[180]宋人胡寅（1098—1156）也说："妖言令之始设也，必谓其摇民惑众，有奸宄贼乱之意者。及其失也，则暴君权臣，假此名以警惧中外、塞言路也。"[181]

其实汉代有见识的政治思想家早已注意到，"妖言"标签常被暴君滥用作借口，拒纳忠谏、堵塞言路。文帝二年（前178）废除诽谤、妖言之罪，其理据就是："今法有诽谤妖言之罪，是使众臣不敢尽情，而上无由闻过失也。将何以来远方之贤良？"汉初政论家贾谊（前200—前168）所上《治安策》，有一段关于"妖言"的精辟论述常被后人引用：

> 及秦而不然。其俗固非贵辞让也，所上者告讦也；固非贵礼义也，所上者刑罚也。使赵高傅胡亥而教之狱，所习者非斩劓人，则夷人之三族也。故胡亥今日即位而明日射人，忠谏者谓之诽谤，深计者谓之妖言，其视杀人若艾草菅然。岂惟胡亥之性恶哉？彼其所以道之者非其理故也。[182]

贾谊借批评秦政提醒西汉统治当局,诽谤、妖言罪之设,不仅塞言路、远贤良,更会颠倒黑白、混淆是非,将为国忠、谋国深的谏诤污名化,从理论上颠覆了当局对妖言的污名化。

宣帝世名臣路温舒,长于《春秋》治狱,亦通历数天文、预警灾变。宣帝初即位,时任守廷尉史的温舒上书,言宜尚德缓刑:

> 秦之时,羞文学,好武勇,贱仁义之士,贵治狱之吏;正言者谓之诽谤,遏过者谓之妖言。故盛服先生不用于世,忠良切言皆郁于胸,誉谀之声日满于耳;虚美熏心,实祸蔽塞。此乃秦之所以亡天下也。
> 
> 臣闻乌鸢之卵不毁,而后凤凰集;诽谤之罪不诛,而后良言进。
> 
> 唯陛下除诽谤以招切言,开天下之口,广箴谏之路,扫亡秦之失。[183]

路温舒要求废除诽谤(妖言)、勿将正当言论污名化,显然是沿用贾谊的有关论述,认为被当局指为"妖言"的言论往往是逆耳忠言,对其严刑封杀实乃亡国之征。

## 二、历史叙事中的论述策略

贾谊、路温舒正面批评统治者以"妖言"标签,将有益于国家社会却逆己之耳的正言谠论污名化。有些政论家和史家则在历史叙事中，建构出昏庸残暴的君主与忠言污名化的典型关联。

如《韩诗外传》卷二讲述道，夏桀拒纳忠谏，"为酒池糟堤，纵靡靡之乐"，伊尹就去见桀，对他说："君王不听臣言，大命去矣！亡无日矣！"桀鼓掌而笑，说："子又妖言矣！吾有天下，犹天之有日也，日有亡乎？日亡，吾亦亡也。"[184]《韩诗外传》作者将一个昏君兼暴君的狂妄神态描摹得活灵活现。一"又"字下得极妙，凸显夏桀以"妖言"标签忠言谏诤已成常态。

《史记·陈杞世家》记陈灵公与大夫孔宁、仪行父一起和夏姬私通，公然在朝廷嬉戏。大夫泄冶看不下去，劝谏灵公："君臣淫乱，民何效焉？"[185]在《穀梁传·宣公九年》的叙述中，泄冶的谏语有所不同："使国人闻之则犹可，使仁人闻之则不可。"[186]这个故事到了刘向《说苑·君道》那里，泄冶的谏语内容丰富、详细许多："陈其亡矣！吾骤谏君，君不吾听而愈失威仪。""《诗》曰：'慎尔出话，敬尔威仪，无不柔嘉'，此之谓也。今君不是之慎，而纵恣焉，不亡必弑。"而灵公的反应也更典型化："以泄冶为妖言而杀之。"[187]

类似的叙事策略，还见于刘向《列女传》卷七所叙述的经典性的夏、商亡国故事。第一个故事与《韩诗外传》类似，讲夏桀如何荒淫奢靡、沉迷于妹喜的美色，只不过这次的谏诤者换成了关龙逢。第二个故事讲殷纣王嬖幸妲己,作酒池肉林,荒淫残暴。[188]

《韩诗外传》《说苑》《列女传》以及我们在前文引述的《越绝书》,所叙述的都是历史故事、历史传奇,并非严格意义上的历史实录。但从贾谊、路温舒的政论文字到《韩诗外传》《说苑》等小说笔法,我们都可以发现,汉代的史家和政论家在历史叙事中,有时有意无意地采用凸显暴君喜将逆耳忠言标签为"妖言"的叙述策略,从而在一定程度上解构了统治当局对"妖言"的污名化。

### 三、神秘主义论述策略

在阴阳五行、天人感应思潮盛行的两汉社会,正当政治色彩强烈的逆耳忠言、牢骚刺讥和意识形态上的异端邪说被当局污名化为"妖言",统治者对其严厉封杀之际,一些真正含有浓厚妖异气味的言论或表达方式,却不一定被视为全然负面,有时甚至被看成是暗藏玄机、代天示警的信息。在善言阴阳灾异的两汉政治家、思想家、经学家的论述中,这一类言论虽被标签为"妖",却非污名。如西汉今文易学名家京房根据天象物候异常的"妖"象来预测政治、社会变动,论述自然、人事异象与政治、社会的关系的名著,其书名为《易訞占》(或名《易妖变传》,訞同妖),其占辞称为妖辞[189],绝无贬义,汉代大臣的奏疏中常有引用,无所禁忌。如其中一条妖辞"妖言动众,兹谓不信,路将亡人,司马死",就被汉代史家引用来解释成帝建始三年(前30)十月京师的大水讹言,以及渭水虒上小女陈持弓误闯入宫的事件,认为是外戚王氏将篡天下之象。[190]

京房之外,西汉思想界学术界善论灾异吉凶以规范政治,能提出一套较完整的论述体系的,《易》学有孟喜、梁丘贺、盖宽饶、谷永等,《齐诗》学有夏侯始昌、翼奉、匡衡等,今文《尚书》学有伏生、欧阳、儿宽、大小夏侯、李寻等,《春秋》公羊学有董仲舒、胡母生、眭弘、严彭祖等,《春秋》穀梁学有刘向、翟方进等。

董仲舒以来的《春秋》公羊学,采用以灾异休咎比附历史事件和历史演变的论述方式,对汉代的政治和社会有很大影响[191],穀梁学在这方面则有所欠缺。刘向虽以穀梁名家,但他幼习道家方术,后治《易》学,博学多才,不受师传家法之局限。作为宗室成员,刘向对外戚王氏的跋扈专权心怀疑虑,希望建构一套灾异史观以警惧皇帝,于是"集合上古以来历春秋六国至秦、汉符瑞灾异之记,推迹行事,连传祸福,著其占验,比类相从,各有条目,凡十一篇,号曰《洪范五行传论》,奏之"[192]。所谓"比类相从",是按他整理宫中秘籍时所见伏生一脉的《尚书·洪范》的论述框架,将各种灾异符号依其象征意义分门别类;"推迹行事",即将可以比附的史事依编年顺序和灾异分类,纳入"洪范五行"的框架。《洪范五行传论》

熔铸今文《尚书》洪范学和穀梁《春秋》于一炉，在公羊灾异说外别树一帜。而刘向之子刘歆所学既广，复别出蹊径，治《左传》等古文经，言《五行传》，又颇不同。[193]

班固所撰《汉书·五行志》，意图集董仲舒、京房、刘向、刘歆等诸家灾异学之大成，建立起一个新的儒学灾异论体系。他依经（《洪范》）立传，以刘向《洪范五行传论》作为其陈述五行学理论的主要依据，而以刘歆《洪范五行传论》作为其灾异事例分类的主要依据，兼采《易》学、今文《尚书》学、《春秋》公羊学、《春秋》穀梁学灾异诸说。[194]

《五行志》解释自然界、社会上种种灾异现象及其在"洪范五行"灾异论述框架中的符号意义，其中属于貌、言、视、听、思五事第二事之"言之不从"，就是与言语内容、言语表达形式有关的一种灾异。"言之不从"，主要是指在上位者言论中表达出来的心态、价值观，以及用词、语气、态度等不正确、不顺人心、不惬民意。例如出言不逊、夸张荒诞、取名不吉、厚颜贪婪、自专侈豪、因循乡愿、缺乏政治智慧、言不当言、言语失礼失节，等等。

言抒心声。俗语所谓"言以知物""言可贾祸""祸从口出"，中国民间智慧一向认为察其言、观其人，可观祸福。从这个意义上说，"言之不从"是一种从现象观本质、预卜吉凶的方法，但汉人的解释更具神秘色彩。

《五行志》说，这些言语上的妖征之出现"是谓不乂"[195]，反映出国家治理上的失常和失序，正如孔子所言："君子居其室，出其言不善，则千里之外违之，况其迩者虖！"[196]在上位者发出的号令和言论不顺民心、虚张声势、昏聩混乱，当然就难以有效治理天下。这种错误的性质，在于"过差"、在于"僭"，表现为言语过分、失度，刑罚妄加，群阴不附，导致阳气太盛。上天的惩罚，则是常阳，也就是炕旱不雨。久旱伤百谷，国家财政收入和民众生活都受到严重影响，武力抗争等"寇难"就时有发生，于是"上下俱忧"，甚至"极忧"，社会处于极度焦虑之中。按照这一论述逻辑，具有非常言语特征的妖言，则可以被视作上天的预警信号，而当妖言以韵文形式表达（如诗歌、童谣）时，就成为"诗妖"[197]。

**注释：**

[1]《现代汉语词典》(2005)，第1581页。

[2]《辞海》(1999)，第2967页。

[3]《汉语大词典》4册(1989)，第304页。

[4]《荀子·非十二子》："如是而不服者，则可谓訞怪狡猾之人矣。"杨倞注："訞与妖同。"(《荀子集解》卷一一，第100页)

[5]《说文》"妖"字写作【袄加艹头】："地反物为【袄加艹头】也。"(《说文解字注》，第8页)

[6]《庄子·大宗师》："善妖善老，善始善终，人犹效之。"郭庆藩集释："案妖字，正作夭。夭、妖古通用。"(《庄子集释》卷三上，第244、246页)

[7]《荀子集解》卷一一，第307页。

[8]吕不韦著，陈奇猷校释：《吕氏春秋新校释》卷二一，上海：上海古籍出版社，2002，第1451页。

[9]吴小强撰：《秦简日书集释》，长沙：岳麓书社，2000，第129页。

[10]杨伯峻编著：《春秋左传注》，北京：中华书局，1990，第357页。

[11]《后汉书》志二一《郡国三》，第3461页。

[12]《春秋左传注》，第1477页。冯，凭也。

[13]萧统编，李善注：《文选》卷一九，北京：中华书局影印胡克家刻本，1977，第268页。

［14］应玚（？—217）《报庞惠恭书》："发明月之辉光，照妖人之窈窕。"（严可均辑：《全上古三代秦汉三国六朝文·全后汉文》卷四二，北京：中华书局，1958，第700页）

［15］曹植（192—232）《名都篇》："名都多妖女，京洛出少年。"（曹植著，丁晏编，黄节注：《曹子建集评注》，台北：世界书局，1998，第61页）

［16］司马相如（约前179—前117）《上林赋》："若夫青琴宓妃之徒，绝殊离俗，妖冶娴都。"（《汉书》卷五七上《司马相如传上》，第3039页）；张衡《七辩》："金石协奏，妖冶邀会。"（《全上古三代秦汉三国六朝文·后汉全文》卷五五，第775页）陆云《为顾彦先赠妇》诗之二："京室多妖冶，粲粲都人子。"（《文选》卷二五，第354页）

［17］张衡（78—139）《西京赋》："妖蛊艳夫夏姬，美声畅于虞氏。"（《文选》卷二，第49页）

［18］"妖倖毁政之符，外姻乱邦之迹，前史载之详矣。"（《后汉书》卷一〇上，第399页）

［19］《后汉书》卷三四，第1180页。

［20］《春秋左传注》，第197页。

［21］《春秋左传注》，第763页。

［22］上海师范大学古籍整理组：《国语》卷一二，上海：上海古籍出版社，1978，第410页。

［23］《战国策集注汇考》中册卷一七，第818页。

［24］刘蜕：《刘蜕集》，《四部丛刊》初编缩印本卷七七，台北：

台湾商务印书馆，1965，第3页。

[25]《荀子集解》卷三，第72页；卷一九，第498页。荀子对天人感应的"妖祥"观念并不以为然，所以说相术乃"古之人无有也，学者不道也"，天地之常不为人之好恶而变化，自然界的异常现象可怪但不可畏。但我们也可由他的引述得知当时有关"妖祥"的"世俗"信仰。再说，荀子自己也用"人祆"来形容政治、社会的动乱，用"国妖"来形容口是心非的险恶小人。荀子认为，"人祆"和"国妖"都是人祸，"祆是生于乱"。

[26]《吕氏春秋新校释》卷六，第350页。

[27]《十三经注疏·礼记正义》卷三九，第1540页。

[28]李零：《长沙子弹库战国楚帛书研究》，北京：中华书局，1985，第50、57页。

[29]马承源主编：《上海博物馆藏战国楚竹书二》，上海：上海古籍出版社，2002，第262—263页。

[30]陈松长：《帛书〈刑德〉乙篇释文》，收录于丁原植主编：《马王堆帛书〈刑德〉研究论稿》，台北：台湾古籍出版有限公司，2001，第116页。

[31]《国语》卷一九，第601页。韦昭注"妖孽吴国"句，谓指伍子胥"妄为妖言：'越当袭吴'"。（第602页）

[32]张家山汉墓竹简二四七号汉墓整理小组整理：《张家山汉墓竹简》（二四七号墓），北京：文物出版社，2001，释文第275页。

[33]《十三经注疏·礼记正义》卷五三，第1632页。

[34]参见王先谦《汉书补注》引王鸣盛说。（上册，第594页）

［35］《汉书》卷二七中之上《五行志中之上》，第1353—1354页。

［36］《汉书》卷八五《谷永传》："訞辞曰：'关动牡飞，辟为无道，臣为非，厥咎乱臣谋篡。'"颜师古注曰："《易訞占》之辞也。訞即妖字耳。"（第3470、3471页）《汉书》卷二七中之上《五行志中之上》亦引之，李奇注作："《易妖变传》辞。"（第1401）其书至魏晋南北朝隋唐仍存。《晋书》卷一二《天文志中》："京房《易妖占》曰：'天有声，人主忧。'"（第337页）《隋书》卷二三《五行志下》："东魏武定二年十一月，西河地陷而且燃。京房《易妖占》曰：'地自陷，其君亡。'""后周建德二年，凉州地频震。城郭多坏，地裂出泉。京房《易妖占》曰：'地分裂，羌夷叛。'"（第664—665页）《隋书》卷三四《经籍志》："梁《周易妖占》十三卷，京房撰。"（第1032页）《新唐书》卷三四《五行志一》："景龙二年春，滑州匡城县民家鸡有三足。京房《易妖占》曰：'君用妇言，则鸡生妖。'"（第880页）《太平御览·咎征部》颇多引用京氏《妖占》处。

［37］《汉书》卷二七中之上《五行志中之上》，第1353页。

［38］《汉书》卷二七中之下《五行志中之下》，第1405—1414页。

［39］班固等编，陈立疏证：《白虎通疏证》卷六，北京：中华书局，1994，第270页。

［40］《史记》卷六《秦始皇本纪》，第258页。

［41］《史记》卷一一八《淮南衡山列传》，第3094页。

［42］张仁玺：《秦汉家族成员连坐考略》，《思想战线》2003年第6期，第100页。

［43］《汉书》卷三，第96页。

[44]张仁玺（2003），第100页。

[45]《史记》卷六《秦始皇本纪》，第258页。

[46]汤凌慧：《汉文帝"约法省刑"略述》，《辽宁师专学报》2000年第1期，第113页。

[47]《史记》卷七《项羽本纪》，第296页。

[48]《汉书》卷二一上，第978页。

[49]关于这则政治神话，第五章有详细讨论。

[50]《史记》卷八，第347页。

[51]王充著，黄晖校释：《论衡校释》卷二二，北京：中华书局，1990，第924页。

[52]许洞撰：《虎钤经》卷一，《丛书集成初编》，上海：商务印书馆，1935—1937，第3页。

[53]《后汉书》志一一《天文中》，第3230页。

[54]《后汉书》卷三〇下《襄楷传》："初，顺帝时，琅琊宫崇诣阙，上其师干吉于曲阳泉水上所得神书百七十卷，皆缥白素朱介青首朱目，号《太平清领书》。其言以阴阳五行为家，而多巫觋杂语。有司奏崇所上妖妄不经，乃收藏之。后张角颇有其书焉。"（第1084页）

[55]《后汉书》卷五四《杨彪传》：献帝初，关东兵起，董卓（？—192）惧，欲迁都，乃大会公卿议曰："高祖都关中十有一世，光武宫洛阳，于今亦十世矣。案《石包谶》，宜徙都长安，以应天人之意。"杨彪（142—225）反对其议，说："《石包（室）谶》，妖邪之书，岂可信用？"（第1786—1787页）

[56]袁康著，李步嘉校释：《越绝书校释》卷一四，武汉：武汉

大学出版社，1992，第326页。此论看似正论，然激愤情溢，语带诅咒，亦属非常之言。

［57］如《后汉书》卷五七《刘陶传》："时巨鹿张角伪托大道，妖惑小民。"（第1849页）

［58］《论衡校释》卷七《语增篇》，第354—356页。

［59］《论衡校释》卷七《语增篇》，第356页。

［60］这样的叙述顺序，似在凸显侯、卢的背叛和"诽谤"与坑儒事件的因果关系。

［61］《史记》卷六《秦始皇本纪》，第258页。

［62］《史记》卷六《秦始皇本纪》，第258页。

［63］《史记》卷六《秦始皇本纪》，第258页。

［64］《史记》卷六《秦始皇本纪》，第259页。

［65］在历史上，常有妖言"自发"地出现并广泛流传，影响或煽惑群众，但却找不到原作者或主谋之人，比较像前面讨论过的"流言""讹言"。统治者最恶此，但也最无计可施。早如《左传》，已有类似记载。僖公十六年：（十二月，会于淮，谋鄫，且东略也）"城鄫，役人病，有夜登丘而呼曰：'齐有乱！'不果城而还。"杜预注："役人遇厉气，不堪久驻，故作妖言。"（《十三经注疏·春秋左传正义》卷一四，第1809页）"死而地分"妖言刻于陨石，见诸文字，也有明确的发案地点，但即使尽杀"石旁居人"，仍无人招认。"祖龙死"妖言更借鬼神之口发声而有始皇旧时遗物为证，专制暴虐强横如秦始皇，也对此无可奈何。

［66］《史记》卷一一八《淮南衡山列传》，第3082页。

[67]《史记》卷一一八《淮南衡山列传》，页3082。相同的故事亦见于《汉书》卷四四《淮南厉王刘长传》（第2146页），《史记》卷一〇七《魏其武安侯列传》（第2855页），《汉书》卷五二《灌夫传》（第2393页）等。然细思之，颇有可疑之处：一、汉武帝29岁（元朔元年，前128）得子，即戾太子刘据。武帝得子虽然较晚，但他16岁登基，建元二年仅18岁（刘安时约40岁），富于春秋，虽然尚未得子，帝室继嗣在当时还不至于成为朝廷内外焦虑的问题吧？再怎么说，刘安要比汉武帝年长近三十岁。就算朝廷需要提早安排武帝的接班人，论情理也不至于轮到刘安吧？二、田蚡于景帝世以王皇后同母弟得享富贵，至武帝即位，更以帝舅（王太后为武帝生母）封侯拜太尉，贵极人臣，一生富贵，系于其为景帝妻舅、武帝母舅之外戚身份。虽然后来田蚡曾得罪窦太后而遭罢免，也曾因擅权不为武帝所喜，但武帝即位之初，正值其官场得意之际，何至于要在此时有诅咒其皇帝外甥早夭绝后而煽惑旁系诸侯王觊觎皇位之心？有人说窦太皇太后于建元二年（前139）临朝干政，罢免武帝所任命的喜好儒术之大臣，其实是发动了一场未动干戈的宫廷政变，令武帝身处危境，而田蚡也暗中站到了武帝的对立面，所以才有与淮南王刘安暗通款曲之事。此说极悖史实与情理。田蚡与刘安的这段秘密对话，在建元二年至元狩元年（前122）十六年间，闻所未闻，直至田蚡死后九年、刘安谋反事发自杀，才有流传，上达天听，甚疑是有心人事后造作。当时主审此案的廷尉张汤（？—前115），精律令，能而廉，然为人多诈，治狱深文周纳，善迎合上意。他审理淮南、衡山、江都王谋反案时，"寻端治之，竟其党与，而坐死者数万人"。汲黯曾评论张汤，

说他"智足以拒谏,诈足以饰非,务巧佞之语,辩数之辞,非肯正为天下言,专阿主意。主意所不欲,因而毁之;主意所欲,因而誉之。好兴事,舞文法,内怀诈以御主心,外挟贼吏以为威重"(参见《史记》卷一二二《酷吏列传》,第3138—3144页;卷三〇《平准书》,第1424页;卷一二〇《汲郑列传》,第3110页)。张汤又曾为田蚡故吏,为撇清自己、迎合武帝,对案情添油加料,对刘安、田蚡落井下石,并非不可能。然无确证,姑且存疑。

[68]《史记》卷一一八《淮南衡山列传》,第3082页。

[69]《史记》卷一一八《淮南衡山列传》,第3083页。

[70]汉武帝生有六子。除长子刘据、少子刘弗陵(即昭帝,前94—前74),其余诸子,包括齐怀王刘闳(？—前110)、燕剌王刘旦(？—前80)、广陵厉王刘胥(？—前54)、昌邑哀王刘髆,生年皆不详。参见《汉书》卷六三《武五子传》。

[71]刘据立为太子在元狩元年四月,是时淮南王刘安谋反事件已经平息。

[72]元狩元年,刘据已七岁,刘安仍然对其心腹幕僚伍被、左吴说:"上无太子,宫车即晏驾,廷臣必征胶东王,不即常山王,诸侯并争,吾可以无备乎！且吾高祖孙,亲行仁义,陛下遇我厚,吾能忍之;万世之后,吾宁能北面臣事竖子乎！"(《史记》卷一一八《淮南衡山列传》,第3085页)这也许是因为刘据当时年幼,尚未被立为太子。但是刘安在此问题上如此执着,颇耐人寻味。

[73]迄今所存史料,未见任何刘安的同时代人或稍后之人持有类似怀疑的言论。但无独有偶,武帝崩后,少子刘弗陵继嗣,其兄燕

王刘旦即以"少帝非武帝子"为借口,发动武装叛乱,(《汉书》卷六三《燕剌王旦传》,第2753页)与刘安"妖言",可谓前后辉映。

[74]《史记》卷一一八《淮南衡山列传》,第3094页。

[75]武帝临终前遗诏霍光、金日䃅(前134—前86)、上官桀辅佐少主。但金日䃅在昭帝即位之明年即病故,上官桀因与霍光争权,于元凤元年(前80)参与燕王刘旦的谋逆,事败被诛。霍光以大司马、大将军录尚书事,独揽全国军政。

[76]武帝崩时,诸皇子以燕王刘旦居长,有才干、有野心。昭帝初即位,旦与齐孝王孙刘泽等合谋,向诸郡国宣扬"少帝非武帝子",发动武装叛乱,为青州刺史隽不疑所镇压。至元凤元年,再与上官桀父子、桑弘羊等通谋造反,事败自杀。参见《汉书》卷六三《燕剌王旦传》,第2753—2759页。

[77]参见《汉书》卷二七《五行志》。

[78]《汉书》卷二一上《律历志上》,第978页。

[79]《汉书》卷二一上《律历志上》,第978页。

[80]《汉书》卷七五《眭弘传》,第3153页。

[81]《汉书》卷七五《眭弘传》,第3153—3154页。

[82]《汉书》卷二七中之上《五行志中之上》,第1400页。

[83]《汉书》卷七五《眭弘传》,第3154页。

[84]《汉书》卷七五《眭弘传》,第3154页。

[85]《汉书》卷八《宣帝纪》,第238页。

[86]宣帝本名病已,见《汉书》卷八《宣帝纪》:(秋七月)[霍]光奏议曰:"礼,人道亲亲故尊祖,尊祖故敬宗。大宗毋嗣,择支子

孙贤者为嗣。孝武皇帝曾孙病已,有诏掖庭养视,至今年十八,师受《诗》《论语》《孝经》,操行节俭,慈仁爱人,可以嗣孝昭皇帝后,奉承祖宗,子万姓。"后来改名询,原因见颜师古注:"盖以夙遭屯难而多病苦,故名病已,欲其速差也。后以为鄙,更改讳询。"(第238页)

[87]《汉书》卷七五《眭弘传》,第3154页。

[88]至少按《汉书》的描述是如此,参见《汉书》卷六三《武五子传》、卷三八《霍光传》。更深层的原因应该是刘贺性情跳脱而又缺乏政治经验,即位之初,立足不稳就显露出急欲亲政、忙于向树大根深的霍光集团夺权的倾向。参见吕宗力:《西汉继体之君正当性论证杂议——以霍光废刘贺为例》,《史学集刊》2017年第1期。

[89]《汉书》卷七五《夏侯胜传》,第3155页。

[90]《汉书》卷二七下之上《五行志下之上》,第1458—1459页。

[91]《汉书》卷七五《夏侯胜传》,第3155页。

[92]《汉书》卷七五《夏侯胜传》,第3155页。

[93]《汉书》卷一五下《王子侯表下》,第484页。

[94]《汉书》卷六六《杨恽传》,第2889—2890页。

[95]《汉书》卷六二《司马迁传》,第2737页。

[96]《史记》卷二〇《建元以来侯者年表》附褚少孙补《孝昭以来功臣侯表》,第1066页。《宣帝纪》则说杨恽:"坐前为光禄勋有罪,免为庶人。不悔过,怨望,大逆不道,要斩。"(《汉书·宣帝纪》,第266页)《汉书》卷一七《景武昭宣元成功臣表》平通侯条仅载"五凤三年,坐为光禄勋诽谤政治,免",未记其腰斩事。(第671页)

[97]《汉书》卷九《元帝纪》,第278页。

[98]《汉书》卷九《元帝纪》,第277页。

[99]指杨恽《报孙会宗书》,见李中华:《文字狱:悬在文人头上的利剑》,《寻根》2003年第2期,第26页。

[100]《汉书》卷六六《杨恽传》,第2891页。

[101]《汉书》卷六六《杨恽传》,第2891页。

[102]据史传,昭帝元凤年间颇多灾异,如大石自立、枯树重生之类,然于此则无闻,未知杨恽何据。

[103]《汉书》卷六六《杨恽传》,第2891—2892页。

[104]《汉书》卷六六《杨恽传》,第2893页。依《汉书》中华本的标点,此段仍包含在戴长乐的上书中。本文采纳《资治通鉴》的标点,解读"称引为祅(妖)恶言,大逆不道"为廷尉所定罪名。(司马光著:《资治通鉴》卷二四,北京:中华书局,1956,第872页)

[105]《汉书》卷六六《杨恽传》,第2897—2898页。盖司隶,即盖宽饶。韩冯翊,即韩延寿。

[106]《汉书》卷六六《杨恽传》,第2895—2896页。"县官"指皇帝。

[107]《汉书》卷六六《杨恽传》,第2894、2896页。

[108]《汉书》卷七五《李寻传》,第3192页。

[109]《汉书》卷七五《李寻传》,第3192页。

[110]《汉书》卷七五《李寻传》,第3192页。

[111]《汉书》卷七五《李寻传》,第3193页。

[112]《后汉书》卷四二《楚王英传》,第1428—1429页。

［113］《后汉书》卷四二《楚王英传》，第1428—1429页。

［114］《后汉书》志一一《天文中》，第3230页。

［115］《后汉书》卷四一《寒朗传》，第1417页。"大故"，中华书局校勘记指出，汲本"故"作"过"。文意更佳。

［116］《后汉书》卷一下《光武帝纪》下，第67页。

［117］《后汉书》卷一下《光武帝纪》下，第68、70页。

［118］《后汉书》卷一八《桓谭冯衍列传》，第694页。

［119］《后汉书》卷二四《樊宏阴识列传》，第838页。

［120］白寿彝等主编：《中国通史》第4卷，上海：上海人民出版社，1995，上册："仅安帝一朝十九年中，水灾即达十一次，旱灾七次，蝗灾七次，受灾范围遍及中华大地。"（第430页）

［121］《后汉书》卷六《顺帝纪》，第260页。

［122］《后汉书》卷六《冲帝纪》，第276页；卷三八《滕抚传》，第1279页。所谓"无上将军""黄帝"，黄衣玉印及稍后之"黑帝"，皆透露出其与原始道教及谶纬五德终始观念的密切联系。尚黄者以五德相生为说，汉为火德，故将以土（黄）代之。尚黑者以五德相胜为说，汉为火德，故以水克火。

［123］《后汉书》卷三八《滕抚传》，第1279—1280页。

［124］《后汉书》卷七《桓帝纪》，第291、296页。

［125］《后汉书》卷五五《清河孝王庆传》，第1805页。

［126］《后汉书》卷六三，第2087页。

［127］《后汉书》卷七《桓帝纪》，第300页。

［128］《后汉书》卷七《桓帝纪》，第309页。

[129]《后汉书》卷七《桓帝纪》,第316页。

[130]《后汉书》卷七《桓帝纪》,第316页。

[131]陈寿著,裴松之注:《三国志》卷八《魏书·张鲁传》裴松之注引,北京:中华书局,1971,第264页。《后汉书》卷七五《刘焉传》李贤注亦引之,第2436页。

[132]《后汉书》卷五八《臧洪传》,第1884页。

[133]《后汉书》志二《律历志中》,第3037页。

[134]《后汉书》卷三〇下《襄楷传》,第1084页。

[135]《后汉书》卷七一《皇甫嵩传》,第2299页。

[136]《后汉书》卷七一《皇甫嵩传》,第2299页。史书所加的标签为"讹言",而讹言与妖言在汉代文献中常常互通。

[137]《后汉书》志一七《五行五》,第3347页。虽然此事情节颇为妖异,应劭、袁宏、韦昭等史家对之都采宁可信其有的态度,并对其预警、符码功能相当重视,但他们都认为,"张角一时狡乱,不足致此大妖"。那么,此妖因何而起呢?应劭以为,这是针对后来董卓专制夺娇、中黄门诛灭的天启;袁宏、韦昭则以为这是曹氏灭汉之征兆。

[138]《后汉书》志二八《百官五》李贤注引,第3622页。

[139]《后汉书》卷六三《窦何列传》,第2091页。

[140]《后汉书》卷五七《李杜列传》,第1849页。

[141]《后汉书》卷七一《循吏列传》,第2315页。

[142]张仁玺(2003),第98—100页。

[143]《史记》卷六《秦始皇本纪》,第255页。

[144]《史记集解》："应劭曰：'禁民聚语，畏其谤己。'"《正义》："偶，对也。"(《史记》卷六《秦始皇本纪》，第255页)

[145]《国语》卷一《周语上》一："夫兽三为群，人三为众，女三为粲。"(第8页)

[146]《睡虎地秦墓竹简·法律答问释文·注释》，第105页。注释曰：戮，辱也。斩，斩首。

[147]《史记》卷八《高祖本纪》，第362页。

[148]陈埴《木钟集》卷一一："高帝入关，约法三章，悉除秦苛法，至于收孥相坐之律、诽谤妖言之罪，待文帝而后除。何也？《刑法志》云，三章不足以御奸，于是萧何攈摭秦法，作律九章。想诸将继叛之后，此等法仍用，至文帝方尽除耳。"(《四库全书》，上海：上海古籍出版社，1987，第732页)

[149]《汉书》卷三《高后纪》，第96页。

[150]《汉书》卷二三《刑法志》，第1104页。

[151]《汉书》卷五《景帝纪》："改磔曰弃市，勿复磔。"注引应劭曰："先此诸死刑皆磔于市，今改曰弃市，自非妖逆不复磔也。"师古曰："磔谓张其尸也。弃市，杀之于市也。"可知"妖逆"之罪，刑罚特重。(第145—146页)

[152]《史记》卷一〇《孝文本纪》，第423—424页。

[153]《汉书》卷四《文帝纪》，第118页。

[154]《汉书》卷四九《晁错传》，第2296页。

[155]汤凌慧(2000)，第112页。

[156]《汉书》卷二三《刑法志》，第1105页。事亦见《史

记·文帝本纪》。

[157]《史记》卷一一八《淮南衡山列传》,第3093页。

[158]《后汉书》卷四二《楚王英传》,第1430页。

[159]《后汉书》卷四五《袁安传》,第1518页。

[160]《后汉书》卷四一《寒朗传》,第1417—1418页。

[161]《后汉书》卷三三《郑弘传》,第1155页。

[162]《后汉书》卷一〇上《明德马皇后纪》,第410页。

[163]《后汉书》卷三《章帝纪》,页147—148页。

[164]《后汉书》卷三三《朱浮传》李贤注引《汉官仪》:"博士,秦官也。武帝初置五经博士,后增至十四人。太常差选有聪明威重一人为祭酒,总领纲纪。其举状曰:'生事爱敬,丧没如礼。通《易》《尚书》《孝经》《论语》,兼综载籍,穷微阐奥。隐居乐道,不求闻达。身无金痍痼疾,卅六属不与妖恶交通、王侯赏赐。行应四科,经任博士。'下言某官某甲保举。"(第1145页)换言之,如果"卅六属"中有牵连"妖恶"罪案者,不得任博士。由此可知妖恶禁锢连坐范围之广,对士人仕途的影响之大。

[165]《后汉书》卷五五《清河孝王庆传》,第1803页。司马彪(243—306)《续汉书》:"孝德左皇后,安帝母也。父仲躬,犍为武阳人。后兄圣伯,为妖言伏诛,父母同产皆没官。"周天游按:《范书·清河王庆传》作"伯父圣坐妖言伏诛"。《袁纪》作"父坐事",三载各异,恐当以《范书》为是。见周天游辑注:《八家后汉书辑注》,上海:上海古籍出版社,1986,第319页。

[166]《后汉书》志二八《百官五》李贤注引蔡质《汉仪》,第

3617—3618页。

[167]《后汉书》卷七六《循吏·王涣传》,第2468页。

[168]《后汉书》卷八〇上《文苑·黄香传》,第2615页。

[169]《后汉书》卷一〇上《和熹邓皇后纪》,第422页。

[170]《后汉书》卷五《安帝纪》,第215页。

[171]《后汉书》卷七《桓帝纪》,第293页。

[172]《后汉书》卷三《章帝纪》,第132页。

[173]《后汉书》卷五七《刘陶传》,第1843页。

[174]《后汉书》卷八二下《方术·刘根传》,第2746页。

[175]第一次"松绑"不超过8年,第二次"松绑"短则15年,最长也不会超过56年。《汉书》卷一一《哀帝纪》载,哀帝初即位(前7)曾颁诏"除任子令及诽谤诋欺法"(第336页),然未言及妖言令。

[176]刘炎《迩言》卷九《今昔》:"或问妖言令,汉世屡除而复存,何也?曰:是令不存于简书,而尝着于谗人之口也。始作俑者其无后乎?真秦人之谓也。"(《迩言》,《四库全书》,上海:上海古籍出版社,1987,第537页)他对妖言令及谗谤小人深恶痛绝,可以理解,但说"令不存于简书",则缺乏根据。

[177]三国两晋南北朝,妖言令及妖言罪依然存在。今存《唐律》及此后历朝的律法中也可以见到有比较明确的相关条文。如《唐律疏议》卷一八《造袄书袄言》条:"诸造袄书及袄言者,绞。(造,谓自造休咎及鬼神之言,妄说吉凶,涉于不顺者。【疏】议曰:'造袄书及袄言者',谓构成怪力之书,诈为鬼神之语。'休',谓妄说他人

及己身有休征。'咎',谓妄言国家有咎恶。观天画地,诡说灾祥,妄陈吉凶,并涉于不顺者,绞。)传用以惑众者,亦如之;(传,谓传言。用,谓用书)其不满众者,流三千里。言理无害者,杖一百。即私有祆书,虽不行用,徒二年;言理无害者,杖六十(【疏】议曰:'传用以惑众者',谓非自造,传用祆言、祆书,以惑三人以上,亦得绞罪。注云:'传,谓传言。用,谓用书。''其不满众者',谓被传惑者不满三人。若是同居,不入众人之限;此外一人以上,虽不满众,合流三千里。'其言理无害者',谓祆书、祆言,虽说变异,无损于时,谓若豫言水旱之类,合杖一百。'即私有祆书',谓前人旧作,衷私相传,非已所制,虽不行用,仍徒二年。其祆书言理无害于时者,杖六十)。"(长孙无忌等撰,刘俊文点校:《唐律疏议》,北京:中华书局,1983,第345页)可知依《唐律》,自造、有损当时、惑众三项为重罪条件。有趣的是,律和疏议都未提到被惑者该当何罪?

[178] 这当然是从当局的立场来判断的,如"始皇帝死而地分"之刻石、淮南王刘安关于汉武帝"无男"的妄言、杨恽"县官不足为尽力"之类的怪话。

[179] 治军最讲求纪律严明、言论一律,所以历代兵家对妖言的煽惑能力最为警惕,军法对散布妖言的刑罚也最严厉。《六韬·龙韬·兵征》中记有:周武王问姜太公,如何可以未战先知敌人之强弱,预见胜败之征,太公曰:"胜败之征,精神先见,明将察之,其效在人。谨候敌人出入进退,察其动静,言语妖祥,士卒所告。凡三军悦怿,士卒畏法,敬其将命;相喜以破敌,相陈以勇猛,相贤以威武,此强征也。三军数惊,士卒不齐;相恐以强敌,相语以不利;耳

目相属,妖言不止,众口相惑;不畏法令,不重其将,此弱征也。"(《六韬》,《中国兵书集成》第1册,北京:沈阳解放军出版社,沈阳:辽沈书社,据中华学艺社影宋刻武经七书本影印,1987,第463页)《虎钤经》卷二《军令》称:"妖言诡辞,撰造鬼神,托凭梦寐,以流言邪说,恐惑吏士,此谓妖军,如是者斩之。"(第12页)军法所打击的妖言流言,不一定关妖异事,但一定是不利己方军心的言论。军中必须言论一律,否则军心浮动。在另一方面,兵家也最了解妖言在心理战中的价值,主张以妖言惑众为克敌手段。《武经总要·前集》卷四《察敌形》:"戎马惊奔,士卒恐惧,妖言相惑,以耳相属,此溃散之象也。"(曾公亮、丁度等著,《武经总要·前集》,《中国兵书集成》第3—5册,北京:解放军出版社,沈阳:辽沈书社,据明金陵书林唐富春刻本影印,1988,第162页)

[180]《刘蜕集》卷六,第30页。

[181]胡寅撰:《致堂读史管见》卷一,《续修四库全书》,上海:上海古籍出版社,2002,第425页。

[182]《汉书》卷四八《贾谊传》,第2251页。《新书·保傅》所载同。胡寅的议论,就是由贾谊的这段论述生发开来。

[183]《汉书》卷五一《路温舒传》,第2369—2371页。

[184]许维遹集释:《韩诗外传集释》卷二,北京:中华书局,1980,第22章页57—59。刘向《新序·刺奢》所叙略同。

[185]《史记》卷三六《陈杞世家》第六,第1579页。

[186]《十三经注疏·春秋穀梁传疏》卷一二,第2414页。

[187]刘向撰,向宗鲁校证:《说苑校证》卷一,北京:中华书

局，1987，第4页。

［188］刘向撰，王照圆补注：《列女传补注》，《续修四库全书》，上海：上海古籍出版社，2002，第729—730页。

［189］《汉书》卷八五《谷永传》："訞（妖）辞曰：'关动牡飞，辟为无道，臣为非，厥咎乱臣谋篡。'"颜师古注曰："《易訞占》之辞也。訞即妖字耳。"（第3470页）《汉书》卷二七中之上《五行志中之上》亦引之，李奇注作："《易妖变传》辞。"（第1401页）其书至隋唐仍存。

［190］《汉书》卷二七下之上《五行志下之上》，第1474页。

［191］《汉书》卷二七上《五行志上》："董仲舒治《公羊春秋》，始推阴阳，为儒者宗。"（第1317页）

［192］《汉书》卷三六《楚元王传附刘向传》，第1950页。

［193］西汉所传《洪范五行传》版本有二，其一为许商（传自夏侯始昌、夏侯胜、周堪）、刘向所据通行本，其二为刘歆所据别本。《汉书·五行志》于"传曰"部分仅录许商、刘向所据本传文，而于说解部分兼录刘歆所据本之异文。见程苏东：《〈汉书·五行志〉体例覆窾》，《中国史研究》2020年第4期，第52页。

［194］程苏东（2020），第49页。

［195］《汉书》卷二七中之上《五行志中之上》，第1376页。

［196］《十三经注疏·周易正义》卷七《周易·系辞》上，第79页。

［197］详见第四章"谶谣"部分的讨论。

# 第三章 谣言(民间歌谣)

"谣"在先秦、秦汉文献中,本指民间流传的歌谣。[1]

"曲合乐曰歌,徒歌曰谣。"[2]先秦的歌、谣都可以唱,只不过歌有乐器伴奏[3],谣却是"无乐而空歌,其声逍遥然也"[4]。到了汉代,宗庙、祭祀、宫廷、巡狩、宴饮游乐之歌,仍多合乐。[5]而民间日常生活中即兴而作的"歌",与徒歌已难截然区分。如汉高祖宠姬戚夫人(?—前194)被吕后囚于永巷"舂且歌"[6],朱买臣(?—前115)负薪独行一路走一路高歌[7],难以想象会有琴瑟伴奏。而《史记》《汉书》所录的《颍水清》《一尺布》《生男无喜》歌和《后汉书》所录的《董逃》歌等,从表达形式来看,其实就是民谣、童谣。

歌、谣皆韵文,朗朗上口,便于口头传播。只是谣多在庶民、儿童等文盲或教育程度较低的群体中流传,用语更为通俗易记。

民间流传的歌谣,其旋律曲调久已湮没,无从获知。

但部分歌（谣）词经史家、文士的纪录编辑，得以保存，可以被视为一种民间或非官方言论。[8]《后汉书》以来的历史文献，常称此类歌谣之言辞为"谣言"。笔者认为，它们也应属于中国历史上谣言的一种表现形式。与流言、讹言、妖言等言论相比，"谣言"由于采取韵文形式，传播更易、影响更广泛。

二十世纪兴起的"新史学"，关注普通民众的日常生活、思维方式及其对政治、社会议题的影响，民间歌谣的史料价值愈显珍贵。[9]对于现当代研究者而言，民间歌谣既是民间即兴、自由创作的大众文学[10]，也是珍贵的社会政治史料，具有强大的社会批判和政治预言能力。[11]也有不少舆论、传播学者视民间歌谣为古代舆论（public opinion）的一种表现形式，如林语堂于1936年在其英文著作《中国报业及舆论史》中指出，民谣是中国古代公众时事政治批评的一种形式；比起西方人，中国人是对君主更严厉的批评者，独裁君权也从未能制止他们以耳语及歌谣形式所传递的对政府的批评。[12]

在现当代史学论著中，民谣常被定义为"民众心声的流露"[13]，"人民集体意志的表现"[14]。不少秦汉史学者更指出民谣是汉代民众参与和批评时政的一种特殊表达方式，担当了社会舆论监督的角色，对改善当时的吏治和政治发挥了一定的正面作用。[15]

## 第一节　歌谣是汉代社会与政治生活的重要组成部分

"心之忧矣，我歌且谣。"[16]古人善歌，习以歌咏表达心声，即《书·舜典》所谓："诗言志，歌永言。"[17]故孔子曰："不学诗，无以言。"[18]"诸侯卿大夫交接邻国，以微言相感，当揖让之时，必称诗以谕其志。"[19]

先秦诸侯、卿大夫在交际活动中诵咏的，多是流传有绪、耳熟能详的诗篇。对于具有类似的系统诗教背景的各国士大夫来说，这些诗篇的语词、意象已构成一套默契而有效的沟通符号，令他们在对话时可以直接或婉转、含蓄甚至意在言外地抒发其理念、感受。但因时因地有感而发、带有强烈个人感情色彩的即兴歌诵，也很常见。如"箕子朝周，过故殷虚，感宫室毁坏"，"欲哭则不可"，"乃作麦秀之诗以歌咏之"。[20]伯夷、叔齐耻食周粟，隐于首阳山，及饿且死，作歌言志。[21]孔子（前551—前479）因季桓子（？—前492）受齐国所赠女乐，知政事不可为而去鲁，途中咏叹："彼妇之口，可以出走；彼妇之谒，可以死败。盖优哉游哉，维以卒岁！"[22]

一般民众也习以歌咏抒发心声，《诗经》所辑300余诗篇，不少改编自周代民众的即兴歌咏。在乡村，"男女有不得其所者，因相与歌咏，各言其伤"[23]。市井之中，如

《史记》所描绘之荆轲（？—前227），"日与狗屠及高渐离饮于燕市，高渐离击筑，荆轲和而歌于市中"。荆轲出发刺秦前所歌"风萧萧兮易水寒，壮士一去兮不复还"[24]，千古传诵。

即兴歌咏的习俗，至秦汉，在各地、各阶层仍然风行。"而且歌是脱口而出，舞是随意而起。"[25]项羽被围困在垓下，曾悲歌"力拔山兮气盖世，时不利兮骓不逝"[26]。汉高祖刘邦，更常以歌咏抒发心声。他击败项羽、衣锦还乡时，"悉召故人父老子弟纵酒，发沛中儿得百二十人，教之歌"。至酒酣，高祖击筑，自为歌诗："大风起兮云飞扬，威加海内兮归故乡，安得猛士兮守四方！"[27]《睡虎地秦简·日书》甲、乙种中，歌乐常与饮食、祠祀并列为当时日常生活的基本内容。

西汉惠帝（刘盈，前195—前188年在位）时，曹参（？—前190）任相国，其官邸后园近吏舍。吏舍中日饮歌呼，噪音难耐。曹参从吏虽然憎厌，却奈何不得，于是请曹参游园，希望相国听到那些吏人醉歌高呼，会下令处分。谁知道，曹参"乃反取酒张坐饮，亦歌呼与相应和"[28]。哀帝建平四年初曾发生著名的"传行西王母筹"事件，"京师郡国民聚会里巷仟佰，设张博具，歌舞祠西王母"[29]，其盛况可以想见。

汉代民间即兴咏诵的歌谣，数量应该不少。《汉书·艺文志》著录结集的各地歌诗（谣），有吴楚汝南歌诗十五篇、燕代讴雁门云中陇西歌诗九篇、邯郸河间歌诗四篇、齐郑歌诗四篇、淮南歌诗四篇、左冯翊秦歌诗三篇、京兆尹秦歌诗五篇、河东蒲反歌诗一篇、雒阳歌诗四篇、河南周歌诗七篇、河南周歌声曲折七篇、周谣歌诗七十五篇、周谣歌诗声曲折七十五篇、周歌诗二篇、南郡歌诗五篇等。[30]以主题结集的，有汉兴以来兵所诛灭歌诗十四篇。而这些集为文本的歌谣，估计仍不过是当时流行歌谣的一小部分。[31]

正因为歌谣是当时社会生活的重要组成部分，内容非常丰富，涵盖社会和文化生活的许多方面，所以司马迁编撰《史记》时，"既上序轩黄，中述战国，或得之于名山坏壁，或取之以旧俗风谣"[32]。《史记》《汉书》中叙述各地风物、人情的《货殖列传》《地理志》等，也都将"谣俗"视为反映各地民风、性格、价值观念、社会风貌的重要信息。[33]《纪》《传》《世家》中的人物形象和心态，常因这些歌谣而活龙活现。不过，受传统史学编纂理念和论述架构所限，获史家青睐著录于史册而得以为后世考见的歌谣，内容似乎多与政治生活、政治事件相关[34]，往往语含讥刺、针砭时弊。

如西汉武帝的妻舅、大将军卫青（？—前106）屡立战功，拜将封侯，本无可厚非，但其三子在襁褓中竟亦封侯。民间歆羡之余，心怀不平，不免将卫氏的贵震天下归功于出身寒微而获封皇后的卫子夫（？—前91），歌曰：

"生男无喜,生女无怒,独不见卫子夫霸天下!"[35]

元、成之世,朝纲废弛,宦官、外戚、官僚之间政争激烈而频繁。《汉书》所辑录批评时政的歌谣,有多首涉及这一时期,包括批评石显(?—前32)、五鹿充宗结党擅权的"民歌":"牢邪石邪,五鹿客邪!印何累累,绶若若邪"[36];讥刺该党失势的《长安谣》:"伊徙雁,鹿徙菟,去牢与陈实无贾"[37];"百姓"怒斥外戚王氏骄奢僭盛、自作威福的歌谣:"五侯初起,曲阳最怒,坏决高都,连竟外杜,土山渐台西白虎"[38]。这一组歌谣指名道姓,矛头直指特定政治人物和政治势力,可能反映了较广泛的民意,但也可能出自敌对政治集团的心声与口诛。

成帝永始、元延间,外戚骄恣,豪强不法,当局执法无力,长安城中少年团伙受雇杀吏、打劫行人,死伤横道。尹赏以三辅高第选守长安令,获准"得壹切便宜从事",整顿治安。尹赏要求基层治安官吏、地方长老举报长安城中的"轻薄少年恶子,无市籍商贩作务,而鲜衣凶服被铠扞持刀兵者",得数百人。乃至"赏一朝会长安吏,车数百两,分行收捕,皆劾以为通行饮食群盗",全部活埋,"百日后,乃令死者家各自发取其尸。亲属号哭,道路皆歔欷"。一时间,"作奸犯科"者纷纷逃离京城,长安人歌之曰:"安所求子死?桓东少年场。生时谅不谨,枯骨后何葬?"[39]歌词悲切委婉,似出自遇难少年家属之口吻,既非庆幸社会秩序之平靖,也未诅咒执法之严酷。但一句"生时谅不谨",隐晦抒发出从重从快的严打之下,或有枉死之徒的哀鸣。

更有一些歌谣,用词尖锐、语气激烈,对特定政治人物或社会政治现象发出强烈诅咒。如汝南旧有鸿隙大陂,郡以为饶。成帝时关东多雨水,陂溢为害。汝南人翟方进时为相,认为决陂放水可以省堤防费而无水患,奏准废陂。至王莽居摄,该地常枯旱缺水,多致饥困。汝南人于是追怨方进,说方进是因为企图侵占陂下良田不得而奏罢陂。郡中遂有童谣流传:"坏陂谁?翟子威。饭我豆食羹芋魁。反乎覆,陂当复。谁云者?两黄鹄。"[40]又传说罢陂之后,成帝于梦中上天,天帝怒曰:"何故败我濯龙渊?"[41]

翟方进决陂,是为了应付当年的涝灾,却导致亢旱之年缺水,也许少了一点远见,乡人追怨,可以理解。但指责翟方进为一己私怨而毁故乡生机,却是在方进少子翟义起兵讨莽事败族灭之后。此谣之作,很难说没有政治力的渗透。串田久治推测,童谣中的"黄鹄"应是暗示王莽,显示汝南乡民将修复鸿隙陂的希望寄托于王莽。而王莽在元始二年(2)大旱时,也确曾实行一系列救济政策。[42]但鸿隙陂的修复,其实要到东汉建武中,才由太守邓晨(?—49)提上议事日程。主持修陂的都水掾许杨,向邓晨说:"昔大禹决江疏河以利天下,明府今兴立废业,富国安民,童谣之言,将有征于此。"[43]可知新莽时期汝南地区流行的歌谣，至东汉初仍然深深存留在当地官民的集体记忆中。

新莽地皇三年（22），王莽遣太师王匡（？—23）、更始将军廉丹（？—22）赴山东镇压赤眉军。官军"所过放纵"，激起民众的强烈不满，遂有诅咒王匡、廉丹的"东方之语"："宁逢赤眉，不逢太师！太师尚可，更始杀我。"[44]更始政权的重臣李轶、朱鲔、王匡、张卬等，在关东、三辅擅作威福，任用"群小贾竖""膳夫庖人"，长安人嘲讽更始新贵为"灶下养，中郎将。烂羊胃，骑都尉。烂羊头，关内侯"。[45]东汉末，讥刺察举制度之滥有"举秀才，不知书，察孝廉，父别居。寒素清白浊如泥，高第良将怯如鸡"[46]之民谣，这都是脍炙人口之佳作。至如"小民发如韭。剪复生。头如鸡。割复鸣。吏不必可畏。从来必可轻。奈何欲望平"[47]，则揭示了吏民之间的严重对立，语言淋漓尽致、意象生动煽情，极富感染力。

这些民间歌谣所表现出的对政治权力的强烈批判精神，对时政的高度关注和迅速反应，以及凝聚民心、表达民意、影响舆论走向的能力，令这一类非官方言论受到汉代思想界和统治当局的高度重视，在当时的政治论述中获得了独特的定位。

## 第二节 民间歌谣在汉代政治思想论述中的独特定位

同属谣言类民间或非官方言论,歌谣或"谣言"在汉代的官方政治论述和实际社会政治生活中的处境,与备受朝廷丑化、打击的流言、讹言、妖言有天壤之别。

在中国传统政治思想论述中,歌谣本就有非常重要的政治功用。这种功用首先体现在教化。《尚书》载大禹所授善政之道,要"戒之用休,董之用威,劝之以九歌"[48]。这是因为"情动于中而形于言,言之不足,故嗟叹之,嗟叹之不足,故永歌之"[49],歌咏是真情的自然流露,所以在教化中具有极强的说服力和感染力。但在儒家的政治思想论述中,民间自发流传的即兴歌谣另有一个重要功用,就是它能够揭示民心、表达民意,因而具有论证君主统治正当性、认受性的象征意义。

民间歌谣或民间言论的这种定位,与西周以来流行的民本理念关系密切。[50]先秦思想家认为君主应以民为本,"民之所好好之,民之所恶恶之"[51],"政之所行,在顺民心,政之所废,在逆民心"[52]。孟子(约前372—前289)更以民心之向背为政权转移及政策取舍之最后标准,宣称得乎丘民者为天子、失民心者失天下。[53]而民间歌谣正是反映了民众的心声。

民间的即兴歌谣对时政的反应可以相当敏感与直接。如子产（？—前522）执政，整顿郑国田制，令占田过制者的利益受到损害。从政一年，舆人诵曰"取我衣冠而褚之，取我田畴而伍之。孰杀子产？吾其与之"，咬牙切齿，颇有"时日曷丧？予及汝皆亡"的气概。[54]然而三年之后，舆人又诵曰："我有子弟，子产诲之。我有田畴，子产殖之。子产而死，谁其嗣之？"[55]民意如流水，此之谓也。

孟子认为，国人的众意比国君左右臣僚的意见更值得重视：

> 左右皆曰贤，未可也；诸大夫皆曰贤，未可也；国人皆曰贤，然后察之。见贤焉，然后用之。左右皆曰不可，勿听；诸大夫皆曰不可，勿听；国人皆曰不可，然后察之。见不可焉，然后去之。左右皆曰可杀，勿听；诸大夫皆曰可杀，勿听；国人皆曰可杀，然后察之。见可杀焉，然后杀之，故曰国人杀之也。[56]

孟子甚至赋予民谣这样的民间声音以论证政权正当性、认受性的象征意义：

> 舜相尧二十有八载，非人之所能为也，天也。尧

崩,三年之丧毕,舜避尧之子于南河之南。天下诸侯朝觐者,不之尧之子而之舜;讼狱者,不之尧之子而之舜;讴歌者,不讴歌尧之子而讴歌舜,故曰天也。夫然后之中国,践天子位焉。而居尧之宫,逼尧之子,是篡也,非天与也。《太誓》曰:"天视自我民视,天听自我民听。"此之谓也。[57]

在孟子看来,民间歌谣是论证君主统治认受性的重要符码。尧为什么不传位于丹朱而禅位于舜?因为民心所向。民心所向的标志是什么?诸侯朝觐者,不见尧之子而见舜;讼狱者,不找尧之子而找舜;讴歌者,不歌颂尧之子而歌颂舜。歌谣就这样被赋予了代言民众心声的象征意义。

《列子·仲尼》曰:

尧治天下五十年,不知天下治欤,不治欤?不知亿兆之愿戴己欤?不愿戴己欤?顾问左右,左右不知。问外朝,外朝不知。问在野,在野不知。尧乃微服游于康衢,闻儿童谣曰:"立我蒸民,莫匪尔极。不识不知,顺帝之则。"尧喜问曰:"谁教尔为此言?"童儿曰:"我闻之大夫。"问大夫。大夫曰:"古诗也。"尧还宫,召舜,因禅以天下。舜不辞而受之。[58]

这则故事借尧之口，再次认可古典儒家对童谣的认识：童谣不是一般儿童顺口说说的臆语，而是民众心理的真实流露，反映民心向背，对于君主统治正当性的论证极其重要。

儒家对歌谣的这一定位，在汉代的经学和史学论述中获得普遍认同，颂扬性"民间"歌谣成为汉代以来论证君主统治正当性必不可少的吉兆瑞征。贾谊与《淮南子》述周代文王、武王之德，称"九州之民、四荒之国，歌谣文武之烈"，"天下歌谣而乐之"。[59]《史记》述古公亶父复修后稷、公刘之业，积德行义，"民皆歌乐之，颂其德"[60]。

在汉代的历史论述中，民间歌谣也成为评价政治人物的事功治绩以及地方政府管治有效性的一项重要指标。

西汉初萧何（约前257—前193）、曹参相继为相国，与民休息，施政简易，政策稳定。史籍于是录"百姓之歌"颂之："萧何为法，顜若画一；曹参代之，守而勿失。载其清净，民以宁一。"[61]

武帝太始二年（前95），赵国中大夫白公兴建白渠，引泾水注渭中，灌溉农田四千五百余顷。民得其饶，歌之曰："田于何所？池阳、谷口。郑国在前，白渠起后。举臿为云，决渠为雨。泾水一石，其泥数斗。且溉且粪，长我禾黍。衣食京师，亿万之口。"[62]

赵广汉历任郡守、京兆尹，清廉明察，打击豪强，

"吏民称之不容口。长老传以为自汉兴治京兆者莫能及"。赵广汉后因执法不当、摧辱大臣等罪,伏诛。"吏民守阙号泣者数万人",或言愿代其死,"百姓追思,歌之至今"。[63]

冯野王、冯立兄弟,相继出任上郡等郡太守,居职公廉,管治有方,郡民歌之曰:"大冯君,小冯君,兄弟继踵相因循,聪明贤知惠吏民,政如鲁、卫德化钧,周公、康叔犹二君。"[64]

《汉书·叙传上》追叙班氏世系,称颂其祖班子孺"为任侠,州郡歌之"[65]。

正是在这样的社会政治语境和文化心理氛围中,策划居摄的王莽才需要伪造大量符瑞,其中就包括数万首歌谣,营造出获得广泛认同的舆论假象。而反新势力则以"吏民歌吟思汉久矣"[66],证明人心思汉、新莽将败。曹魏臣僚向曹丕劝进,论证魏受天命、汉当禅魏的正当性时,除了引述图谶、符瑞,还必须以"百姓协歌谣之声"论证"汉氏衰废,行次已绝",魏当受命。[67]

民间的颂扬歌谣,是君主"善政之验"[68]。按同样的论述逻辑,君主的恶政必招致反映负面民意的讥刺及怨怒歌谣。《诗》毛传曰:"上以风化下,下以风刺上,主文而谲谏,言之者无罪,闻之者足以戒。"此处指出诗歌本有"刺上"的功能。[69]毛传又说《桑柔》是刺周厉王之诗,厉王行恶政而拒不承认,芮良夫说:"我知汝实为之,已作汝所为之歌，歌汝之过。汝当受而改之。"[70]

西汉元帝初元元年（前48），珠厓反，贾捐之反对发兵南征，援引历史教训认为秦就是因为"兴兵远攻，贪外虚内，务欲广地"，以致"天下溃畔，祸卒在于二世之末""'长城之歌'至今未绝"。[71]

正因为认定民间歌谣具有反映民意的功能，汉代政治思想家普遍认为君主施政必须认真聆听歌谣，尤其要重视歌谣中的讥刺怨怒之声。例如王符论秦王朝速亡原因："过在于不纳卿士之箴规，不受民氓之谣言"，"病自绝于民也"。[72]桓帝永寿年间（155—158），梁冀专政，连岁荒饥，灾异数见，太学生刘陶上书，希望桓帝"听民庶之谣吟，问路叟之所忧"[73]。延熹八年（165），太尉杨秉举宗室刘瑜贤良方正，刘瑜到京师后就以"臣在下土，听闻歌谣"为由，上书桓帝，揭发种种"骄臣虐政之事，远近呼嗟之音"。[74]

地方长吏也常常入境问谣俗，以掌握民风民情、改善管治。如韩延寿任颍川太守，召集郡中有威信的长老，"人人问以谣俗，民所疾苦"，根据郡人要求，修订礼仪规范。[75]羊续（142—189）拜南阳太守，先微服私访"观历县邑，采问风谣，然后乃进。其令长贪洁，吏民良猾，悉逆知其状，郡内惊竦，莫不震慑"[76]。

因此，虽然民间歌谣是一种非官方言论，即便有时也被官方标签为"言妖""谣妖"，但在汉代的主流政治论述中，却并没有像流言、讹言、妖言那样遭到污名化甚至刑罪化，反被视为民心民意的自然流露。

## 第三节 民间歌谣作为舆论在政治实践中的影响与功用

马上可以得天下，"宁可以马上治之乎"[77]？仅凭武力和强权，不足以长期压抑怨恨不满的情绪、维系持久的政治权威。民心向背、民意好恶，关系到统治与管治的正当性与认受性，关系到社会和谐与政治稳定，而透露民心民意走向的，就是舆论。

D. B. 杜鲁门说：

> 所有政治利益集团组织，首要关注的是社会中存在的公共舆论。集团领导者，不管他们如何疏忽，也不能无视针对自己组织立场和目标的广泛社会态度。领导者必须估计公共舆论的方向和影响，而且，或多或少应该引导和控制舆论。[78]

D. B. 杜鲁门是在现代美国的社会政治语境中论述政治人物对舆论应有的认识，汉代中国的社会政治语境与此论当截然不同。但经过西周以来政治思想家与史家持续而精致的论述,以及丰富的实践经验,汉代的政治领袖们似乎对民间歌谣在社会与政治方面的影响与功用也有所领悟。

## 一、倾听歌谣顺应民意

### (一)"歌思东归"

秦亡,项羽自封西楚霸王后,因对刘邦的实力与政治野心怀有疑虑,负约封刘邦为汉王[79],令他僻处汉中、巴蜀一隅。刘邦率吏卒三万人,及楚与诸侯之慕从者数万人就国,但其士卒多山东之人,一路上"歌思东归",途中有不少将士逃亡。韩信(?—前196)本在逃亡之列,为萧何所追回并被举荐给刘邦。韩信于是建议:"军吏士卒皆山东之人也,日夜跂而望归,及其锋而用之,可以有大功。"即利用士卒歌谣中流露出来的思乡情绪,顺势操作,化哀怨为士气,决策东向,逐鹿中原。[80]刘邦本就志在天下,一拍即合,顺应众意,还兵关中,揭开了楚汉相争的序幕。

### (二)"平城之歌"

汉初七年(前200),汉高祖刘邦亲率大军击破韩王信,乘胜追击匈奴至平城,结果被三十二万匈奴精兵围困于白登山达七日,情势危急,军中传唱:"平城之下亦诚苦!七日不食,不能彀弩。"刘邦采纳陈平(?—前178)计策,侥幸得脱。[81]高祖后来定和亲之策,汉匈暂时停战,平城之歌所传达的厌战民意对此决策有多大影响,难以确认。但这首民歌所倾诉的汉匈战事之凄苦,显然在西汉人的集体记忆中留下了深刻印记。

惠帝三年(前192),匈奴冒顿单于(?—前174)遣使送国书给吕太后,语含不逊。太后大怒,召大臣会议,樊哙(?—前189)主战,季布面斥樊哙并对吕太后说,平城军士的歌吟之声至今未绝,"伤痍者甫起,而哙欲摇动天下"[82]。太后最后接受季布意见,延续和亲政策,多少应是受到民意的影响。至武帝时廷议与匈奴和战之策,御史大夫韩安国(?—前127)重弹老调"平城之饥,七日不食,天下歌之"[83],主张延续和亲政策。但时空环境和国力对比已经改变,在武帝积极备战之际,这样的老歌只能引发其不堪回首的记忆和强烈的雪耻之心。

**(三)"一尺布歌"**

文帝时,有"一尺布歌"之流传。根据《史记》和《汉书》,故事是这样开始的:

淮南王刘长,是高祖幼子。文帝即位后,刘长自恃与文帝最亲,屡获姑息,骄蹇不法,擅杀辟阳侯审食其,又"谋为东帝"[84]。文帝六年(前174),谋反事败,按律当斩。但文帝念手足之情,也不愿担杀弟之名,只废其王位,放逐蜀地。刘长在放逐途中绝食而死,乃以列侯礼葬于雍。文帝八年(前172),因怜淮南王,封其四子为侯。

到了文帝十二年(前168),社会上流传一首民歌:

"一尺布,尚可缝;一斗粟,尚可舂。兄弟二人不能相容。"文帝听说以后,认为是讥刺他对幼弟不能相容,叹曰:"尧、舜放逐骨肉,周公杀管、蔡,天下称圣。何者?不以私害公。天下岂以我为贪淮南王地邪?"[85]为了证明自己放逐刘长乃出于公心,遂改封城阳王喜为淮南王并领淮南故地,同时追尊谥刘长为厉王。

以上历史叙事,留下了一些疑团。其一,这首民歌所描述的其实是一种常见的社会现象,与其说是针砭时政的即兴歌谣,毋宁说更像一首体现民间智慧的谚语,为什么文帝自己要对号入座?其二,如果民歌确是因刘长之死而讥刺文帝,为什么事发当时(文帝六年)未闻流传,却在风已平、浪已静的文帝十二年出现?其三,刘长死后,淮南国未除,只是王位空悬,为什么文帝会以为天下人怀疑他贪淮南王地?其四,刘长在被放逐途中,袁盎劝谏文帝说:"上素骄淮南王,弗为置严傅相,以故至此。且淮南王为人刚,今暴摧折之。臣恐卒逢雾露病死。陛下为有杀弟之名,奈何!"文帝答曰:"吾特苦之耳。"[86]所以有学者推测,《史记》的字里行间已暗示文帝对刘长之死负有责任,这首民歌其实是司马迁所留下的批判文帝的伏线。[87]

或许是因为注意到这些疑点,司马光《资治通鉴》将"一尺布歌"改系于文帝七年(前173)。按此叙述时序,重新审视相关史事,对该事件的历史脉络可能会有更清晰的认识:

文帝六年冬十月,刘长废王,放逐蜀地,自杀。同年,时为长沙王太傅的贾谊认为济北、淮南王先后谋反是严重信号,同姓诸侯王势力膨胀已构成对皇权国家的严重威胁,故上《治安策》,建议"莫若众建诸侯而少其力"[88]。文帝深以为然,即拜贾谊为其爱子梁怀王的太傅。

文帝七年,民间流传歌谣:"一尺布,尚可缝;一斗粟,尚可舂;兄弟二人不相容!""帝闻而病之。"[89]民歌所描述的现象,在民间应该相当普遍,很可能流传已久。但文帝于此时听闻而自动对号入座,恐怕是因为恰好说中心病,于是有文帝八年夏封刘长四子为列侯之恩惠。

文帝十一年(前169),梁怀王薨而无子。文帝从贾谊削藩之计[90],徙第三子淮阳王刘武为梁王,北界泰山,西至高阳,得大县四十余城。文帝十二年复置淮南国,徙城阳王刘喜为淮南王[91],而追尊谥刘长为厉王,置园复如诸侯仪。文帝十六年(前164)徙淮南王刘喜复为城阳王,而分齐为六国,立齐悼惠王子在者六人;分淮南为三国,立厉王子在者三人。

这一系列政治步骤,都表明刘长死后,文帝确在一步一步地实行贾谊"众建诸侯而少其力"的削藩政策。而在实施过程中,文帝相当谨慎稳妥,非常重视舆论的反应,尽可能减低政局的动荡和诸侯王及其家属的敌意。所以,"一尺布歌"及其流传无论是否真的针对刘长事件而发,文帝都会将之视为来自民间的讥刺，及时调整削藩的步骤与速度，并在不影响终极政治目标的前提下对刘长后人略施恩惠，以化解舆论的讥刺、减少削藩的阻力。

**（四）"城中好高髻，四方高一尺"**

两汉诸帝、后常下诏令，要削减宫廷开支，"然而侈费不息，至于衰乱者"往往是"前下制度未几"，已成虚文，难以贯彻始终。究其原因，"虽或吏不奉法，良由慢起京师"[92]。

东汉章帝时，明德马太后崇尚节俭，提倡简约，长安城中却传出歌谣："城中好高髻，四方高一尺；城中好广眉，四方且半额；城中好大袖，四方全匹帛。"[93]谣言看似戏谑，实有所指。马太后年轻时即以长身美发为人称道，其美发"为四起大髻，但以发成，尚有余，绕髻三匝。眉不施黛，独左眉角小缺，补之如粟"[94]。马太后的服饰发式，很可能在当时引领着京师的奢华时尚，她却标榜节俭，难免引来社会上的讥刺。其兄马廖"虑美业难终"，特引民谣以为劝喻，最终获得马太后的接纳。[95]

## 二、善用歌谣操控民意

舆论学者指出，一种舆论的产生，往往来源于外界的信息刺激，例如革命、社会变动、突发事件等。有些突发事件本身并不严重，却因涉及困扰公众的重大社会议题，或恰好与某些群体持有的信念相冲突，或与他们的心理期待相契合,就可能成为具有导火索性质的信息刺激。这样的信息一旦与该群体的价值观念、历史记忆、物质利益、心理因素发生碰撞,便会激起种种议论或产生多种情绪性表现,并在互动中逐渐趋同后形成民意与舆论。在这一过程中,群体的领袖对于舆论的形塑与走向起着相当重要的作用。[96]从汉代历史的实践来看,群体领袖不仅被动地顺应民谣揭示的民意走向,有时更利用信息刺激等方法,试图主导舆论的走向。

《史记·项羽本纪》和《高祖本纪》载,汉初五年(前202),楚军被汉军及诸侯兵重重包围于垓下。入夜,只闻汉军四面皆唱起楚歌,楚军将士"以为汉尽得楚地",军心动摇。项羽亦大惊曰:"汉皆已得楚乎?是何楚人之多也!"夜不能眠,饮酒帐中,含泪悲歌:"力拔山兮气盖世,时不利兮骓不逝。骓不逝兮可奈何,虞兮虞兮奈若何!"随侍的美人虞氏和之[97],"左右皆泣,莫能仰视"。项羽率骑士八百余人,乘夜突围,终于乌江自刎,楚军因而溃败。

其实刘邦与项羽都来自楚地,汉军中本有不少楚人,汉军中有人能作楚歌,楚军不应感到意外。[98]细读《史记》《汉书》的历史叙述,"四面楚歌"之所以令项羽及楚军将士惊骇震撼,可能是因为:

第一,"是何楚人之多也?"四面高吟,声势逼人,能操楚声者人数之众,远远超越项羽及楚军将士的心理预期,这自然对他们造成强烈的精神冲击。

第二,想深一层,汉军中楚人如此众多,是否意味着刘邦及其同盟者已控制面积广阔的楚地,甚至包括项羽的根据地西楚?战国以来,楚疆域辽阔,族群、方言复杂,所谓楚歌,应包括许多不同区域的方言和旋律。[99]以常识判断,当晚的四面楚歌,未必是有统一指挥的大合唱,更可能是此起彼落的不同区域的歌谣小调。因此项羽和楚军将士才产生共同的心理焦虑:"汉皆已得楚乎(汉尽得楚地)?"军心随之动摇,就连"力拔山兮气盖世"的常胜统帅,也居然选择放弃大军的指挥权,仅率少量亲兵突围。

这是一例精彩的舆论心理战。但心理战只能作为补充武器用于削弱敌人的抵抗意志,并不能替代武力。[100]楚汉相争五年,至垓下之围,汉军实力已转劣为优,楚军则"兵疲食尽"。汉军联合韩信、彭越、英布,以优势兵力重重围困楚军,是胜利的主因。但刘邦及其谋士们对歌谣、舆论的操控、诱导之技巧,则令敌军士气溃散,降低了胜利的成本,减少了己方的伤亡。[101]

舆论不一定是清晰的、清醒的、高度一致的意识,有时是一团相对模糊的社会意见或观点氛围,充满着矛盾和易于变化。[102]舆论不一定建基于真实的信息、事实,它来自意、心、感觉、情绪,往往混杂着理智和非理智的成分。[103]在某些特殊的时空环境中,当人们的相邻密度与交往频率较高、空间开放度较大、空间感染力或诱惑程度较强时，便可能在这一空间形成舆论场。无数个人的意见在"场"的作用下，经过多方面的交流、协调、组合、扬弃会以比一般环境下更快的速度形成舆论，并有加速蔓延的趋势。[104] 垓下无眠之夜的楚军营地，就出现了这样的舆论场。而此起彼落的家乡歌谣，就像图像、音乐、诗歌等其他象征性意象一样，神奇地唤起他们的记忆图像，深化他们的集体焦虑，最后形成大势已去、反抗无益的众意。[105]

选择性采集民谣、营造不利于政敌的舆论假象或片面舆论，也是汉代舆论战的一种方式。田蚡曾与窦婴、灌夫交恶，灌夫性喜任侠，所交皆豪杰大猾，家累数千万，食客日数十百人，陂池田园遍布各地，宗族宾客横行颍川。当地有儿歌流传："颍水清，灌氏宁；颍水浊，灌氏族。"[106] 田蚡采集这首儿歌为证据，检举灌夫"通奸猾，侵细民，家累巨万，横恣颍川，凌轹宗室，侵犯骨肉"[107]。其实田蚡以外戚先后出任太尉、丞相，《史记》称其"治宅甲诸第。田园极膏腴，而市买郡县器物相属于道。前堂罗钟鼓，立曲旃；后房妇女以百数。诸侯奉金玉狗马玩好，不可胜数"[108]。其骄横豪奢、鱼肉乡里，较灌夫有过之无不及，想必也有对他不利的舆论流传。但田蚡获武帝重用、王太后包庇，"权移主上"，囚禁灌夫并追捕灌氏族人，还封锁言路，令有关田蚡劣迹的舆论无法上达，灌夫及其家属终被弃市。

民意可以被权势压制，也可能被有心者利用，但不可能被长期压抑、永久误导，公道毕竟存在于民心。从《史记·魏其武安侯列传》的叙述笔法来看，司马迁虽然批评灌夫"无术而不逊"，不受颍川民众欢迎，但对田蚡的批判更为严厉："负贵而好权，杯酒责望，陷彼两贤。呜呼哀哉！迁怒及人，命亦不延。"[109]《史记》中提及田蚡处，往往语带讥刺。司马迁虽然不曾批武帝、王太后逆鳞，后世读者每读至此，自然会心。

伪造民谣，诡称民意，"使自己信息的接收达到最大化以及减少听众对竞争性信息的接收"[110]，也是汉代某些政治人物操控舆论的伎俩。

平帝元始四年（4）春，王莽遣大司徒司直陈崇、太仆王恽、绣衣使者谯玄、班穉等八人"分行天下，览观风俗"。八位特使"使行风俗"，身负宣传王莽的符命功德（"宣明德化"）、镇压不同声音（"专行诛赏"）、统一舆论（采集颂扬性歌谣）重任。[111]特使之一谯玄不愿附和王莽，"纵使者车，变易姓名，闲窜归家，因以隐遁"[112]。另一特使班穉则不肯"上嘉瑞及歌颂"，辞官避祸。[113]至明年，王莽居摄，对某些特使的不合作只字不提，公然宣称八位特使还朝，"言天下风俗齐同，诈为郡国造歌谣，颂功德，凡三万言"[114]。有趣的是，这些官方伪造的大批歌谣显然没有被大众接受与传布，或是被东汉当局刻意消音,没能流传下来。

## 三、从议题设定、利益相关、传播范围、语言风格看民谣的政治影响力与局限性

舆论学者关于舆论有多种界定,较流行的定义为"社会上大多数成员对与其相关的公共事务或现象所持的大体相同的意见、情感和行为倾向的总称"[115]。至于民意,则定义为"人民意识、意志、意愿的统称,是全体人民的共同追求所凝聚成的力量,反映全社会的整体意志"[116]。汉代民间歌谣是专制政治体制下一种以特殊方式表达的舆论,不乏"褒贬时政的议世妙语"[117],反映的也往往是非官方、非主流的心声。那我们能否说,保存在传统文献中的民间歌谣就是多数民众意识、意志、意愿的集中体现,代表了大多数民众的心声呢?

传世歌谣经过古代史家的筛选、编辑、润饰,难免受限于史家的史观、史识乃至偏见,但能够入选的歌谣,在当时应该产生过一定的社会和政治影响。至于能否代表广泛民意,今天当然不可能通过民意测验、投票等量化方式来探知。[118]从文本入手,具体分析汉代民间歌谣及其相关历史语境,我们发现:

第一,少数歌谣如西汉高祖时期的"平城之歌"、文帝时期的"一尺布歌"、东汉桓帝时期的"小麦青青谣"等,或因触动社会敏感议题而可能引起广泛兴趣,或因

评论讥刺重大政治事件及重要人物而赢得普遍关注乃至共鸣，史书往往称为"天下歌之"，传播范围可能较广，其观点可能获得较多人的认同。但大多数歌谣主要涉及地区性议题、地方性人物评价（包括地方长吏），利益相关者和传播范围往往限于特定地域，例如"长安中歌之""京都童谣""巷路为之歌""闾里歌之""凉州为之歌""南阳为之语""汝南、南阳二郡又为谣"等。

也有些歌谣，关注的议题比较狭窄。例如围绕个别人的议论、各种飞短流长，在小范围内可能形成舆论，但在更大的范围内不一定是舆论。[119]如东汉明帝永平中，时称海内大儒的周泽任职太常，自律极严，几近乖僻。周泽曾因病留宿斋宫，其妻担心周泽老病，偷偷跑去探问老伴病情，周泽却大怒，以妻干犯斋禁，捕送诏狱谢罪。对这种不近人情的行为，时人歌曰："生世不谐，作太常妻，一岁三百六十日，三百五十九日斋。"[120]这样的歌谣，恐怕只有在对周泽及其家人有所认识的人群中才能得到传播吧。

古代行路难，西北、西南地势险峻，行者莫不畏路如虎。"陇山东西百八十里。登山岭，东望秦川四五百里，极目泯然。山东人行役升此而顾瞻者，莫不悲思。故歌曰：'陇头流水，分离四下。念我行役，飘然旷野。登高远望，涕零双堕。'"[121]这首歌谣虽然在语言上明显经过润饰，与天公比高的悲壮与无奈，仍能穿透近两千年的时光隧道传递给今天的读者。但在当时，若非身临其境者，有多少民众能兴起由衷的共鸣？

"闾巷歌谣，所陈者不出一乡一里之间，而语本天真，事皆征信，寥寥短章，亦实为一方志乘之所自出。"[122]小范围中形成的真实可信的众意呼声，尽管议题比较狭窄、传播范围有限，仍应视作舆论。

东汉末，聚集京师的太学生达三万余人，其中有不少热血沸腾者，因卷入党人之祸而遭禁锢。但白首穷经、羁留京师希求一官半职而不得者，也大有人在。献帝初平元年（190），试儒生四十余人，上第赐位郎中，次太子舍人，下第者本应罢之。诏曰："孔子叹'学之不讲'，不讲则所识日忘。今者儒年逾六十，去离本土，营求粮资，不得专业。结童入学，白首空归，长委农野，永绝荣望，朕甚愍焉。其依科罢者，听为太子舍人。"也就是说，年过六十的儒生，考得下第，仍授太子舍人官职。受惠者自然感激涕零，作谣言流传："头白皓然，食不充粮。裹衣褒裳，当还故乡。圣主愍念，悉用补郎。舍是布衣，被服玄黄。"[123]获得政府录用的下第儒生虽然数量不多，但政府的照顾政策仍然大慰儒生之心，获得一定范围的舆论欢迎。

D. B. 杜鲁门在研究美国的政治利益与公众舆论的关系时曾指出，说公众舆论是大多数人的观点，并不确切。因为一是少数人也是公众的一部分；二是在美国，"公众"几乎不可能包括所有成年人,也不存在多数人的观点。[124]在政治决策和行政管治过程中,如果过分强调舆论是一种集体意志,只有大多数人的相似或共同的意见才是舆论,很可能会忽视部分民众的合理诉求,忽略了真实可信的民意民心。当然,我们也不应将特定范围中围绕特定议题的民间呼声,简单地放大为"大多数民众的心声"。

第二,汉代民间歌谣虽然是一种"非官方""非主流"言论,所反映的却不一定都是平民、庶民的心声。两汉察举取士,提供了知识群体特别是儒家集团集体参政的机遇。而察举过程中注重考察士人名望的导向,也扩张了知识群体舆论的影响力。[125]两汉(尤其是东汉)的知识精英,有自创歌谣相互标榜、张扬舆论的风气。[126]这些歌谣主要传播于官僚、士人等社会中上层,与流行于庶民间的歌谣在语言风格和议题设定上有较大分别。

例如两汉统治者重儒术,知识群体对其精英人物的品评、推崇也就常着眼于经学成就。西汉有"五鹿岳岳,朱云折其角"[127]、"无说《诗》,匡鼎来;匡语《诗》,解人颐(匡衡)"[128]、"欲为《论》,念张文(张禹)"[129];东汉有"问事不休贾长头(贾逵)"[130]、"道德彬彬冯仲文(冯豹)"[131]、"关西孔子杨伯起(杨震)"[132]、"五经纵横周宣光(周举)"[133]、"说经铿铿杨子行(杨政)"[134]、"解经不穷戴侍中(戴凭)"[135]、"五经无双许叔重(许慎)"[136]、"五经纷纶井大春(井丹)"

等。[137]

两汉官吏年度考课，不但排列等第名次，也常附有评语。但功德优异及恶迹昭著者毕竟是少数，大多数官员的评语，渐渐以成语空泛应之，久之乃化简为四字、八字之评语。[138] 东汉士人间互相称誉标榜、品评人物，好用四字评语冠于其姓名之前，显然受到他们所熟悉的官场考语之影响。这种七字歌谣，议题狭窄，语言格式化、概念化，难以引起一般民众的共鸣，但在统治阶层、知识群体中却颇具舆论效应。

第三，"公共舆论的政治效果与公众的规模几乎很少有关联"[139]。舆论对政治的影响力，与其所代表的兴趣、利益相关者之人数多寡，不一定成正比。少数人如果目标明确、方向坚定、着力点准确、协调一致，能成功论证其议题的正当性并以有说服力的方式传播其言论，往往能在一定程度上引导舆论走向，赢得社会的关注和认受性。东汉桓、灵之世，官僚、士人与宦官及其支持者和追随者之间的政治斗争极为激烈。在长达近二十年的连串冲突中，官僚、士人这一方，无论在人数还是权势上都不占优势，两次遭受"党锢之祸"，受难者无数。但与此同时，他们主导了议题的设定，争取到广泛的同情，扩大了民间舆论的影响力。[140] 他们引导舆论的成功策略，包括推动著名的"清议"，令"自公卿以下，莫不畏其贬议，屣履到门"[141]，并利用歌谣传播其价值观念和政治理念。

如梁冀毒死质帝，拥戴其妹夫蠡吾侯刘志即位，李固、杜乔（？—147）等反对梁冀，拥立清河王刘蒜（？—147）。李固虽被诬陷致死，却被官僚、士人等知识群体奉为精神领袖。刘志（桓帝）即位后，立即提拔他的老师甘陵周福为尚书。与周福同郡（清河郡）的房植时任河南尹，与李固、杜乔等关系密切，颇有声望。清河郡于是传出讥刺周福的谣言："天下规矩房伯武，因师获印周仲进。"[142]吕思勉认为："此特食客之好事者为之耳，无与大局也。"[143]但若将这首歌谣放入当时的政治语境来考量，歌谣表面讥刺的是周福，潜台词中指斥的应是周福的靠山桓帝及梁冀；歌谣直接推崇的是房植，其实也赞颂了与房植政治立场一致的李固、杜乔、陈蕃等人。这首歌谣涉及的事件本来微不足道，房植、周福及其食客们在党锢之祸中也不算是重要角色，但因他们高高标举党人的价值、道德观念，确立了议题的正当性，故影响了后续舆论的走向。《后汉书·党锢列传》叙此谣于传首，又称"党人之议，自此始矣"[144]，绝非无因。

光禄举茂才的旧制，"权富子弟多以人事得举，而贫约守志者以穷退见遗"，阻塞贤路，备受士人诟病。桓帝诛梁冀后，任陈蕃为光禄勋。陈蕃与五官中郎将黄琬联手，以京师谣言"欲得不能，光禄茂才"为舆论依据，建议改革察举制度，乘机大量拔擢"志士"。[145]著名党人范滂、岑晊分别获得汝南太守宗资、南阳太守成瑨信用，辟为功曹，主持日常政务，二郡为谣曰"汝南太守范孟博，南阳宗资主画诺。南阳太守岑公孝，弘农成瑨但坐啸"，凸显了党人的才德和人缘，鼓舞了同道者的士气。太学生高歌"天下模楷李元礼，不畏强御陈仲举，天下俊秀王叔茂"[146]，既清楚表明拥护反对宦官势力的大臣李膺、陈蕃、王畅为领袖，以巩固同盟、协调力量，也足以强调其阵营的道德优势和政治上的高素质。

林语堂称东汉的太学生运动，产生非同寻常的英雄故事，特别是在极其有效的民意表达方面。[147]善用歌谣，就是党人们制造英雄与引导民意的一个重要策略。

## 第四节　民间舆论与两汉的舆论监督

民间歌谣在汉代社会和政治生活中扮演着非官方舆论的角色，而且这一角色也获得当局某种程度的认可和尊重，被引入中央政府对地方行政的监督机制。

### 一、汉代中央对地方行政的监督机制

两汉是中国专制主义皇朝的发展与巩固时期，也是中央集权下地方行政制度的定型时期。两汉地方行政体制以郡县两级为主，尤重郡制。"郡守掌治一郡，诸凡民、刑、财、军诸权，无不综揽，实为一典型元首性地方长官，而

于佐吏属县之控制，尤见权力之绝对性。"[148]权力具有无限扩张的特性，不受制约和监督的权力必遭滥用；而权力的滥用也必然导致政治腐败、政治合法性资源的流失和社会资源的浪费。[149]两汉中央政府因而对监督制约地方行政权力颇费心机，除了选官、任用等人事制度的规范和德化、德治等道德制约，以及法规、司法等法律监督外，还设计有多渠道、多层次的行政考核、监督机制：

一是汉代中央政府对郡国长吏的垂直考核，西汉由丞相（大司徒）府主持，东汉由三公分掌，太尉掌兵事，司徒掌民事，司空掌水土，而以司徒府为主（实权逐渐归尚书台）。依据郡国上计的计簿，每年一小考绩，三年一大考绩[150]，对郡国守相在行政、司法、财政、防务等方面的职务表现做出评估、定治绩等第。

二是西汉丞相作为郡国守相的直系上司，对地方行政的监督并不局限于被动受计，有时也派遣东曹掾史以项目调查形式干预地方行政、监察地方长吏[151]，或不定期地"分刺诸州"[152]。武帝元狩五年（前118），政府更于丞相府置司直，不仅专职监察中央高级官员，也"助督录诸州事"，"州郡所举上奏，司直察能否以征虚实"。[153]后因"御史丞相史杂出，权力不集中，督察无定域，故绩效未著"，于元封元年（前110）宣布废止监郡御史，元封五年（前106）另置十三部刺史，作为常设专任监察官员，定域定期巡视所部郡国（两汉末均曾改州牧，成为地方最高级行政长官)。因部刺史由"分刺诸州"的丞相史演变而来,故初设时仍由丞相府督导之。[154]

三是西汉初承秦制,作为宫廷秘书机构的御史府与丞相府平行,既有监督丞相府之职能,又于诸郡置监郡御史。武帝元封年间(前110—前105)废止监郡御史,随后以丞相府督导的刺史分州监察。然"其后督察州刺史之职任似仍直接落到御史府,由中丞主其事"[155],而又以丞相司直监督御史及州(牧)刺史。东汉的州刺史,于监察职能之外,往往干预地方军政,逐渐成为地方最高级行政长官。

四是两汉诸帝均不定期派遣特使,以循行(巡行、分行、行)郡国(天下)等名义,视察地方行政,其职能包括安民(关怀民生、赈灾)、教化(宣传)、举才(举荐贤能)、察吏治得失、复核司法刑狱、观察风俗。循行特使都由皇帝钦点,西汉担任特使的官员包括谒者、博士、谏大夫、太中大夫、光禄大夫、丞相掾、御史掾等,人数不等。谒者本职为侍从皇帝,关通内外,导引宾客,宿卫宫廷。博士为皇帝顾问,参与议政、制礼,典守档案文书,秩虽卑而职位尊显。谏大夫、太中大夫、光禄大夫等皆侍奉皇帝左右,备咨询应对,谏诤议政,是皇帝的高级顾问,常参预制定重要制度法令。这些特使多获皇帝亲信,他们在巡视中收集的信息会向皇帝直接报告,对地方官员的考绩有重大影响。[156]

两汉中央政府对地方行政权力的监督机制之设计虽

然严密周详，却都属于权力对权力的强制性制约机制。以权力制约权力，即在高级权力和低级权力之间、在平行权力层级之间，设计一种监督与被监督或相互监督的关系。[157]这种制约属于统治体系的内部监督，所"蕴含着的一个前提是，权力机构内部监督机制的各方是严格依法进行相互监督和制约的，即监督者没有徇私枉法。然而现实中的'官官相护'和'集体腐败'现象的屡屡发生却一再证明这个前提难以成立。监督部门者与被监督部门者之间可能存在着利益的相互需求，可能会达成一种妥协，来掩盖各自的权力滥用行为，或者达成一种合作来获取更大的非法利益"[158]。

即以汉代的情形为例，郡国守相"拥有六个基本而极重要之权力：第一，对于本府官吏有绝对控制权；第二，对于属县行政有绝对控制权；第三，对于郡境吏民有向中央察举之特权；第四，对于刑狱有近乎绝对之决断权；第五，对于地方财政有近乎绝对之支配权；第六，对于地方军队有相当之支配权"[159]。"行政主官与属吏建立起人身依附关系"，"每一级行政机构只有一个权力中心，并且只接受来自上级的督责，既无同级的权力制约，又缺乏来自下面的监督，更遑论百姓的监督了"。[160]所以西汉宣帝时，已发现有郡国守相"上计簿，具文而已，务为欺谩，以避其课"，而其主管和监察机构丞相府、御史府却"不以为意"。[161]

贡禹（前127—前44）于元帝时上书，指出武帝以来，"郡国恐伏其诛，则择便巧史书习于计簿能欺上府者，以为右职"[162]。以汉皇朝国土之辽阔，交通条件、通信效率之限制，如果地方长吏存心甚至"务为欺瞒"，而其属吏亦事之如君，即使中央政府和有关机构有心认真监督考核地方行政，要想及时、全面、准确地发现和掌握地方长吏失职、违纪、违法、犯罪的情资，仍然具有很高难度，何况中央主管部门和专职监察机构也常相远疏忽，甚至与受监察机构利益纠结。

地方行政流弊如此，两汉诸帝时有察觉，在权力制约之外，借助社会力量和民间舆论监督地方行政的措施也逐渐付诸实践。

## 二、西汉丞相"问疾苦"、刺史采"讹言"、特使"观风俗"

在当代政治学理论中，舆论监督或公众舆论监督被归类为权利对权力的制约。所谓以权利制约权力，"是指将普遍的公民权利作为制约和平衡政治权力的一种社会力量，以防止政治权力的变异和滥用，维护公民自身的合法权益和社会整体利益"。而公众舆论就是公民多元权利表达的最基本方式，公民对国家权力的分享和制约是通过公众舆论监督的方式来实现的。[163]

这种公众舆论监督和权利对权力的制约，是现代民主社会所独有的一种权力制约机制。[164]两汉皇朝政治体制下的"舆论监督",当然与当代政治学论述中的公众舆论监督相较不具有同构性和同质性,其规模与效能也不可等量齐观。但汉代在地方行政监督实践中对民间舆论的关注,也确实在统治体系内部的监督机制中,引入一定程度上反映被统治者意愿和利益的外部监督力量。而这种外部力量对地方行政体系及其长官的软性监督,具有广泛、灵活、实时、公开的特点,可以令皇帝、中央政府和有关监察机构以很低的成本获取所需的情资,有效提升监督制约地方行政机构的效率和能力。

本章第二节曾讨论过,西周以来儒家政治思想流行的民本理念,赋予民间歌谣一种独特的定位并视之为表达出来的民意,或民间舆论。西汉武帝以降,儒家论述在政治领域中愈益流行,中央政府在评估地方行政过程中,从儒家的民本观念出发,以民间舆论为监督考核地方长官的参照指标之一,也就成为顺理成章的思考。

西汉郡国年度上计,多由高级佐官如郡丞、国长史担任计吏。[165]丞、长史由中央任命,并非郡国守相自辟的属吏,于是成为中央政府访察郡国行政得失、探询民意的重要管道。如宣帝地节三年(前67)曾颁诏嘉奖胶东相王成"治有异等之效",赐爵关内侯、秩中二千石。后"诏使丞相御史,问郡国上计长史守丞以政令得失",胶东国上计吏向丞相府、御史府揭发,"前胶东相成伪自增加,以蒙显赏"。[166]严耕望引《汉旧仪》"郡国守丞长史上计事竟,君侯出坐廷上,亲问百姓所疾苦"[167],讲的就是这种做法。但因汉代郡国守相"对于本府官吏有绝对控制权",由中央任命的丞、长史,不获守相信任,对长官常怀畏惧之心,未必能畅所欲言。更有守相存心欺瞒,《汉书》记有:"择便巧史书习于计簿能欺上府者,以为右职。"可见,这一民意管道,时常阻塞。

收集民间舆论的第二条管道,是分部巡视郡国的刺史。本书第一章讨论讹言时,曾指出两汉刺史的法定监督范围称六条问事。其中第三条,是调查郡国长吏有否"不恤疑狱,风厉杀人,怒则任刑,喜则淫赏,烦扰刻暴,剥截黎元,为百姓所疾"之劣迹,而此类劣迹,以当地曾否出现"山崩石裂,袄祥讹言"为监察线索。[168]所谓"讹言",在汉代语境中,其实也是民间舆论的一种表现形式。[169]在汉代文献中,讹言与谣言两词互通,可知采集在地民间歌谣即舆论也属于刺史的职掌范围,具体运作方式虽然不详,显然是以民间舆论为监督的参考。

收集民间舆论的第三条管道,是朝廷不定期派遣的风俗特使。风俗特使之派遣,史有明文的始见于武帝时期。但贾谊《治安策》痛陈汉初时弊"可为长太息者六",其中有"矫伪者出几十万石粟,赋六百余万钱,乘传而行郡国"者。如淳注:"此言富者出钱谷,得高爵,或乃为使者,乘传车循行郡国,以为荣也。"颜师古注:"如说亦非也。此又言矫伪之人诈为诏令，妄作赋敛，其数甚多，又诈乘传而行郡国也。"[170]无论何说为是，奉诏循行郡国的特使在西汉初年似已常见。

据《史记》《汉书》，武帝、宣帝、元帝、成帝、哀帝、平帝、新莽时期，均曾不定期地派遣多批特使巡视各郡国。[171]而特使的使命之一，即所谓"观察风俗"，很重要的内容就是搜集歌谣等民间舆论。[172]

### 三、东汉的"举谣言"

刺史"以六条问事"，本是代表中央（初属丞相府，后属御史中丞）实地监督地方行政官员的专职监察官。但西汉后期已逐渐地方行政官化，时或改名州牧，实已成为地方最高级行政长官。东汉初，该职复名刺史，但地方官化程度更加强化（末年亦改名州牧），如西汉刺史每年岁尽当"诣京都奏事，中兴但因计吏"[173]，其独立监察职能逐渐衰减。

东汉特使巡视郡国次数较少，职能也较单纯。如安帝、灵帝时期，都是因应地方出现大规模疫症，派常侍、中谒者、光禄大夫等送医药至疫区。只有顺帝时期的特使，曾行使重要的监督职能。汉安元年（142），诏遣八使巡行风俗，入选八使"皆耆儒知名，多历显位"。如侍中周举（？—149）、杜乔，守光禄大夫周栩，前青州刺史冯羡、尚书栾巴（？—168）、侍御史张纲（108—143）、兖州刺史郭遵、太尉长史刘班,并守光禄大夫,分行天下。他们获朝廷授权,"其刺史、二千石有臧罪显明者,驿马上之;墨绶以下,便辄收举。其有清忠惠利,为百姓所安,宜表异者,皆以状上"[174]。

于是杜乔表奏泰山太守李固政为天下第一;周举劾奏贪猾,表荐公清。八使中官阶最低的张纲,年轻气盛,"埋其车轮于洛阳都亭",说:"豺狼当路,安问狐狸!"不愿下郡国拍苍蝇,要留在京师打老虎,上书弹劾大将军梁冀和河南尹梁不疑贪赂纵恣、陷害忠良,揭发其"无君之心十五事"[175]。顺帝不能用。其他特使分行各地,所劾奏"多梁冀及宦者亲党",而外戚宦官们"互为请救,事皆寝遏"。[176]此外有雷义,曾"为守灌谒者。使持节督郡国行风俗,太守令长坐者凡七十人"[177]。但特使巡行风俗并非常制,其监督效果往往因人因时而异,民间的舆情也难以及时和持续上达。

东汉搜集民间舆论的另一管道,即诸郡的年度上计,名义上由三公府(尤其是司徒府)主持,实际上由尚书台综其事。有时皇帝也亲自接见,当面查询。[178]东汉的计吏,"绝不见有郡丞国长史奉上计簿于中央者;而遣地位较高之掾史,则时见纪传","载籍所见凡言举上计吏,皆本郡人"。[179]

本郡出身的高级属吏担任计吏,有机会直达天听,本可作为地方民意上达的一条有效管道。但东汉郡国守相对属吏仍有绝对控制权,对郡境吏民有向中央察举之权,而且掌握辖区内政治、经济等庞大资源。"郡国守相久任一地,易于通过辟举掾属等手段与地方有势力者相互结托,形成某种程度的利益共同体。"[180]担任上计吏的高级属吏多出身本郡国豪族著姓,与守相关系密切,难以真正反映民间舆论。

"初,光武长于民间,颇达情伪,见稼穑艰难,百姓病害,至天下已定,务用安静,解王莽之繁密,还汉世之轻法",于是"广求民瘼,观纳风谣"。[181]东汉光武帝以其个人在基层成长的经验,建立起一个以民间歌谣为郡国长官考绩凭据的舆论监督制度,也称"举谣言",是中国古代行政监督制度史上的一个创举。

所谓"谣言",就是本章讨论的民间歌谣。在西汉的政治历史论述中,民间歌谣已是评价政治人物的事功治绩,以及地方政府管治有效性的一项重要指标。东汉中央政府制度化地收集民间歌谣,不仅供决策者作舆情参考,而且直接用作监督评估州郡吏治和管治的情报资源。具体程序是:由主持考绩州郡长吏的三公府僚属每年收集各地歌谣,加以整理归纳,列举出各地民众对其长吏的评价以及民众的忧虑抱怨,然后由三公召集僚属集议并写成评估报告,经尚书台审核后上呈皇帝。[182]

在此制度激励下,东汉初(尤其在光武、明帝之世)涌现出一批亲民、清廉、以骄人治绩赢得民众歌谣赞颂的

名臣。范晔因而赞曰:

> 能内外匪懈,百姓宽息。自临宰邦邑者,竞能其官。若杜诗守南阳,号为"杜母",任延、锡光移变边俗,斯其绩用之最章章者也。又第五伦、宋均之徒,亦足有可称谈。[183]

又如张堪治蜀郡,秋毫无私,蜀人大悦;治渔阳,赏罚必信,开稻田八千余顷,劝民耕种,以致殷富。百姓歌曰:"桑无附枝,麦穗两岐。张君为政,乐不可支。"[184]

陈俊为琅琊太守,"抚贫弱,表有义,检制军吏,不得与郡县相干,百姓歌之"[185]。

赵熹(前4—80)任平原太守,改善郡中治安,"擢举义行,诛锄奸恶。后青州大蝗,侵入平原界辄死,岁屡有年,百姓歌之"[186]。

董宣征为洛阳令,执法不避权贵豪强,京师号为"卧虎",歌之曰:"枹鼓不鸣董少平。"[187]

宋均(?—76)任辰阳长,立学校、禁淫祀,移风易俗,人皆安之;迁上蔡令,拒绝执行上级颁布的不合理罚则;迁九江太守,不让郡民捕虎而虎亦不再为民患,蝗不入境;出任河内太守,"政化大行";曾任东海相五年,坐法免官,"而东海吏民思均恩化,为之作歌,诣阙乞还者数千人"[188]。

廉范历武威、武都二郡太守,"随俗化导,各得治宜";迁蜀郡太守,成都民物丰盛,而屋宇逼仄,易生火灾。前任太守禁止居民夜间工作,可以少用火烛,居民却仍偷偷夜作,火警不绝。廉范撤销禁令,但严格要求居民多储水,有备无患。百姓歌之曰:"廉叔度,来何暮?不禁火,民安作。平生无襦今五绔。"[189]

以舆论监督和社会力量作为法律监督和行政监督的补充,实现对地方政治权力的制约,自有其特殊优势,包括广泛性、灵活性、实时性、公开性及成本低廉。光武帝建立的"举谣言"制度,颇受现代舆论学界、历史学界尤其是监督制度史研究者的肯定。但这一制度在实施过程中也出现不少弊端,范晔就曾指出:

> 建武、永平之间,吏事刻深,亟以谣言单辞,转易守长。故朱浮数上谏书,箴切峻政,钟离意等亦规讽殷勤,以长者为言,而不能得也。所以中兴之美,盖未尽焉。[190]

以至章、和以后,虽然有治绩的良吏"往往不绝",而气魄恢宏又能够移风易俗、深获民心嘉许的名臣,却"有所未充"。[191]

据《后汉书·朱浮传》所载朱浮的两封谏书及相关叙述,东汉初年的"举谣言"制度,在实行过程中有如下问题：

第一，"帝以二千石长吏多不胜任，纤微之过者，必见斥罢"[192]。光武帝对州郡长吏缺乏基本信任，所以抓住小错便立即贬黜，过错与处罚不相当，以致破坏法制基础。这一问题可以在《后汉书·申屠刚传》中找到旁证："时内外群官，多帝自选举，加以法理严察，职事过苦，尚书近臣，至乃捶扑牵曳于前，群臣莫敢正言。"[193]

第二，"交易纷扰，百姓不宁"[194]。对州郡长吏要求严格，本意应该是保障百姓安居乐业，然而长吏动辄撤换更替，适足以扰民而非便民。

第三，"盖以为天地之功不可仓促，艰难之业当累日也。而间者守宰数见换易，迎新相代，疲劳道路。寻其视事日浅，未足昭见其职，既加严切，人不自保，各相顾望，无自安之心"。"夫物暴长者必夭折，功卒成者必亟坏，如摧长久之业，而造速成之功，非陛下之福也。天下非一时之用也，海内非一旦之功也。"[195]朱浮认为，评估州郡长吏的管治能力，需要长期考察，看其一贯表现和长期绩效。如今亲民长吏任职短暂，兼且朝不保夕，缺乏安全感和稳定感，当然不可能有称职的表现，结果只能是"摧长久之业，而造速成之功"。

第四，"即位以来，不用旧典，信刺举之官，黜鼎辅之任，至于有所劾奏，便加免退，覆案不关三府，罪谴不蒙澄察。陛下以使者为腹心，而使者以从事为耳目，是为尚书之平，决于百石之吏，故群下苛刻，各自为能"[196]。《朱浮传》指出，"旧制，州牧奏二千石长吏不任位者，事皆先下三公，三公遣掾史案验，然后黜退"[197]。廖伯源的考证也证明，东汉朝廷受计考课，制度上应该由三公主其事，考核结果上呈皇帝。尚书作为宫廷秘书，只应先审核三公所呈之考课报告，然后转呈皇帝。[198]光武帝蔑视正常程序，以刺举之吏为耳目心腹，要求刺史和特使越过三公府将搜集到的舆论信息通过尚书台，直接报告皇帝，放纵尚书百石小吏侵夺三公考课之权。而皇帝接获举报后，也不经过有关部门的复查案验，就直接做出升迁贬黜的人事决定。如此的考核过程，草率简易仓促，缺乏程序正义和制度制衡。

第五，朱浮提醒光武帝"愿陛下留心千里之任，省察偏言之奏"[199]，因为当时监督地方长吏时取证不严谨，往往仅凭"谣言单辞"，就撤换长吏。民间歌谣是一种特殊形式的舆论，可能反映广泛的民意，也可能反映小众的众意。不同利益群体会有不同要求，就会有不同的众意和舆论。所谓"民意如流水"，每一种众意和舆论也都有其片面、局限性和时空语境。片面的舆论所反映的只能是局部的真实，偏听偏信，会扭曲、曲解民意。更可怕的是"有司或因睚眦以骋私怨，苟求长短，求媚上意"[200]，于是或乘机假公济私、陷害私敌，或为一时绩效草率从事、宁枉毋纵，残害忠良。

第六,在这样的情势下,"皆竞张空虚,以要时利,故有罪者心不厌服,无咎者坐被空文"[201]。"二千石及长吏迫于举劾,惧于刺讥,故争饰诈伪,以希虚誉。"[202]以真正的治绩赢得民众歌谣称颂的优秀长吏固然不少,弄虚浮夸又以短期绩效收买人心、博取声誉,甚至伪造歌谣者,也大有人在。如荆州"百姓"赞颂刺史郭贺:"厥德仁明郭乔卿,忠正朝廷上下平。"[203]魏郡"舆人"歌颂太守岑熙:"我有枳棘,岑君伐之。我有蟊贼,岑君遏之。狗吠不惊,足下生氂。含哺鼓腹,焉知凶灾?我喜我生,独丁斯时。美矣岑君,于戏休兹!"[204]顺阳县"吏民"歌诵县令刘陶:"邑然不乐,思我刘君。何时复来,安此下民。"[205]冀州"百姓"歌诵皇甫嵩:"天下大乱兮市为墟,母不保子兮妻失夫,赖得皇甫兮复安居。"[206]这样的"民谣",或者内容空洞贫乏,或者用词过于典雅,有些甚至达到诘屈聱牙的地步,难以想象会在庶民、儿童等文盲或受教育程度较低的群体中流传。[207]东汉州郡县吏治、管治未必胜过西汉,但博得民众歌谣颂扬的长吏人数却远远超出西汉。此中奥秘,不言自明。

朱浮谏言的第三、四、五点,直接触及制度层面的问题。

汉代郡国守相的任期,据周长山的考察,西汉前期有久任的倾向,不少任期在十年以上者[208],原因可能是汉初最高统治者对郡国守相颇为优容;而政权初创,任期制、监察制等也未建立或尚待完善。至武帝强化中央集权、加强对地方长吏的监察和控制，"公卿以下传相促急，又数改更政事，司隶、部刺史察过悉劾，发扬阴私，吏或居官数月而退，送故迎新，交错道路"[209]，故久任者极少。到宣帝时，郡国守相的任期逐渐形成较为稳定的三年任期。[210]

东汉光武帝建武中元元年（56）间，任职年限明确的二十四名太守，任期超过六年的有十五人，余者任期亦在三年以上。[211]这应该是朱浮的谏言得到多数朝臣的支持和光武帝的认同，州郡长吏频繁更换的情形亦因此有所改善。[212]明、章时期，十五位任职时间清晰的守相中有十一人属久任。但和、安、顺、桓、灵帝近百年间，守相久任者只有八人，或因"国势凋零，皇权旁落，外戚、宦官交替掌权，争相伸张一己之私"。"献帝时期，守相久任的势头强劲反弹。十一人中，十人久任，且均在九年以上。但背后是地方势力坐大，军阀割据。"[213]郡国长吏久任，有利有弊。如果长吏称职恤民，久任可以安定民心、体察民情、防堵属吏奸盗，节省送故迎新之费，有益管治。[214]"但久生情愫，各种关系网和私人势力的结成也就不可避免"，地方豪强和封疆大吏的利益共同体，往往因而滋生。如果长吏贪渎酷暴无能，久任适足以害民及败坏吏治。无论如何，长吏相对稳定的任期是必要的，因个别、一时的舆论批评而轻易更换长吏，不利于地方良好有效的管治。

朱浮批评光武帝破坏正常程序，令刺史和特使越过三公府将搜集到的舆论信息直接报告皇帝，放纵尚书百石小吏侵夺三公考课之权，接获之举报不经过有关部门的复查案验，直接据此做出升迁贬黜的人事决定。那么，东汉按正常程序执行的舆论监督，成效又如何呢？

据应劭描述，在三公按照正常程序主持的"举谣言"过程中，三公府的掾属令史归纳所搜集的"谣言"，整理出各州郡长吏的年度评估报告，然后集体评议，"听百姓风谣善恶而黜陟之也"。然而在政治实践中，每当报告中讲好话时，大家齐声赞叹；听到坏话，一个个惜言如金，不置可否。当然，如逢被评议的长吏无名无势，却不幸与在场的某评议人有私人恩怨或牵涉个人爱憎，就可能被拿来当出头鸟、替罪羊。长吏们升迁贬黜的真正原因，有时还真暧昧难言。主持评议的三公，如果碰上个畏首畏尾之徒（如桓帝时的司徒祝恬），则"忘謇谔之节，惮首尾之讥，县囊捉撮，无能清澄"，毫无原则立场，比起西汉名臣"申屠须责邓通，王嘉封还诏书"的担当，相差十万八千里了。

桓帝延熹二年（159），诏三府掾属举谣言。名士范滂时为太尉掾，一举弹劾刺史、二千石"权豪之党"二十余人，但"尚书责滂所劾猥多，疑有私故"，范滂"知意不行，因投劾去"。

据灵帝熹平六年（177）蔡邕所上封事，各州刺史大多数未尽督察之责，有的甚至还与被监督者同流合污。而负责根据谣言民意考绩州郡长吏的三公府、尚书台，也都因循不作为。熹平五年曾有诏书，拟议派遣风俗八使循行，又令三公谣言奏事。"是时奉公者欣然得志，邪枉者忧悸失色。"当时有些朝臣对加强舆论监督、澄清吏治，尚抱有期望，但该议就如打出的水漂，转瞬间波平水静。

光和五年（182），诏公卿以谣言举刺史、二千石为民蠹害者，整顿地方吏治。太尉许馘、司空张济主持其事，却"承望内官，受其货赂"，凡宦者子弟宾客担任州郡长吏者，"虽贪污秽浊，皆不敢问"，边远小郡二十六位"清修有惠化"的长吏却平白遭诬。于是边郡吏人诣阙陈诉，司徒陈耽与议郎曹操（155—220）上言痛斥："公卿所举，率党其私，所谓放鸱枭而囚鸾凤。"事情闹大之后，灵帝把许馘、张济找来斥责一通，"诸坐谣言征者悉拜议郎"。陈耽因此得罪宦党，遭诬陷下狱死。"是后政教日乱，豪猾益炽"，"三公倾邪，皆希世见诏用，货赂并行，强者为怨，不见举奏，弱者守道，多被陷毁"，曹操"知不可匡正，遂不复献言"。以民间歌谣为主要凭据的舆论监督制度，至此名存实亡。

有意思的是，"举谣言"式的舆论监督，至两晋演变为"风闻奏事"，监察官员可以据传闻奏事，不究其实，也无须透露检举人的姓名身份。所谓传闻，可能是民间歌谣，也可能是其他形式的谣言。可见在中国古代，谣言与舆论乃至舆论监督有着密不可分的关系。

**注释：**

[1]《汉语大辞典》11册（1993），第382页。

[2]《十三经注疏·毛诗正义》卷五《魏风·园有桃》毛传，第357页。

[3] 常伴以弦乐，如琴、瑟，故亦称弦歌，或谓以丝竹伴奏。

[4]《十三经注疏·春秋左传正义》卷一二《僖公五年》，第1796页。

[5] 如西汉武帝、宣帝笼络文士，制作大量歌功颂德的歌赋，冀收教化、宣传之效。这类歌赋也是一种值得注意的社会文化现象，本书对此暂不讨论。

[6]《汉书》卷九七上《外戚·高祖吕皇后传》，第3937页。

[7]《汉书》卷六四上《朱买臣传》："朱买臣字翁子，吴人也。家贫，好读书，不治产业，常艾薪樵，卖以给食，担束薪，行且诵书。其妻亦负戴相随，数止买臣毋歌呕道中。买臣愈益疾歌，妻羞之，求去。买臣笑曰：'我年五十当富贵，今已四十余矣。女苦日久，待我富贵报女功。'妻恚怒曰：'如公等，终饿死沟中耳，何能富贵？'买臣不能留，即听去。其后，买臣独行歌道中，负薪墓间。故妻与夫家俱上冢，见买臣饥寒，呼饭饮之。"（第2791页）

[8] 中国传统史学编纂，向有歌谣入史之例，尤以正史《五行志》之辑录最集中。郭茂倩（1041—1099）《乐府诗集》、杨慎（1488—1559）《古今风谣》、杜文澜（1815—1881）《古谣谚》等，于正史之外，也从野史笔记类书中拣出不少遗珠。

[9]其实十九世纪初英国史学家马考莱(Thomas Babington Macaulay, 1800—1859)在撰写其五卷本名著《詹姆斯二世登基以后的英国史》(*The History of England from the Accession of James II*)时,已采用大量的民间歌谣、流言、讽刺传单,揭示不同政治社会语境中的民心舆情。他认为,正是透过言语粗糙、尖锐的民间歌谣,民众的爱憎、喜悦和痛苦才得以表达;不读民谣,无从获知民众的历史。参见Palmer, Roy. *The Sound of History: Songs and Social Comment*. Oxford: Oxford University Press, 1988, p. 6.但经过20世纪初梁启超和鲁滨逊(J. H. Robinson)的倡导,及后来法国年鉴学派的推动,研究普通民众的日常生活、想法和信仰,才逐渐成为国际史学界普遍认可的学术行为。参见赵世瑜:《谣谚与新史学——张守常〈中国近世谣谚〉读后》,《历史研究》2002年第5期,第166—167页。

[10]主要从民间文学及民俗学角度研究歌谣的论著,包括周作人:《儿童文学小论》,石家庄:河北教育出版社,2002;钟敬文:《歌谣论集》,上海:上海文艺出版社,1989;朱自清:《中国歌谣》,台北:世界书局,1965;天鹰:《中国古代歌谣散论》,上海:中华书局上海编辑所,1959;朱介凡:《中国歌谣论》,台北:台湾中华书局,1974;《我歌且谣》,台北:天一出版社,1974;《中国谣俗论丛》,台北:联经出版事业公司,1984;张紫晨:《歌谣小史》,福州:福建人民出版社,1981;吕肖奂:《中国古代民谣研究》,成都:巴蜀书社,2006;等。

[11]中国传统政治思想视童谣为代言天意的谶谣,所以旧史辑录的童谣多蕴含浓厚政治批判及预言意味。小柳司气太的《童谣·图

谶·教匦》（1934）、周英雄的"The Wooden-tongued Bell: the Uses of Literature and Poetry-collecting in Han China"（1977）、串田久治的《中国古代の"谣"と"予言"》（1999）、谢贵安的《中国谶谣文化研究》（1998）等，都非常关注汉代歌谣的谶言特质，甚或名之为谶谣。也有不少尊崇"科学精神"的研究者认为，将歌谣解读为预言，难免"迷信"之讥。谶谣真的拥有政治预见能力，抑或只是事后诸葛亮？如果真有"预见能力"，这样的能力从何而来？请参见本书第四章的讨论。

［12］Lin Yutang. *A History of The Press and Public Opinion in China*, Chicago: The University of Chicago Press, 1936., p. 20.这一论述在新闻史、舆论史学界影响深远，如朱传誉（1974）论谣谚："其功能和影响，实不下于今天的报刊。"（《中国民意与新闻发展自由史》，台北：正中书局，1974，第103页）阎心恒（1984）亦持类似看法。

［13］王子今：《秦汉社会史论考》，北京：商务印书馆，2006，第377页。

［14］天鹰（1959），第87页。

［15］参见仝晰纲：《汉代风谣与举谣言》，《人文杂志》1999年第4期；马新：《时政谣谚与两汉民众参与意识》，《齐鲁学刊》2001年第6期；谢贵安：《古代政治民谣及其社会舆论功能》，《湖北行政学院学报》2002年创刊号；胡守为：《"举谣言"与东汉吏政》，《中山大学学报》2004年第6期；等。

［16］《十三经注疏·毛诗正义》卷五《魏风·园有桃》毛传，第357页。

[17]《十三经注疏·尚书正义》卷三《虞书·舜典》,第131页。

[18]《十三经注疏·论语注疏》卷三《季氏》,第2522页。

[19]《汉书》卷三〇《艺文志》,第1755—1756页。

[20]《史记》卷三八《宋微子世家》,第1621页。

[21]《史记》卷六一《伯夷列传》,第2123页。

[22]《史记》卷四七《孔子世家》,第1918页。

[23]《汉书》卷二四《食货志上》,第1121页。何休也说:"男女有所怨恨,相从而歌,饥者歌其食,劳者歌其事。"(《十三经注疏·春秋公羊传注疏》卷一六《宣公十五年》,第2287页)这里叙述的是汉代人记忆和理解中先秦乡村社会的生活场景。

[24]《史记》卷八六《刺客列传》,第2534页。

[25]林剑鸣等著:《秦汉社会文明》,西安:西北大学出版社,1985,第367页。

[26]《史记》卷七《项羽本纪》,第333页。

[27]《史记》卷八《高祖本纪》,第389页。

[28]《史记》卷五四《曹相国世家》,第2030页。

[29]《汉书》卷二七下之上《五行志下之上》,第1476页。

[30]《汉书》卷三〇《艺文志》,第1753—1755页。

[31]《史记》和《汉书》辑有多首咏诵汉高祖晚年后妃争宠,及其身后吕后迫害戚夫人、赵王如意及其他刘氏宗室的悲歌。同类主题的迫害与被迫害叙事与煽情"悲歌"在史籍中的反复出现,表达出《史》《汉》编纂者对吕后的强烈批判,以及对刘氏铲除诸吕之合法性的明确认同。其他如西汉的《燕王歌》《广陵王歌》和东汉的《弘农

王歌》等,揭示出两汉政治斗争的严酷、宫廷生态的诡谲;士大夫则借酒酣高歌,化心中之块垒,如《东方朔歌》《李陵歌》等。这些个人即兴创作的悲歌也包含有丰富的历史文化信息,但与本书讨论的民间歌谣宜有所区隔。

[32]《史记·史记索隐后序》,第9页。

[33]《汉书》卷六九《赵充国辛庆忌传赞》称天水、陇西、安定、北地诸郡邻近羌胡,民俗修习战备,崇尚勇力骑射,"其风声气俗自古而然,今之歌谣慷慨,风流犹存耳"(第2999页)。《汉书》卷七六《韩延寿传》颜师古注:"谣俗谓闾里歌谣,政教善恶也。"(第3211页)

[34]天鹰(1959),第73页。

[35]《史记》卷四九《外戚世家》褚少孙引,第1983页。

[36]《汉书》卷九三《佞幸·石显传》,第3727页。

[37]《汉书》卷九三《佞幸·石显传》,第3730页。

[38]《汉书》卷九八《元后传》,第4024页。

[39]《汉书》卷九〇《酷吏·尹赏传》,第3673—3674页。尹赏临终,戒其诸子曰:"丈夫为吏,正坐残贼免,追思其功效,则复进用矣。一坐软弱不胜任免,终身废弃无有赦时,其羞辱甚于贪污坐臧。慎毋然!"反映出一种典型的酷吏价值观,以及其宁酷勿纵的实用主义心态。

[40]《汉书》卷八四《翟义传》,第3440页。《后汉书》卷八二《方术上·许杨传》引述此谣,作:"败我陂者翟子威,饴我大豆,亨我芋魁。反乎覆,陂当复。"(第2710页)

[41]《后汉书》卷八二《方术上·许杨传》,第2710页。

[42]串田久治著:《中国古代的"谣"与"予言"》(『中國古代の「謠」と「予言」』),东京:创文社,1999,第119页。

[43]《后汉书》卷八二《方术上·许杨传》,第2710页。

[44]《汉书》卷九九《王莽传下》,第4175页。

[45]《后汉书》卷一一《刘玄传》,第471页。

[46]《乐府诗集》卷八七《杂歌谣辞五》补《后汉书》:"举秀才,不知书。察孝廉,父别居。"(郭茂倩辑:《乐府诗集》,北京:中华书局,1983,第1224页)《古谣谚》卷六据《抱朴子》补"寒素清白浊如泥,高第良将怯如鸡"两句,又指出《太平御览》卷四九六"鸡"作"蝇"。(杜文澜辑,周绍良校点:《古谣谚》,北京:中华书局,2000,第95页)《先秦汉魏晋南北朝诗·汉诗》卷八:"《晋书》引作:'举秀才,浊如泥。举良将,怯如鸡。'与此不相同。"(逯钦立辑校:《先秦汉魏晋南北朝诗》,北京:中华书局,1983,第242页)

[47]《先秦汉魏晋南北朝诗·汉诗》卷八引崔寔《政论》,第241页。

[48]《十三经注疏·尚书正义》卷四《虞书·大禹谟》孔安国传,第135页。

[49]《十三经注疏·毛诗正义》卷一《周南·关雎》毛传,第270页。

[50]民本观念并非古代中国所独有。古代世界大多数以普世王权自居的统治者,都会以增进人民福利为自己的职责。参见史华兹(本杰明·史华兹)著,程刚译:《古代中国的思想世界》,南京:江

苏人民出版社，2004，第48页。

［51］《十三经注疏·礼记正义》卷四二《大学》，第1675页。

［52］赵守正撰：《管子注译》上册《牧民第一》，南宁：广西人民出版社，1982，第1页。"行"，四部备要本作"兴"，注译者据郭沫若《管子集校》改。

［53］萧公权著：《中国政治思想史（上）》，台北：联经出版公司，1982，第95页。类似论述，在《国语》《左传》中还有不少。参见刘泽华主编：《中国古代政治思想史》，天津：南开大学出版社，1992；郑昌淦著：《中国政治学说史》，台北：文津出版社，1995。

［54］《十三经注疏·尚书正义》卷八《商书·汤誓》孔安国传，第160页。

［55］《十三经注疏·春秋左传正义》卷四〇《襄公三十年》，第2014页。

［56］焦循撰，沈文倬点校：《孟子正义》卷五《梁惠王下》，北京：中华书局，1987，第144页。

［57］《孟子正义》卷一九《万章上》，第644—646页。《史记·五帝本纪》所叙略同。

［58］列子著，杨伯峻集释：《列子集释》卷四，北京：中华书局，1979，第143—144页。

［59］贾谊著，阎振益、钟夏校注：《新书校注》卷一〇《礼容语下》，北京：中华书局，2000，第379页；刘安编著，刘文典集解：《淮南鸿烈集解》卷一二《道应训》，北京：中华书局，1989，第412页。

［60］《史记》卷四《周本纪》，第114页。

[61]《史记》卷五四《曹相国世家》,第2031页。《汉书》卷三九《曹参传》,歌词作:"萧何为法,讲若画一;曹参代之,守而勿失。载其清靖,民以宁一。"(第2021页)《汉书》卷八九《循吏传赞》亦提及:"汉兴之初,反秦之敝,与民休息,凡事简易,禁罔疏阔,而相国萧、曹以宽厚清静为天下帅,民作'画一'之歌。"(第3623页)

[62]《汉书》卷二九《沟洫志》,第1685页。

[63]《汉书》卷七六《赵广汉传》,第3206页。

[64]《汉书》卷七九《冯立传》,第3305页。这首民歌的歌词似乎过于文雅,润饰太过。

[65]《汉书》卷一〇〇《叙传上》,第4198页。

[66]《后汉书》卷二一《邳彤传》,第758页。

[67]《三国志》卷二《魏书·文帝纪》裴松之注,第75页。

[68]《十三经注疏·尚书正义》卷四《虞书·大禹谟》孔颖达正义,第135页。

[69]《十三经注疏·毛诗正义》卷一《周南·关雎》毛传,第271页。

[70]《十三经注疏·毛诗正义》卷一八《大雅·桑柔》毛传,第561页。

[71]《汉书》卷六四下《贾捐之传》,第2831页。"长城之歌"内容不详,当是秦时民众批评朝廷大兴土木工程耗尽民力之歌谣。

[72]王符著,汪继培笺,彭泽校正:《潜夫论笺》卷二《明闇第六》,北京:中华书局,1979,第59页。

[73]《后汉书》卷五七《刘陶传》,第1846页。

[74]《后汉书》卷五七《刘瑜传》,第1855页。朱传誉(1974)认为,东汉的"皇帝不一定听百官所说的话,但却相信谣谚。因此臣僚也常在奏疏或谏章中引用谣谚,以加强他的发言力量,表示他是反映民意,代表大多数人的意见"(第108页)。

[75]《汉书》卷七六《韩延寿传》,第3210页。

[76]《后汉书》卷三一《羊续传》,第1110页。

[77]《史记》卷九七《郦生陆贾列传》,第2699页。

[78] D. B. 杜鲁门著,陈尧译:《政治过程:政治利益与公共舆论》,天津:天津人民出版社,2005,第231页。

[79]项梁死后,项羽随宋义北上与秦军主力对抗,救援赵国;令刘邦向西略地入关,并约定"先入定关中者王之"。由于秦军主力受到项羽牵制,刘邦得以轻松入关,先下咸阳,按约当封关中王。

[80]《史记》卷八《高祖本纪》,第367页。陈直推测:刘邦士卒所歌,当即《汉铙歌十八曲》中的《巫山高》。(陈直著:《史记新证》,天津:天津人民出版社,1979,第30页)《乐府诗集》卷一六录有《巫山高》:"巫山高,高以大;淮水深,难以逝。我欲东归,害(曷)不为?我集无高曳,水何(梁)汤汤回回。临水远望,泣下沾衣。远道之人心思归,谓之何!"(第228页)

[81]《汉书》卷九四《匈奴传上》,第3755页。当时采用的计策内容及操作过程,史文皆含糊其词、语焉不详。据《史记》卷五六《陈丞相世家》:"高帝用陈平奇计,使单于阏氏,围以得开"(第2057页);卷九三《韩信卢绾列传》:"上乃使人使间厚遗阏氏。阏氏乃说

第三章 谣 言（民间歌谣）

冒顿曰：'今得汉地，犹不能居；且两主不相厄'"（第2633页）；卷一一〇《匈奴列传》："高帝乃使使闲厚遗阏氏，阏氏乃谓冒顿曰：'两主不相困。今得汉地，而单于终非能居之也。且汉王亦有神，单于察之。'冒顿与韩王信之将王黄、赵利期，而黄、利兵又不来，疑其与汉有谋，亦取阏氏之言，乃解围之一角"（第2894页）。汉高祖似曾使人贿赂阏氏，游说冒顿而得脱。但吕思勉认为"此非情实"，真相可能相当丑恶。参见吕思勉著：《秦汉史》，上海：上海古籍出版社，1983，第64页。证诸《陈丞相世家》："高帝既出，其计秘，世莫得闻。"（《史记》卷五六，第2057页）《汉书》卷九四《匈奴传下》载哀帝建平四年扬雄上书："时奇谲之士石画之臣甚众，卒其所以脱者，世莫得而言也。"（第3813页）似确有隐情。

［82］《汉书》卷九四《匈奴传上》，第3755页。

［83］《汉书》卷五二《韩安国传》，第2399—2400页。

［84］语出贾谊《治安策》，见《汉书》卷四八《贾谊传》，第2232页。

［85］《史记》卷一一八《淮南衡山列传》，第3080页。《汉书》卷四四《淮南厉王传》，第2144页所引略同，唯末句作"兄弟二人，不相容"。高诱《淮南鸿烈解叙目》，则称："时民歌之曰：一尺缯，好童童；一升粟，饱蓬蓬。兄弟二人不能相容。"（《淮南鸿烈集解》，第1页）鲁迅在《门外文谈》，引荀悦《前汉纪》作："一尺布，暖童童；一斗粟，饱蓬蓬。兄弟二人不相容。"（鲁迅：《鲁迅全集》卷六《且介亭杂文》，北京：人民文学出版社，1987，第91页）鲁迅认为，将《汉书》与《前汉纪》两个版本比较，"好像后者是本来面目"，

但"中国的文学家,是颇有爱改别人文章的脾气的"。古代的言与文,一向不一致,这些版本,大约都只是将口语文本化后的提要。不过鲁迅所引,不见于今本《前汉纪》,未知何据。

［86］《史记》卷一一八《淮南衡山列传》,第3079页。

［87］串田久治(1999),第47页。所谓责任,如指放纵,则袁盎之言说得已很清楚。也有人怀疑汉文帝貌似纵容,实际是在怂恿,意在布设陷阱,置刘长于非死不可之地。这是一种阴谋论,缺乏扎实的证据。

［88］《资治通鉴》卷一四《汉纪》六,第471页。然据《史记》卷八四《屈原贾生列传》,贾谊为长沙王太傅,作《鵩鸟赋》于"单阏之岁"(第2497页)。岁在卯曰单阏,应即文帝六年(丁卯)。后岁余,文帝征见,始有宣室之会、拜为梁怀王太傅,然后有上《治安策》之事,或当系文帝七年。

［89］《资治通鉴》卷一四《汉纪》六,第480页。

［90］贾谊建议举淮南地以益淮阳,壮大淮阳、梁两国,牵制、钳制齐、赵、吴、楚,"则大诸侯之有异心者破胆而不敢谋"(《汉书》卷四八《贾谊传》,第2261页)。

［91］刘喜,刘章之子。刘章诛诸吕有大功,文帝加封城阳王,对其父子颇为信任。

［92］《后汉书》卷二四《马廖传》,第853页。

［93］《后汉书》卷二四《马廖传》,第853页。

［94］《后汉书》卷一〇上《皇后纪上·明德马皇后纪》李贤注引《东观汉记》,第408页。

[95]《后汉书》卷二四《马廖传》,第853页。

[96]陈力丹著:《舆论学——舆论导向研究》,北京:中国广播电视出版社,1999,第51—57页。

[97]司马迁对垓下之围的叙述,本诸陆贾《楚汉春秋》。该书至宋已佚。张守节《正义》引《楚汉春秋》载虞姬所和歌词:"汉兵已略地,四方楚歌声。大王意气尽,贱妾何聊生。"(《史记》卷七《项羽本纪》,第334页)

[98]刘邦本人来自楚地,所作《大风歌》即楚歌。其宠姬戚夫人也是楚人。高祖曾令戚夫人作楚舞,自为楚歌。见《史记》卷五五《留侯世家》,第2047页。

[99]集解引应劭、颜师古说,称汉军所唱楚歌当为《鸡鸣歌》。(《史记》卷七《项羽本纪》,第333页)但《鸡鸣歌》究属楚地哪一区域的民歌,论说纷纭。当时所歌是否仅《鸡鸣歌》一曲?文献无征。

[100] D. B. 杜鲁门(2005),第243页。

[101]"四面楚歌"是否刘邦及其谋士刻意谋划的心理战?史无明文,有些学者未必认可。但读司马迁《项羽本纪》至此,无论古人还是今人,拍案浮白之余,有几人能不会心一笑,视此为心理、舆论战例之经典?如果一定要将之解读为无关人谋的偶然事件,只能说这是上天的神来之笔,项羽在乌江边"天亡我,非战之罪"之叹,诚不我欺了。

[102]王雄著:《新闻舆论研究》,北京:新华出版社,2002,第8页。

[103] 陈力丹（1999），第11页。

[104] 陈力丹（1999），第48页。

[105] 参见沃尔特·李普曼著，阎克文、江红译：《公众舆论》，上海：上海世纪出版集团、上海人民出版社，2006，第163页。

[106]《史记》卷一〇七《魏其武安侯列传》，第2847页。

[107]《史记》卷一〇七《魏其武安侯列传》，第2851页。

[108]《史记》卷一〇七《魏其武安侯列传》，第2844页。

[109]《史记》卷一〇七《魏其武安侯列传》，第2856页。

[110] D. B. 杜鲁门（2005），第263页。

[111]《汉书》卷一二《平帝纪》，第357、359页；卷八一《独行·谯玄传》，第2667页。

[112]《后汉书》卷八一《独行·谯玄传》，第2667页。

[113]《汉书》卷一〇〇《叙传上》，第4204页。

[114]《汉书》卷九九上《王莽传上》，第4076页。

[115]《解构民意：一个舆论学者的实证研究》，北京：华夏出版社，2001，第9页。

[116] 王雄（2002），第4页。

[117] 林剑鸣等（1985），第368页。该书作者认为，"天下歌之""儿乃歌之""民有作歌""长安中歌之""百姓歌之""巷路为之歌""闾里歌之""凉州为之歌"等，都是代表大民众的声音；现在的汉乐府诗里，保留着大量的"街陌讴谣"，同样也是民众作歌的明证。

[118] 即使在现代的民主政制下，能否或如何确认社会上大多

数成员对某一事务或现象持有大体相同的意见、情感和行为倾向，如何设计问卷、如何解读一次选举或民意测验的结果，不仅在技术上仍有很大困难，更有种种人为因素的干扰和局限。参见 Glynn, Carroll J. ed. *Public Opinion*, Boulder: Westview Press, 1999. p. 19.

［119］陈力丹（1999），第28页。

［120］《后汉书》卷七九《儒林下·周泽传》，第2579页。

［121］《后汉书》志二三《郡国五》，第3518页，李贤注引郭仲产《秦州记》。

［122］沈昌直语，转引自徐华龙著：《中国歌谣心理学》，乌鲁木齐：新疆人民出版社，1990，第6页。

［123］《后汉书》卷九《献帝纪》，及李贤注引刘艾《献帝纪》，第374页。

［124］D. B. 杜鲁门（2005），第237—238页。理论上，可以假设一个国家、一个社会有一个抽象的、持续的、稳定的根本利益，以及与之相对应的"民意""民心"。事实上，一涉及具体议题、利益、兴趣、政策，任何国家和社会都不存在一个抽象的、持续的、稳定的、以及利益、意见始终一致的大多数或公众。民意、舆论会随时空语境、政治社会条件等而改变，前文所引郑国舆人针对子产整理田制执政的歌诵就是例子。这些舆人应该是有田地、有隶子弟的利益相关者，而他们的心声也并不能代表当时郑国的"大多数"。

［125］阎步克著：《察举制度变迁史稿》，沈阳：辽宁大学出版社，1997，第327页。

［126］白寿彝（1995），第423、425页。

［127］《汉书》卷六七《朱云传》，第2913页。

［128］《汉书》卷八一《匡衡传》，第3331页。

［129］《汉书》卷八一《张禹传》，第3352页。

［130］《后汉书》卷三六《贾逵传》，第1235页。

［131］《后汉书》卷二八《冯豹传》，第1004页。

［132］《后汉书》卷五四《杨震传》，第1759页。

［133］《后汉书》卷六一《周举传》，第2023页。

［134］《后汉书》卷七九上《儒林上·杨政传》，第2551—2552页。

［135］《后汉书》卷七九上《儒林上·戴凭传》，第2554页。

［136］《后汉书》卷七九下《儒林下·许慎传》，第2588页。

［137］《后汉书》卷八三《逸民·井丹传》，第2764页。

［138］廖伯源著：《秦汉史论丛》，台北：五南图书出版公司，2003，第150—153页。

［139］D. B. 杜鲁门（2005），第238、240页。

［140］后世读者从史籍中获得这一印象，当然与官僚、士人等知识群体掌控历史叙事与诠释有关。但细细梳理史文，不可否认，在这一系列残酷的政治斗争中，官僚与士人在舆论方面确实争取到了优势。

［141］《后汉书》卷六七《党锢列传》，第2186页。

［142］《后汉书》卷六七《党锢列传》，第2186页。

［143］吕思勉（1983），第325页。

［144］《后汉书》卷六七《党锢列传》，第2186页。甘陵乡人谣

所引发的地方性乡党社会及其舆论的分裂,何以被视为东汉"党人之议"的开端?牟发松指出,桓帝即位伊始擢任自己过去的老师,在尊师重学的东汉是很正常的。但桓帝以蠡吾侯入继大统,本是内朝外戚和外朝清流官僚激烈博弈乃至生死搏斗的结果。执政的外戚梁冀鸩杀质帝后,拟拥立其妹夫刘志,太尉李固、光禄勋杜乔等重臣却力主拥立"年长有德"的清河王刘蒜,双方在朝议时公开冲突,矛盾日趋激化。房植站在拥立清河王刘蒜的清流名士李固一边,周福则以桓帝之师被重用而为乡党舆论所贬。而房、周的家乡正是清河王刘蒜的封国所在,杜乔亦因此事被杀。当梁冀、桓帝终于清除了被视为心头之患的清河王及其支持者之后,恨屋及乌,将清河郡(国)改名为甘陵。可见甘陵虽北距京师洛阳1280里之遥,却与朝廷高层的政争息息相关。(《范晔〈后汉书〉对党锢成因的认识与书写——党锢事件成因新探》,《华东师范大学学报》2012年第6期,第2—3页)

[145]《后汉书》卷六一《孙琬传》,第2040页。

[146]《后汉书》卷六七《党锢列传》,第2186页。

[147] Lin Yutang (1936), p. 28.

[148] 严耕望:《中国地方行政制度史(甲部)·秦汉地方制度》,台北:"中央研究院"历史语言研究所专刊之45A,1990,第3页。

[149] 叶常林、李瑞华:《公共权力监督模式的历史研究》,《安徽工业大学学报》2006年第1期,第15页。

[150] 严耕望(1990),第259页。

[151] 严耕望(1990),第271页。《续修四库全书·通典》卷三二:"文帝十三年,以御史不奉法,下失其职,乃遣丞相史出刺,

并督监察御史。"（第382页）《汉书》卷二九《沟洫志》："是岁，渤海、清河、信都河水溢溢，灌县邑三十一，败官亭民舍四万余所。河堤都尉许商与丞相史孙禁共行视，图方略。"（第1690页）《汉书》卷七七《孙宝传》："时帝舅红阳侯立使客因南郡太守李尚占垦草田数百顷，颇有民所假少府陂泽，略皆开发，上书愿以入县官。有诏郡平田予直，钱有贵一万万以上。[丞相司直孙]宝闻之，遣丞相史按验，发其奸，劾奏立、尚怀奸罔上，狡猾不道。"（第3258—3259页）

[152]《后汉书》志二八《百官五》，第3617页。

[153]《后汉书》卷二四《马严传》，及李贤注引《续汉书》，第860—861页。《汉书》卷七二《鲍宣传》：鲍宣迁豫州牧岁余，丞相司直郭钦奏"宣举错（措）烦苛，代二千石署吏听讼，所察过诏条。行部乘传去法驾，驾一马，舍宿乡亭，为众所非"。宣因而坐免。（第3086页）哀帝宠幸董贤，鲍宣上书谏净，称："龚胜为司直，郡国皆慎选举，三辅委输官不敢为奸。"（第3090页）《汉书》卷九二《游侠·陈遵传》：陈遵为河南太守，弟陈级为荆州牧，"当之官，俱过长安富人故淮阳王外家左氏饮食作乐"。司直陈崇闻之，劾奏陈氏兄弟"不正身自慎""乱男女之别"，兄弟皆罢免。（第3711—3712页）是丞相司直于监察京师三辅之外，亦负督察州郡之责。

[154] 严耕望（1990），第271页。

[155] 严耕望（1990），第272页。此制不知始于何时。《汉书》卷六六《陈咸传》"元帝擢咸为御史中丞，总领州郡奏事，课第诸刺史，内执法殿中，公卿以下皆敬惮之"（第2900页）；卷八三《薛宣传》："成帝初即位，宣为中丞，执法殿中，外总部刺史"（第3386

页)。是至迟元、成之世,以御史中丞总领州郡奏事、监督刺史已成定制。

[156] 如宣帝元康四年,太中大夫盖宽饶"使行风俗,多所称举贬黜"(《汉书》卷七七《盖宽饶传》,第3244页)。元帝时博士郑宽中使行风俗,奏益州刺史王尊治状,迁为东平相。(《汉书》卷七六《王尊传》,第3229页)

[157] 侯健:《三种权力制约机制及其比较》,《复旦学报》2001年第3期,第100页。

[158] 关雁春:《公众舆论、市民社会与法治》,《学术交流》2003年第11期,第37页。

[159] 严耕望(1990),第76页。

[160] 孟祥才著:《中国政治制度通史(第3卷)》,北京:人民出版社,1996,第261页。

[161]《汉书》卷八《宣帝纪》,第273页。

[162]《汉书》卷七二《贡禹传》,第3077页。

[163] 叶常林、李瑞华(2006),第16页;关雁春(2003),第37页。

[164] 侯健(2001),第102页。

[165] 严耕望(1990),第262页。

[166]《汉书》卷八九《循吏·王成传》,第3627页。

[167] 严耕望(1990)引《续志补注》,第265页。《汉官六种·汉官旧仪》卷上作:"郡国守丞长史上计事竟,遣君侯出坐庭,上亲问百姓所疾苦。"(孙星衍等辑,周天游点校:《汉官六种》,北京:

中华书局，1990，第38页）文字及标点略有出入，文义遂异。依严氏标点，郡国守丞长史上计事毕，由君侯（丞相）接见，面询地方管治实情。依《汉官六种》标点，皇帝由丞相陪同，亲自接见上计吏，面询地方管治实情。

[168]《后汉书》志二八《百官五》李贤注引蔡质《汉仪》，第3617—3618页。

[169]参阅吕宗力：《汉代的流言与讹言》，《历史研究》2003年第21期。

[170]《汉书》卷四八《贾谊传》，第2244、2246页。

[171]史有明文的风俗特使，武帝时期曾派遣三批，宣帝时期三批，元帝时期两批，成帝时期四批，哀帝时期一批，平帝时期一批（即王莽命人伪造民间歌谣那一次），新莽时期三批。

[172]又，两汉州郡选举士人，重视候选者乡里的口碑众议，至东汉更形成"月旦评"之习俗。《日知录集释》卷一三《清议》："古之哲王所以正百辟者，既已制官刑儆于有位矣，而又为之立闾师，设乡校，存清议于州里，以佐刑罚之穷。移之郊遂，载在《礼经》；殊厥井疆，称于《毕命》。两汉以来，犹循此制，乡举里选，必先考其生平，一玷清议，终身不齿。君子有怀刑之惧，小人存耻格之风，教成于下而上不严，论定于乡而民不犯"；"然则崇月旦以佐秋官，进乡评以扶国是，傥亦四聪之所先，而王治之不可阙也"。（第764—765页）这也是一种舆论监督，但主要作用于选举过程，此不论。

[173]《后汉书》卷四《殇帝纪》李贤注，第198页。

[174]《后汉书》卷六一《周举传》，第2029页；卷五六《张纲

传》，第1817页。

［175］《后汉书》卷五六《张纲传》，第1817页。

［176］《资治通鉴》卷五二《汉纪》四四，第1693页。

［177］《后汉书》卷八一《独行·雷义传》，第2688页。

［178］《后汉书》卷三一《张堪传》："（光武）帝尝召见诸郡计吏问其风土及前后守令能否。"（第1100页）

［179］严耕望（1990），第262、263页。

［180］周长山著：《汉代地方政治史论》，北京：中国社会科学出版社，2006，第106页。

［181］《后汉书》卷七六《循吏列传序》，第2457页。

［182］《后汉书》卷六〇《蔡邕传下》李贤注引《汉官仪》："三公听采长吏臧否，人所疾苦，还条奏之，是为举谣言者也。"（第1996页）

［183］《后汉书》卷七六《循吏列传序》，第2457页。

［184］《后汉书》卷三一《张堪传》，第1100页。

［185］《后汉书》卷一八《陈俊传》，第691页。

［186］《后汉书》卷二六《赵熹传》，第914页。

［187］《后汉书》卷七七《酷吏·董宣传》，第2490页。

［188］《后汉书》卷四一《宋均传》，第1413页。

［189］《后汉书》卷三一《廉范传》，第1103页。

［190］《后汉书》卷七六《循吏列传序》，第2457页。

［191］《后汉书》卷七六《循吏列传序》，第2458页。

［192］《后汉书》卷三三《朱浮传》，第1141页。

[193]《后汉书》卷二九《桓荣丁鸿列传》,第1017页。

[194]《后汉书》卷三三《朱浮传》,第1141页。

[195]《后汉书》卷三三《朱浮传》,第1142页。

[196]《后汉书》卷三三《朱浮传》,第1143页。

[197]《后汉书》卷三三《朱浮传》,第1143页。

[198] 廖伯源(2003),页145。

[199]《后汉书》卷三三《朱浮传》,第1144页。

[200]《后汉书》卷三三《朱浮传》,第1142页。

[201]《后汉书》卷三三《朱浮传》,第1143页。

[202]《后汉书》卷三三《朱浮传》,第1142页。

[203]《后汉书》卷二六《郭贺传》,第908页。

[204]《后汉书》卷一七《岑熙传》,第663页。

[205]《后汉书》卷五七《刘陶传》,第1848页。

[206]《后汉书》卷七一《皇甫嵩传》,第2302页。

[207] 当然也不排除是官方记录者和史籍编纂者润饰太过所致。

[208]《汉书》卷八六《王嘉传》:哀帝时上书:"孝文时,吏居官者或长子孙,以官为氏,仓氏、库氏则仓库吏之后也。其二千石长吏亦安官乐职"(第3490页);卷二三《刑法志》:(及孝文即位)"吏安其官,民乐其业"(第1097页)。《后汉书》卷三三《朱浮传》:"大汉之兴,亦累功效,吏皆积久,养老于官,至名子孙,因为氏姓。"(第1142页)

[209]《汉书》卷八六《王嘉传》,第3490页。

[210]《后汉书》卷六一《左雄传》:"降及宣帝,兴于仄陋,综

核名实,知时所病,刺史守相,辄亲引见,考察言行,信赏必罚。帝乃叹曰:'民所以安而无怨者,政平吏良也。与我共此者,其唯良二千石乎!'以为吏数变易,则下不安业;久于其事,则民服教化。其有政理者,辄以玺书勉励,增秩赐金,或爵至关内侯,公卿缺则以次用之。是以吏称其职,人安其业。汉世良吏,于兹为盛,故能降来仪之瑞,建中兴之功。"(第2016页)

[211] 周长山(2006),第96—106页。

[212] 周长山(2006),第96—106页。《后汉书》卷三三《朱浮传》:"帝下其议,臣多同于浮,自是牧守易代颇简。"(第1142页)

[213] 周长山(2006),第107、108页。《后汉书》卷六一《左雄传》:"典城百里,转动无常,各怀一切,莫虑长久"(第2016页);"而宦竖擅权,终不能用。自是选代交互,令长月易,迎新送旧,劳扰无已,或官寺空旷,无人案事,每选部剧,乃至逃亡"(第2019页)。《后汉书》卷六四《卢植传》:"今郡守刺史一月数迁,宜依黜陟,以章能否,纵不九载,可满三岁。"(第2117页)皆可为证。

[214] 《汉书》卷八九《黄霸传》:"数易长吏,送故迎新之费及奸吏缘绝簿书盗财物,公私费耗甚多,皆当出于民,所易新吏又未必贤,或不如其故,徒相益为乱。"(第3631页)

[215] 周长山(2006),第102页。

[216] 搜集的方法和渠道已无可考。

[217] 《后汉书》志二四《百官一》李贤注引《汉官仪》,第3560页。

[218] 三公府主持年度的"举谣言"。皇帝颁诏"举谣言",应

该是不受年度限制的特举。

［219］《后汉书》卷六七《党锢·范滂传》，第2204页。

［220］《后汉书》卷六〇《蔡邕传下》，第1996页。

［221］《后汉书》卷五七《刘陶传》，第1851页。《三国志》卷一《魏书·武帝纪》裴松之注引《魏书》："诏书敕三府：举奏州县政理无效，民为作谣言者免罢之。"（第3页）

［222］《后汉书》卷五七《刘陶传》，第1851页。东汉"举谣言"以考核地方长吏，有时是玩真的。益州刺史郤俭曾因"在政烦扰，谣言远闻"被免职，朝廷改以刘焉领益州牧，"州任之重，自此而始"。（《后汉书》卷七五《刘焉传》，第2431页）又《三国志》卷八《魏书·公孙度传》：公孙度出身小吏，"后举有道，除尚书郎，稍迁冀州刺史，以谣言免"（第252页）。

［223］《三国志》卷一《魏书·武帝纪》裴松之注引《魏书》，第3页。

［224］参见邱永明（1992），第125页。

第四章

谶言和谶谣

## 第一节 谶　言

### 一、什么是谶言？

什么是谶？汉代训诂学者一般释谶为"验"[1]、"䜛"[2]和"秘密书"[3]，即文字看似琐细，其言微而其义深，玄奥、神秘，预言未来而有效验，即所谓"立言于前，有征于后"[4]。所谓"谶言"，就是指以口语或文字表述的异常言论或征兆，其中暗藏玄机，以隐喻、隐晦的方式启示天命所归，预言个人或政权的命运。

说到"异常言论"，读者很自然会联想到本书第一章和第二章讨论过的讹言和妖言。汉代的讹言、妖言、谶言，都笼罩在一种神秘主义的气氛之下。不仅讹言、妖言在文献中有时可以互换，有些讹言和妖言，也几乎等同谶言，被赋予代天示警的预言功能，即如李寻所说的"讹言之效，未尝不至"。其实，我们也可以这样说，讹言、妖言可能是尚未应验的谶言,谶言则是已应验的讹言、妖言。"始皇帝死而地分"的诅咒,眭弘、夏侯胜等的妖言,汉新、汉魏之际的土德讹言,"苍天已死,黄天当立,岁在甲子,天下大吉"的口号,事后都被证实是应验了的谶言。

也有一些广泛流传、接受度高的流言、讹言、妖言,它们所凝聚之群体期望、诉求、共识,以及时人对其神秘能力之信仰,可以令它们成为自我暗示型、自我应验型的谶言,有时甚至可以影响事件的发展方向、形塑历史的未来。

预言信仰在中国先秦时期的社会和政治生活中十分普遍,在传世文献及日书等出土文献中都有大量记载。关于国家政局发展、君主命运、高层人事变动的神秘预言,《左传》《国语》《史记》中就有不少。早期预言者常有卜人的身份,如太史、内史、卜偃等,其预言也往往与占卜术关系密切,常见的有筮占、天文占、梦占、相术等,前有所兆、后必有验,而且应验如神。至于一些"诡为隐语,预决吉凶"[5],以言辞或文字为载体而充分发挥其符号力量的预言,虽尚无"谶"之名,却可视作谶言的滥觞,晁福林称此类预言为"谶语",非常恰当。[6]

"谶语之兴,盖在西周时期,至春秋战国而愈益增多,延及秦汉遂蔚为大观。"[7]"谶"字始见于汉代文献,即《史记·赵世家》中的秦谶。与之相关的还有未标签为

"谶"的赵谶。这两则谶语《史记》中凡三见,《赵世家》《扁鹊仓公列传》叙述最详、内容大致一致,《封禅书》所记非常简单。

《赵世家》载,赵简子(赵鞅,?—前476)病重,昏睡五日。名医扁鹊(秦越人)诊察后,对简子的心腹家臣董安于说,你主君的病颇奇特。

> 在昔秦缪公(前659—前621年在位)尝如此,七日而寤。寤之日,告公孙支与子舆曰:"我之帝所甚乐。吾所以久者,适有学也。帝告我:'晋国将大乱,五世不安;其后将霸,未老而死;霸者之子且令而国男女无别。'"公孙支书而藏之,秦谶于是出矣。献公之乱,文公之霸,而襄公败秦师于殽而归纵淫,此子之所闻。今主君之疾与之同,不出三日疾必间,间必有言也。[8]

所谓秦谶,是指天帝在秦穆公长睡梦中向他透露的谶言,其内容却是预示晋国的国运。

故事还没有结束。如扁鹊所料,赵简子果然于两天半之后苏醒了。他对大夫们说,昏睡期间,他其实是去了天帝的住所。天帝向他揭示了晋、秦、赵的未来国运:"晋国且世衰,七世而亡,嬴姓将大败周人于范魁之西,而亦不能有也。今余思虞舜之勋,适余将以其胄女孟姚配而七世之孙。"赵简子还见到他的儿子侍从天帝之侧，天帝送给他一只翟犬，说："及而子之壮也，以赐之。"不久，赵简子出行，路遇神人。他请教神人，天帝为什么要他将翟犬转赠他的儿子，神人解释说："儿，主君之子也。翟犬者，代之先也。主君之子且必有代。及主君之后嗣，且有革政而胡服，并二国于翟。"[9]这就是所谓赵谶。

秦谶和赵谶都是秦穆公和赵简子在睡梦中领受的神谕，带有梦占的遗留色彩，如赵谶中的翟犬意象须经神人（相当于占梦的巫者卜人）的破译才能理解，但其语言意象的表述方式，与后世的谶言已非常接近。

《史记》引贾谊《鵩鸟赋》"发书占之兮，筴言其度"[10]，而《汉书》引作"发书占之，谶言其度"[11]。筴，通策，筮所用。《史记》索隐："今此'筴'盖杂筴辞云然。"[12]盖早期谶语与卜筮之辞渊源深厚，西汉初人或视谶语为筴辞之一流，故贾谊所用占书，亦称谶书。另一种可能，是东汉视占书与谶书为同类，故班固（32—92）以谶代筴。[13]

## 二、谶言的载体

### （一）口语

秦汉时期的不少谶言与讹言、流言、妖言、谣言一样，都以口语为载体，在人际传播中建构成形。

秦二世元年（前209）七月，陈胜、吴广等九百名戍卒被征发到渔阳戍边，遇雨误期。按法令，误期者当斩。陈胜和吴广商量："今亡亦死，举大计亦死，等死，死国可乎？"决意起事。为了"威众"，乃丹书帛曰"陈胜王"，置人所罾鱼腹中。有戍卒买鱼烹食，得鱼腹中书，甚感惊异。吴广又躲藏在宿营地附近的神祠，假扮狐鸣，呼曰"大楚兴，陈胜王"，"卒皆夜惊恐。旦日，卒中往往语，皆指目陈胜"。[14]

"狐"语"大楚兴，陈胜王"，以流言传播的方式在九百戍卒中口耳相传，之后随着陈胜起义军势力的扩张，在更大范围内广泛流传，为当时反秦、抗秦潮流"推波助澜"，成为陈胜建立张楚王国的舆论先声。

战国秦汉时期流行一种占候术，叫望气，观察云气以预测吉凶。[15]秦始皇时，有望气术士预言，"东南有天子气"。秦始皇统一全国之后，先后五次巡游，除第一次西巡陇西外，第二次至第五次都是巡游东南地区（齐、燕、楚、越等六国旧地，今山东、江苏、湖南、湖北、安徽、浙江）。秦始皇多次巡游，当然有其政治、军事、经济等多重目的。但《史记·高祖本纪》说"秦始皇帝常曰'东南有天子气'，于是因东游以厌之"[16]，故始皇东巡也可能有镇厌皇朝潜在威胁的意图。然而，人算不如天算，推翻秦朝的主要领袖陈胜、吴广、项羽和开创西汉皇朝的刘邦，都来自东南地区。

西汉高祖十二年（前195），汉高祖封其兄子刘濞（前

216—前154）为吴王。"已拜受印，高帝召濞相之，谓曰：'若状有反相。'心独悔，业已拜，因拊其背，告曰：'汉后五十年东南有乱者，岂若邪？然天下同姓为一家也，慎无反！'"[17]至景帝时，朝廷采取御史大夫晁错（前200—前154）建议，削夺王国封地。刘濞以诛晁错、清君侧为名，于景帝三年（前154），领导吴、楚等七国叛乱，后为周亚夫所败，刘濞兵败被杀。

裴骃《史记集解》引徐广说"汉元年至景帝三年（刘濞）反，五十有三年"[18]，以高祖"汉后五十年东南有乱"为谶言。又引应劭说："克期五十，占者所知。若秦始皇东巡以厌气，后刘项起东南，疑当如此耳。"司马贞《史记索隐》进一步解释："应氏之意，以后五十年东南有乱，本是占气者所说，高祖素闻此说，自以前难未弭，恐后灾更生，故说此言，更以戒濞。"[19]

司马贞认为汉高祖所说"汉后五十年东南有乱者"，是从秦代"东南有天子气"预言推衍出来，而向刘濞发出的预警信息。汉武帝时，淮南王刘安召谋士伍被（？—前122）商量谋反的部署，伍被认为，吴、楚之乱证明"逆天违众""不见于时"，此时谋反，"臣见其祸，未见其福也"。刘安质疑："陈胜、吴广无立锥之地，百人之聚，起于大泽，奋臂大呼，天下向应，西至于戏而兵百二十万。今吾国虽小，胜兵可得二十万，公何以言有祸无福？"伍被解释道：

（秦末）父不宁子，兄不安弟，政苛刑惨，民皆引领而望，倾耳而听，悲号仰天，叩心怨上，欲为乱者，十室而八。客谓高皇帝曰："时可矣。"高帝曰："待之，圣人当起东南。"间不一岁，陈、吴大呼，刘、项并和，天下响应，所谓蹈瑕衅，因秦之亡时而动，百姓愿之，若枯旱之望雨，故起于行陈之中，以成帝王之功。今大王见高祖得天下之易也，独不观近世之吴楚乎！[20]

从"东南有天子气"到"汉后五十年东南有乱"再到"圣人当起东南"，可知这则谶言在秦末汉初数十年间，曾以口语方式广泛流传、屡经修改而反复出现。[21]

此外，还有不少以歌谣形式表达的口语谶言，我们称之为谶谣，将在下一节讨论。

**（二）谶书、谶记**

中国传统文化中视文字为神圣符号的信仰，源远流长。精英阶层长期垄断文字的历史现实，更"推波助澜"令人们对文字拥有神秘力量深信不疑。而汉字的特殊构字方法（如所谓象形、指事、会意、谐声、假借、转注等）则提供了以拆解、重组等方式，令其有被多元破译的可能。谶言以汉字为载体，更能展现其"诡为隐语，预决吉凶"的神秘暗喻色彩，也更符合"天启预言"的公众想象，由此拥有更顽强久远的生存能力，因而也获得更宽阔的传播空间。[22]

陈胜、吴广起事前制作的鱼腹丹书"陈胜王",正是以文字为载体,再借买鱼烹食的戍卒之口,将信息传播开来。谶言文字的结集,就是谶书和谶记。秦始皇三十二年(前215),燕方士卢生奉命出海访求神仙,带回一本《录图书》奏呈秦始皇,书中说"亡秦者胡也"[23]。"亡秦者胡也"是一则典型的隐语式谶言,录有这则谶言的《录图书》,很可能就是谶言的早期结集且文图并茂。[24]

早期的谶书可能是一些方士编辑的卜筮之辞结集,如贾谊《鵩鸟赋》所说的"发书占之,谶言其度"。西汉中期以后,方士们自撰的谶书陆续浮现。这些谶书所收录的谶言有强烈的时代感、明确的政治针对性和大胆的诉求,如成帝齐地方士甘忠可所撰的《天官历》《包元太平经》宣称:"汉家逢天地之大终,当更受命于天,天帝使真人赤精子,下教我此道。"[25]他收了许多弟子,传授他的道书,而弟子们也都广收再传弟子。《天官历》《包元太平经》被西汉朝廷定为妖书,其中收录了西汉后期非常流行的"赤精子谶",应该也是谶书。

新莽末年,"军旅骚动,四夷并侵,百姓怨恨,盗贼并起",人心思汉,民间流传的自撰谶书应该不少。史有明文的如卜者王况为魏成大尹李焉撰写达十余万言的谶书,其中预言:

> 文帝发忿,居地下趣军,北告匈奴,南告越人。江中刘信,执敌报怨,复续古先,四年当发军。江湖有盗,自称樊王,姓为刘氏,万人成行,不受赦令,欲动秦、雒阳。十一年当相攻,太白扬光,岁星入东井,其号当行。
>
> 又言莽大臣吉凶,各有日期。[26]

该谶书明确预告荆楚当兴,李氏为辅。李焉令属吏抄写其书,以供传播。

西汉后期至新莽时期,出现大量融合卜筮之辞、谶言、阴阳五行学说、神话、经义解说的谶纬文本,《河图》《洛书》《紫阁图》《河图·赤伏符》等都在公开流传。[27] 据《后汉书·公孙述传》,新莽政权崩溃后割据蜀地的原导江(蜀郡)卒正(太守)的公孙述(?—36),"好为符命鬼神瑞应之事,妄引谶记",向建都洛阳的汉光武帝挑战,"移檄中国,称引图纬以惑众"。他称引的"谶记",包括《录运法》《括地象》《援神契》诸篇。[28]

东汉时,谶纬被视为儒家经典的补充,光武帝命御用学者收集民间流传的各种谶纬文本,编辑整理为钦定版本,公之于世。

(三)图像符号

谶言有别于讹言、流言、妖言、谣言的一个独特之处,在于它不仅以言辞、文字为载体,也常采用图像符号的形式。例如传说中的"河图洛书",被视为谶纬的前身,最早据说就是以文、图并重的形象出现的。秦汉的谶书,很可能是文图并茂的。所以在汉代,谶纬常被称为图书、图谶、图纬,图像化的谶言有时浑然天成,令人们真的相信是上天垂示所致。

例如,人的异常体征,如掌纹、皮肤纹理,常被视为天启信息。这一类信息,在先秦文献中已出现。

鲁桓公(前711—前694年在位)母宋仲子,宋武公(前765—前748年在位)之女,嫁鲁惠公(前768—前723年在位)为夫人。《左传·隐公元年》说:"仲子生而有文在其手,曰:'为鲁夫人',故仲子归于我。"[29]孔颖达《正义》的解释是:"以其手之文理自然成字,有若天之所命使为鲁夫人然,故嫁之于鲁也。"[30]

鲁桓公第四子,名友,谥成,史称公子友、成季友等,于僖公时执鲁政十六年,是鲁国最强大的卿族季孙氏的第一代宗主。其母文姜妊娠期间,桓公令卜人(鲁掌卜大夫楚丘之父,不知其名)占卜。卜人说:"男也。其名曰友,在公之右,间于两社,为公室辅。""及生,有文在其手曰'友',遂以命之。"[31]

晋平公十七年(前541),平公有疾。子产代表郑国前往探视,在与晋大夫叔向谈论平公病情时,提到关于晋国始封君主唐叔虞的命名传说。唐叔虞是周武王之子、周成王同母弟,名虞,受封于唐。据说其母邑姜怀孕时,"梦帝(天帝)谓已:'余命而子曰虞,将与之唐,属诸参,而蕃育其子孙。'及生,有文在其手曰'虞',遂以命之。及成王灭唐,而封大叔焉"[32]。

这一类与生俱来的神异掌纹,在先秦文献中被视为隐含天意的文字符号,预示着当事者未来的归宿或政治作为。

汉代流行的谶纬文献,动辄称扬怪异体貌有其特别的象征意义。例如黄帝龙颜、仓颉四目、伏羲牛首、女娲蛇躯、尧眉八彩、皋陶鸟啄、舜目重瞳、禹耳三漏、汤臂三肘、文王四乳、武王骈齿、周公偻背,孔子"海口尼首,方面,月角日准,河目龙颡,斗唇昌颜,均颐辅喉,骈齿龙形,龟脊虎掌,胼胁修肱,参膺圩顶"[33],都被视为圣人、帝王受命于天的神圣征兆。武梁祠、沂南等画像石中,有大量体貌怪异的天神、古帝画像。史载,东汉的许多帝王、后妃都喜欢以"贵相""异貌"自诩。这种风气在当时社会上极为流行。《后汉书·周燮传》:"燮生而钦颐折頞,丑状骇人。其母欲弃之。其父不听,曰:'吾闻圣贤多有异貌。兴我宗者,乃此儿也。'"[34]东汉皇帝甚至不得不下诏书:"令功臣家各自记功状,不得自增加以变时事。或自道形貌表相,无益事实,复口齿长一寸,龙颜虎口,奇毛异骨,形容极变,亦非诏书之所知也。"[35]

但异常体征、体貌的诠释,亦因人、因时势、因社会政治语境而宜。甄寻(?—10),甄丰之子[36],素轻佻,喜渔色,据说手臂上有纹理,自然构成"天子"二字,本应是吉兆。甄寻伪造符命(谶言),为其父甄丰讨封,成功之后又作符命,说汉平帝的寡妇黄皇室主(王莽之女)当改嫁甄寻为妻。王莽大怒:"黄皇室主天下母,此何谓也!"[37]甄丰因而自杀,甄寻被捕处死。由于"天子"手纹的传说,王莽亲自审视甄寻的手臂,并为其拆字:"此一大子也,或曰一六子也。六者,戮也。明寻父子当戮死也。"[38]

新莽末年的公孙述,好引祥瑞谶记,作为自己割据蜀地的合法性依据。他自称掌纹似文字,曰"公孙帝",视为祥瑞之一。但《后汉书·公孙述传》踢爆他自"刻其掌",伪造异常掌纹。[39]

昭帝元凤三年(前78)有虫食树叶成文字,曰"公孙病已立",也属于浑然天成的图像式谶言。

石头有纹理,有些石纹酷似文字、图画。这些出自大自然鬼斧神工的意象,古人往往视之为天启信息。新莽代汉过程中,各地官员上报许多这样的"天启"石文或金(铜)文,其实多属人为伪造之物。如平帝元始五年(5)十二月平帝病死,当月即有武功县长孟通宣称,在淘井时挖到一块上圆下方的白石,上有丹书:"告安汉公莽为皇帝。"该石文通过王莽的心腹大臣前煇光(长安南部郡守)谢嚣上呈,成为公推王莽居摄践祚,称"假皇帝"的重要论据。[40]

孺子婴居摄三年（8），各地反莽起事基本平定，王莽的统治基本稳固，由假即真的舆论准备也紧锣密鼓地展开，各地符命奏报纷沓而至。巴郡献石牛，扶风献雍石文，于十一月壬子和戊午呈送至京师，其文字已佚。据说王莽到未央宫前殿迎受时，"天风起，尘冥，风止，得铜符帛图于右前，文曰：'天告帝符，献者封侯。承天命，用神令。'"[41]。

正在长安求学的哀章，见伪造符命者大都获得极大的政治回报，于是自己制作了个铜匣，外贴两张题签，写着"天帝行玺金匮图""赤帝行玺某传予黄帝金策书"（"某"即汉高祖之名）。金策书"言王莽为真天子，皇太后如天命"。金匮图和金策书都提到王莽的八位大臣，加上哀章自己和杜撰的人名王兴、王盛，共十一人，"皆署官爵，为辅佐"[42]。王莽闻讯，如获至宝，亲至高祖庙"拜受金匮神嬗"，宣称已获天赐符命及汉高祖的授意，于十一月即真皇帝位，改国号为新。

为了宣示除旧布新，王莽想废除其姑母太皇太后王政君的"汉家旧号"。于是，便有张永献符命铜璧并称铜璧有明文"太皇太后当为新室文母太皇太后"，此说正合莽意。王莽立即下诏，以铜文符命为依据，改封王政君为"新室文母太皇太后"，并宣称哀帝时传行西王母诏筹讹言，正是王政君当为新朝之母的符瑞征兆。他还此地无银地告诉群臣，已向大臣们展示符命铜璧，大家都说："其文字非刻非画,厥性自然。"[43]

新莽始建国五年(13),长安民闻王莽欲迁都洛阳,不肯缮治室宅。王莽又引石文为证:"玄龙石文曰'定帝德,国雒阳'。符命著明,敢不钦奉!"[44]

### 三、谶言的来源

暗藏玄机,以隐喻、隐晦的方式启示天命所归,预言个人或政权命运而又应验的谶言,当然应该有着神秘的来源,此所以甘忠可作"赤精子谶"要假托获"天帝使真人赤精子"传授的原因。东汉官定的谶纬文本,宣称由孔子所作,"为汉制法",这当然也属伪托。

剥开这层神秘外衣,细读史籍提供的情节和情境,我们可以发现,汉代的谶言大致有几种来源。

#### (一)诅咒

伍子胥遗言"高置吾头,必见越人入吴也",秦东郡黔首刻石"始皇帝死而地分",都是当时的诅咒之言。

秦末六国故地纷纷响应陈胜义军,起义反秦。陈胜失败后,范增(前277—前204)游说楚地义军首领项梁(?—前208)立楚怀王孙熊心为王:"陈胜败固当。夫秦灭六国,楚最无罪。自怀王入秦不反,楚人怜之至今,故楚南公曰'楚虽三户,亡秦必楚'也。"[45]

南公,楚人,《汉书·艺文志》阴阳家著录有"《南公》三十一篇。六国时"[46]。裴骃《史记集解》引徐广,称南公"楚人也,善言阴阳"[47]。张守节《史记正义》引虞喜《志林》:"南公者,道士,识废兴之数,知亡秦者必于楚。"[48]南公所著,今已不存,但以其"善言阴阳""识废兴之数"的知识背景,范增所述谶言很可能就引自他的著作。何谓"三户"?裴骃《史记集解》引臣瓒曰:"楚人怨秦,虽三户犹足以亡秦也。"韦昭(司马贞《史记索隐》引)称"以为三户,楚三大姓昭、屈、景也"[49],所以这也应该是一则宣泄楚人怨愤情绪的诅咒型谶言。[50]

诅咒言论本意在发泄,并非有意作谶,所言一旦成真,就成为谶言。

### (二)神谕

谶言代天言事,来自神谕,合情合理。例如本书第二章提到:秦始皇三十六年(前211)秋,有人在路上拦住一位秦廷使者,请他将一块玉璧转交给"滈池君",并告诉他一句预言:"今年祖龙(秦始皇)死。"这在当时,是一则妖言。但第二年秦始皇在巡游途中得病,行至沙丘(今河北广宗西北)驾崩。妖言应验,成为谶言。司马贞《史记索隐》解释说:"江神以璧遗滈池之神,告始皇之将终也。且秦水德王,故其君将亡,水神先自相告也。"[51]依司马贞的诠释,这是一则神谕型谶言,来自水神。

刘邦醉斩白蛇后,有老妇夜哭,路人问其故,老妇说:"吾子,白帝子也,化为蛇,当道,今为赤帝子斩之,故哭。"路人以为老妇"为妖言,因欲笞之"[52]。至刘邦成功建立西汉皇朝，妖言再一次成为谶言，老妇为神人（五天帝中白帝之子）之母的身份，也就得到了"证实"。所以，这也是一则神谕。

居摄三年，大臣们纷纷奏符命以劝进。其中有宗室广饶侯刘京上书，声称："七月中，齐郡临淄县昌兴亭长辛当一暮数梦，曰：'吾，天公使也。天公使我告亭长曰："摄皇帝当为真。"即不信我，此亭中当有新井。'亭长晨起视亭中，诚有新井，入地且百尺。"[53]"天公使"，即天帝的使者。

王莽即真以后，向全国宣传种种符命祥瑞之征兆。其中有一则，说侍郎王盱曾见一人，衣白布单衣，赤绣方领，冠小冠，站在未央宫王路殿前，对他曰："今日天同色，以天下人民属皇帝。"过一会儿，那白衣人忽然无影无踪。[54]这白衣人当然是神人之流，所言也应该是神谕。

不过，检视这几则神谕，不难发现其来源都相当可疑，有明显的人为操作嫌疑。此外，东汉人相信孔子为谶纬作者，称孔子素王、黑帝之子，"为汉制作"，也属谶言神谕说。[55]

（三）伪造

伪造的谶言，除了"神谕"及上文讨论过的甄寻符命、白石丹书、哀章金策之类，史籍中还能找到一些明确的记载，包括前面引述过的"大楚兴，陈胜王"、王况自撰谶书等。

新莽末至更始年间，群雄逐鹿中原，争霸天下。《后汉书·耿纯传》称，建武初，真定王刘扬造作谶记云："赤九之后，瘿扬为主"，意图不轨。[56]因刘扬有大脖子病，"瘿扬"就是为他量身定制的。[57]

东汉初，常依谶言任免官员。光武帝企图规范谶纬文本，因尹敏博通经籍，令其编校图谶，借此删除王莽时期著录的有利新莽的种种谶言。尹敏向光武帝斥谶纬之妄，说："谶书非圣人所作，其中多近鄙别字，颇类世俗之辞，恐疑误后生。"光武帝不接纳他的意见。于是尹在编校谶纬文本时，私自增加文字："君无口，为汉辅。"意思是姓尹者可为大臣。光武帝审阅编校过的文本，发现这个问题，召尹敏问其故。尹敏说："臣见前人增损图书，敢不自量，窃幸万一。"光武帝非常不高兴，虽然没有加罪，尹敏亦以此仕途沉滞。[58]其实，当时私改谶文、自造谶言的大有人在。

即使光武帝宣布图谶于天下，严禁伪造谶言、符瑞之后，伪造图谶在东汉仍是史不绝书。如明帝永平年间的诸侯王（楚王刘英、阜陵王刘延）伪造图谶案，扶风人苏朗因"伪言图谶事，下狱死"等。[59]

值得注意的是，同属伪造的谶言，有的应验了，有的没应验。其中的道理，下文再讨论。

**（四）隐语**

中国历史上的谶言，不少是伪造的。至于一些应验的谶言，如果拒绝接受神秘主义的解释，一个普遍的质疑是："或后人诈记，以明效验。"[60]孙家洲在《汉代"应验"谶言例释》一文中，曾对汉代的一些应验谶言作了很精彩的辨析。[61]

孙文讨论的案例包括：一是"公孙病已立"与"废昌帝，立公孙"；二是"刘秀当为天子"，《赤伏符》与"刘氏复兴，李氏为辅"；三是"代汉者当涂高也"。这几则谶言，都是言出在先、应验在后，而且都不属"后人诈记"。

虫文"公孙病已立"，出现于西汉昭帝元凤三年（前78），四年后神奇地应验在汉宣帝身上。至东汉光武帝建武元年（25），割据西蜀的公孙述称帝，号大成，建元龙兴。[62]他"移檄中国，称引图纬以惑众"，企图与光武帝在合法性论证上一决高下：

> 妄引谶记。以为孔子作春秋，为赤制而断十二公，明汉至平帝十二代，历数尽也，一姓不得再受命。又引《录运法》曰："废昌帝，立公孙。"《括地象》曰："帝轩辕受命，公孙氏握。"《援神契》曰："西太守，乙卯金。"谓西方太守而乙绝卯金也。五德之运，黄承赤而白继黄，金据西方为白德，而代王氏，得其正序。[63]

意思是说，按五德运次和谶纬论述，西汉十二帝火德运终，新莽才得以以土德承继。王莽既败，应当由金德继之。金色白，主西方，公孙述割据西蜀，恰逢其运。谶言"废昌帝，立公孙"，就是说昌帝之后，轮到公孙氏继承大位。他才是正统的真命天子，所以根本没有刘秀什么事儿。这里提到的"废昌帝，立公孙"，就源自昭帝时的虫文谶言"公孙病已立"。光武帝不得不回信辩论，反驳说"图谶言'公孙'"已经应验在宣帝身上，与你公孙述毫不相干。[64]

我们知道，虫文"公孙病已立"本是浑然天成的图像式谶言，西汉后期被辑入谶纬文本，但因应时势的发展，文字有所增衍。"废昌帝，立公孙"，其实是追述昭帝崩后昌邑王嗣位、被废，落难皇孙刘病已继立的历史，却以预言的面目呈现。有趣的是，新莽崩溃后割据蜀地的公孙述，自我对号入座，以其姓氏应谶。

"刘秀当为天子"[65]，《赤伏符》和"刘氏复兴，李氏为辅"[66]，是从西汉后期至东汉初广泛流行的一组谶言。《赤伏符》属于《河图》系统的谶书，其中最著名的谶言即："刘秀发兵捕不道，四夷云集龙斗野，四七之际火为主。"[67]或说"刘秀当为天子"谶言，与《赤伏符》同源。昭帝时，眭弘预言汉运中衰，当禅让贤人，成帝时甘忠可倡"汉当更受命于天"，至哀帝时，人心厌汉情绪在社会上已蔓延开来。哀帝曾打算禅位于董贤，虽说属胡闹之举，但其潜意识中未尝不是已对天命无常深怀恐惧，对汉家前途焦虑难安而寻求解脱之路。其后王莽假摄、即真禅汉，固然有处心积虑的操作，但也算人心厌汉情势下顺势而为之举。

"刘秀当为天子"之谶，可能始见于哀帝建平元年（前6）。刘歆于是年改名秀，据说就是为了应谶。孙家洲指出，谶言之"刘秀"，未必指姓刘名秀之人。当时甘忠可倡"汉当更受命于天"之说再次流行，有识者或者希望汉家有俊秀之士可以取代哀帝，重振汉风，此说相当合理。[68]从《汉书》《后汉书》有关记载来看，"刘秀当为天子"之谶言在西汉末、新莽和东汉广为人知。至新莽统治陷入困局、社会激烈动荡时，人心转而"思汉"，《赤伏符》和"刘氏复兴，李氏为辅"谶言顺势传播，为刘秀称帝提供了强大的舆论和理论支持。而多处史籍记载也证明，这两则谶言早在刘秀称帝以前，就已广泛流传。

"代汉者当涂高"，最早见于光武帝刘秀与公孙述辩论天命攸归时所引述："代汉者当涂高，君岂高之身邪？"李贤注引《东观汉记》，作："承赤者，黄也；姓当涂，其名高也。"[69]《华阳国志》引光武帝书，作："'汉家九百二十岁，以蒙孙亡，受以丞相，其名当涂高'。高岂君身耶？"[70]

这则谶言源出何处，当涂高是何人，已难以深究。公孙述之后，已少有人对此关注，但在东汉末，却再一次激起群雄竞逐之心。如出身于"四世三公"汝南袁氏世家的袁术（？—199），自以为其名"术"及字"公路"，皆与"涂"同义，"自云名字应之。又以袁氏出陈为舜后，以黄代赤，德运之次，遂有僭逆之谋"[71]。

巴西阆中人周舒，早年师从广汉谶纬学宗师杨厚（72—153），与董扶、任安（124—202）同门，终身不仕，精研天文图谶。他对"当涂高"的诠释是："当涂高者，魏也。"[72]曹魏禅汉前夕，太史丞许芝等魏臣再度引述这一破译，作为劝进曹丕的论据之一。[73]

这几则应验谶言有一个共同点：它们都属于隐语式谶言，或称谜语式谶言。这种谶言利用汉字一字多义、一词多义的特点，最能体现"诡为隐语，预决吉凶"的特质，为谶言的破译者提供广阔的诠释空间。

先秦两汉一直存在"隐语"这种表述形式[74]，隐，不显也。《论语·季氏》："孔子曰：'侍于君子有三愆：言未及之而言谓之躁，言及之而不言谓之隐，未见颜色而言谓之瞽。'"[75]以言而不尽为"隐"，"隐语"亦称"廋辞"。《国语·晋语五》韦昭注"廋辞"："廋，隐也。谓以隐伏谲诡之言问于朝也。"[76]《荀子·赋篇》："爰有大物，非丝非帛，文理成章；非日非月，为天下明。生者以寿，死者以葬。城郭以固，三军以强。粹而王，驳而伯，无一焉而亡。臣愚不识，敢请之王？"杨倞注："言礼之功用甚大，时人莫知，故荀卿假为隐语，问于先王云。"[77]"隐语"亦简称"隐"，成为当时一种婉转的沟通方式和巧妙的表达艺术。如著名的"一鸣惊人"故事,其缘起就是一则"隐"语。

《韩非子·喻老》:

> 楚庄王莅政三年,无令发,无政为也。右司马御座,而与王隐曰:"有鸟止南方之阜,三年不翅,不飞不鸣,嘿然无声,此为何名?"王曰:"三年不翅,将以长羽翼;不飞不鸣,将以观民则。虽无飞,飞必冲天;虽无鸣,鸣必惊人。"[78]

《史记》所叙,文字稍异:

> 庄王即位三年,不出号令,日夜为乐,令国中曰:"有敢谏者死无赦!"伍举入谏。庄王左抱郑姬,右抱越女,坐钟鼓之间。伍举曰:"愿有进隐。"曰:"有鸟在于阜,三年不蜚不鸣,是何鸟也?"庄王曰:"三年不蜚,蜚将冲天;三年不鸣,鸣将惊人。举退矣,吾知之矣。"[79]

裴骃《集解》曰:"隐谓隐藏其意。"这则故事亦见于《史记·滑稽列传》,但被移植到齐威王的身上:

> 齐威王之时喜隐,好为淫乐长夜之饮,沉湎不

治，委政卿大夫。百官荒乱，诸侯并侵，国且危亡，在于旦暮，左右莫敢谏。淳于髡说之以隐曰："国中有大鸟，止王之庭，三年不蜚又不鸣，王知此鸟何也？"王曰："此鸟不飞则已，一飞冲天；不鸣则已，一鸣惊人。"于是乃朝诸县令长七十二人，赏一人，诛一人，奋兵而出。诸侯振惊，皆还齐侵地。[80]

司马贞《索隐》："喜隐谓好隐语。"好隐语之风，至西汉仍盛。刘向《列女传》叙齐宣王夫人钟离春故事，称齐无盐女钟离春，极丑无双，而觅偶眼光极高，四十（或说三十）未能嫁出。于是她自荐于齐宣王，"愿备后官之扫除"。

宣王方置酒于渐台，左右闻之，莫不掩口大笑，曰："此天下强颜女子也，岂不异哉？"于是宣王乃召见之，谓曰："昔者，先王为寡人娶妃匹，皆已备有列位矣。今女子不容于乡里布衣，而欲干万乘之主，亦有何奇能哉？"钟离春对曰："无有。特窃慕大王之美义耳！"王曰："虽然，何喜？"良久曰："窃尝喜隐。"宣王曰："隐，固寡人之所愿也，试一行之！"言未卒，忽然不见。宣王大惊，立发《隐书》而读之，退而推之，又未能得。[81]

明日，又更召而问之，钟离春不以隐对，却直言指陈批评齐国外有强敌、内有隐患，说服齐宣王"拆渐台，罢女乐，退谄谀，进直言，选兵马，实府库"。齐宣王又立钟离春为王后，齐国由此大安。这当然是一则汉代流行的另类灰姑娘式的寓言，未必是战国历史实录。故事中提到的"喜隐"、《隐书》，反映的很可能是汉代人熟悉的文字游戏。《汉书·东方朔传》所记东方朔与郭舍人在汉武帝面前的隐语对决，应该也是汉代日常娱乐中的谜语式文字游戏。[82]

隐语是一种加密的表述方式，可以隐含字面背后的多层意义，既可以当作娱乐性的文字游戏，也可以视为隐喻天意的占辞。《尔雅》卷三《释言》："隐，占也。"郭璞注："隐度。"邢昺疏："占者，视兆以知吉凶也，必先隐度。故曰隐占也。"[83]秦汉的谶言，藏身于隐语之中，也就不足为奇了。如秦始皇三十二年卢生出海求仙带回来的那本谶书《录图书》，书中说"亡秦者胡也"。秦始皇以为"胡"指北方大患匈奴，于是"使将军蒙恬发兵三十万人北击胡，略取河南地"。传统史学评论认为，秦朝没有亡于匈奴的入侵，却亡在二世胡亥的昏暴统治，如裴骃《集解》引郑玄的评论："胡，胡亥，秦二世名也。秦（始皇）见图书，不知此为人名，反备北胡。"[84]

建武元年，刘秀在河北称帝。公孙述在梦中听到有人告诉自己："八厶子系，十二为期。""八厶子系"，合成公孙两字，是一个字谜。公孙述认为是谶言，预言自己有十二年的天子命，醒后告诉了妻子。妻子说："朝闻道，夕死尚可，何况十二乎？"公孙述于是称帝，国号大成。[85] 建武十二年，东汉将领吴汉、刘尚、臧宫等率军攻破成都，尽诛公孙氏，大成存世凡十二年。

隐语式谶言来自何方，由谁创作，在何种语境下创作，预言的原始含义是什么，并不重要。因为隐语式谶言的用字用语是暧昧的，双关或多义的。在不同语境、不同时空中，对不同的破译者和受众而言，它可以传递不同的语义、信息。人们通过字面获得的第一层次理解，往往是被误导的，因为天机是不会轻易泄露的。它永远允许多重破译，而"真正"的天启信息往往要到事后才会显露，意在言外却又在意中。而它很可能有第二次、第三次乃至更多次生命，在不同时空中发散出不同的预言信息，就如"公孙病已立""刘氏复兴，李氏为辅""代汉者当涂高"等谶言，所以这一类谶言的应验概率最高。

## 四、皇朝更替、天命转移与谶言论述

以五行相胜为次序，论证皇朝定期更迭的必要性与合法性的五德终始论，于战国邹衍时初具雏形，秦始皇时首次付诸政治实践，经西汉政治理论家们在实践中反复探索和调整，终由刘向、刘歆改造为按五行相生次序循环不休、更具系统的五德历运论述。王莽、刘秀都曾据此以论证改朝换代的正当性。

五德历运说认为，应运天子受命于天，必有符应（符命）为凭证。西汉称引符应，多以祥瑞（意蕴吉祥的自然现象）为据。王莽宣称"帝王受命，必有德祥之符瑞，协成五命"，颁布《符命》四十二篇于天下，其中的德祥五事、福应十二事，属祥瑞；符命二十五事，"言井石、金匮之属"，属谶言。[86] 刘秀称尊号，以谶记《赤伏符》为主要的符命。符命就是天帝给天子的委任状，图书（图谶）、符瑞，就是委任状的具体形式。

### （一）"皇天降瑞，出丹石之符"：王莽受命与谶纬论述

平帝元始五年（5）十二月，平帝暴崩。之后的短短三年中，王莽完成了从居摄称"假皇帝"到即真天子位、改国号为"新"的全部程序。在这三年中，各地称颂祥瑞符命的上奏如雪片般飞至长安，为催生新朝展开铺天盖地的舆论攻势。可以说，王莽对符命的利用，是中国历史上改朝换代过程中最富有戏剧性的。

王莽首先论证自己最大的政治靠山——他的姑母，即元帝皇后、成帝生母，时封太皇太后、临朝听政的王政君：

> 肇有元城沙麓之右，阴精女主圣明之祥，配元生成，以兴我天下之符，遂获西王母之应，神灵之

征，以佑我帝室，以安我大宗，以绍我后嗣，以继我汉功。

太皇太后临政，有龟龙麟凤之应，五德嘉符，相因而备。《河图》《洛书》远自昆仑，出于重野。古谶著言，肆今享实。此乃皇天上帝所以安我帝室，俾我成就洪烈也。[87]

据《汉书·元后传》，西汉文、景时，王氏先祖王贺徙居魏郡元城委粟里。元城城东有五鹿之墟，即春秋时沙麓山故地，当地有长老预言：

昔春秋沙麓崩，晋史卜之，曰："阴为阳雄，土火相乘，故有沙麓崩。后六百四十五年，宜有圣女兴。"其齐田乎！今王翁孺徙，正直其地，日月当之。元城郭东有五鹿之虚，即沙鹿地也。后八十年，当有贵女兴天下。[88]

这位圣女或贵女，当然就是王政君。至于"阴精女主圣明之祥"，是指王政君母亲李氏怀孕时，"梦月入其怀"。[89]就连哀帝时期由讹言引发的传行西王母筹，也被论述为王政君将成为国母的符瑞。更重要的是，《河图》《洛书》等"古谶"已预言太皇太后安定帝室之功，至今果然应验。至此生出神话、祥瑞、符命等天命符号，一应俱全。而王氏显贵、王莽居摄,都出自这样一位深受上天宠信的太皇太后之诏命。这自然是王莽禅汉合法性的第一重论据。

"帝王受命,必有德祥之符瑞。"[90]"皇天降瑞,出丹石之符。"[91]王莽受命的第二重论述,就是采用大量对他自己有利的祥瑞和"符命"。符命或来自"神谕",或"浑然天成"地显示为石纹,或不知由何人刻在铜板铜璧上,内容都是王莽应该当皇帝。为了杜绝外间对这些"符命"真伪的质疑,他宣称所有符命均经过他自己和群臣的验证。例如巴郡石牛、雍石文,由他和太保安阳侯王舜等一起检视。刻有"太皇太后当为新室文母太皇太后"符命的铜璧,群臣检视后异口同声地说,"其文字非刻非画,厥性自然",当然不是人为伪造的。

在谶纬流行的汉代,社会各阶层对汉字的神秘性质相当敏感,对其预言能力有很深的信仰。建平二年(前5)六月,甘忠可弟子夏贺良等引述《赤精子谶》,建议哀帝改元易号,可借此再受命。哀帝因此下诏,改年号为太初元将元年,八月又废除此年号。王莽很有创意地破译说,"元将元年者,大将居摄改元之文也"[92]。也就是说,本为汉家再受命而命名的年号,结果一语成谶,预言了"大将"(王莽曾任职大司马)居摄改元,于今验矣。以年号为谶,在魏晋南北朝常见。这是一种偶然性、随机性强的谶言,有时因巧合而启示天意,言或有中,较"神谕""石文"更具说服力。王莽将哀帝年号解读为有利于己的谶言，很有前瞻意识。这可以看作王莽受命的第三重论述。

王莽对汉字的符号意义非常敏感，破译符号的联想能力也颇为可观。（他曾将甄寻手臂上的"天子"纹理解释为"一大子"或"一六子"，而"六者，戮也"）他即真后宣布——

> 今百姓咸言皇天革汉而立新，废刘而兴王。夫"刘（劉）"之为字"卯、金、刀"也，正月刚卯，金刀之利，皆不得行。博谋卿士，佥曰天人同应，昭然著明。其去刚卯莫以为佩，除刀钱勿以为利，承顺天心，快百姓意。[93]

因为担心民众使用刀币，或正月佩戴刚卯（辟邪饰物，汉代流行）可能会联想到刘氏，王莽于是废除刀币，禁止佩戴刚卯。这也可看作一种文字镇厌巫术。

王莽受命的第四重论述，称王氏乃虞舜的苗裔[94]，而"汉家尧后，有传国之运"（眭弘语）。古史传说中的尧舜禅让，儒家传为美谈，汉禅于新，于史有据。

第五重论述，是尧、汉属火德，舜、新属土德，按谶纬五德运次，火生土，土承火。"武功丹石出于汉氏平帝末年，火德销尽，土德当代，皇天眷然，去汉与新。"[95]

所以王莽在汉高祖庙进行禅让受命仪式,特意选在丁卯日,因为"丁,火,汉氏之德也。卯,刘姓所以为字也。明汉刘火德尽,而传于新室也"[96]。

至于反莽势力,也往往引述谶纬,挑战或质疑王莽的受命论述。郅恽,汝南西平人,通《韩诗》《严氏春秋》,明天文历数。新莽末年,社会动荡,"盗贼群发"。郅恽仰观星象,认为"方今镇、岁、荧惑并在汉分翼、轸之域,去而复来,汉必再受命,福归有德。如有顺天发策者,必成大功"。于是他推却地方长官的任用,西至长安,上书王莽,警告说谶纬早已预言,"汉历久长,孔为赤制","刘氏享天永命",汉家还有机会再受命。臣下虽是您的子民,上天却是您的严父,您应该听从严父之教,顺应天意。"神器有命,不可虚获",您应该"取之以天,还之以天",早点将神器归还汉家,尚不失为"知命",否则"不免于窃位"之污名。[97]

王莽当然大怒,即命将其捕入诏狱,控以大逆不道罪。但郅恽的论述皆本谶纬,谶纬则是王莽受命论述的理论依据,难以据此定罪。王莽于是示意黄门近臣威胁郅恽,让他承认自己"狂病恍忽,不觉所言",郅恽"乃瞋目詈曰:'所陈皆天文圣意,非狂人所能造。'"[98]。王莽对之无可奈何,郅恽会赦得出,南遁苍梧。

新莽末年,天水大族隗嚣(?—33)聚众反莽。他听从军师方望的建议,立庙奉祀汉高祖、汉文帝、汉武帝,

表示效忠汉室,并移檄郡国,讨伐王莽:

> 故新都侯王莽,慢侮天地,悖道逆理。鸩杀孝平皇帝,篡夺其位。矫托天命,伪作符书,欺惑众庶,震怒上帝。反戾饰文,以为祥瑞。戏弄神祇,歌颂祸殃。楚、越之竹,不足以书其恶。天下昭然,所共闻见。[99]

隗嚣檄书中的"伪作符书""戏弄神祇",都是指斥王莽伪造符命神谕、欺骗民众,他与郅恽一样,公然挑战王莽"受命"论述的合法性。而朝野间,私下引述谶纬、质疑王莽受命的更是大有人在。如卫将军王涉的门客道士西门君惠,"好天文谶记"。他曾告诉王涉,"星孛扫宫室,刘氏当复兴,国师公姓名是也"[100]。王涉受其鼓动,联络大司马董忠、国师公刘秀(即刘歆),意图绑架王莽,若其投降义军则可保全王氏宗族,然事败自杀。

### (二)"刘秀发兵捕不道":光武帝刘秀受命与谶纬论述

新莽末年,群雄并起,逐鹿中原。当时人心思汉是大潮流,多股军事势力奉刘氏宗室或冒认的宗室为主,也有不少地方割据集团以"辅汉"为旗号。但经过西汉中后期"汉有传国之运""汉运中衰"思潮的洗礼,王莽"火德销尽,土德当代"论述的冲击,刘汉皇权的合法性已然受到严峻的挑战。

例如刘秀称帝后，割据陇西的隗嚣不甘臣服，虽采用建武年号，却派辩士张玄游说镇守河西五郡的窦融（前16—62），"今豪杰竞逐，雌雄未决，当各据其土宇，与陇、蜀合从，高可为六国，下不失尉佗"，建议各自维持割据局面。张玄的说辞，起首便强调"更始事业已成，寻复亡灭，此一姓不再兴之效"[101]。这一论述衍生自"汉运中衰""火德销尽"，试图从根本上颠覆汉家再受命的信仰。

而称帝西蜀的公孙述，也以谶纬的"五德之运，黄承赤而白继黄，金据西方为白德，而代王氏，得其正序"[102]论述，挑战刘秀的合法性地位。

刘秀于哀帝建平元年十二月甲子生于济阳，虽然"刘秀当为天子"的谶言当时已开始流传，但据《后汉书·光武帝纪论》，秀之得名源自当年济阳县界有嘉禾生，一茎九穗，而非为了应谶。[103]新莽末年，刘氏兄弟未起兵前，刘秀曾与兄长刘縯、姊夫邓晨在宛城与穰人蔡少公等宴饮闲谈。少公颇学图谶，提及"刘秀当为天子"。席中有人问："是国师公刘秀乎？"刘秀半开玩笑地说："何用知非仆邪？"坐者皆大笑。[104]从这则叙事来看，刘秀本人和在场宾客（除了邓晨），都没有认真地看待刘秀名应图谶。就连颇学图谶的蔡少公，也没有注意到这两者间的联系。

但至刘縯被杀、更始失众人心，萧王刘秀经营河北，

"跨州据土,带甲百万",《赤伏符》"刘秀发兵捕不道"的谶言再次吸引世人的关注。更始被赤眉杀死后,刘秀部将纷纷劝进。当刘秀行军至鄗城,他年轻时在长安求学的同舍生强华自关中来献《赤伏符》,曰:"刘秀发兵捕不道,四夷云集龙斗野,四七之际火为主。"[105]刘秀终于决定接受部将的劝进,是年六月,即皇帝位,其祭祀群神的祝文说:

> 皇天上帝,后土神祇,眷顾降命,属秀黎元,为人父母,秀不敢当。群下百辟,不谋同辞,咸曰:"王莽篡位,秀发愤兴兵,破王寻、王邑于昆阳,诛王郎、铜马于河北,平定天下,海内蒙恩。上当天地之心,下为元元所归。"谶记曰:"刘秀发兵捕不道,卯金修德为天子。"秀犹固辞,至于再,至于三。群下佥曰:"皇天大命,不可稽留。"敢不敬承。[106]

很显然,《赤伏符》谶言在刘秀受命论述中占有重要地位。窦融及河西豪杰、郡守集议,最后决定拒绝隗嚣"与陇、蜀合从"的提议,"决策东向",归顺光武帝,最重要的三个考虑:一是"汉承尧运,历数延长。今皇帝姓号(刘秀)见于图书",即据《赤伏符》,刘秀有受命之征;二是"自前世博物道术之士谷子云、夏贺良等,建明汉有再受命之符,言之久矣",而非张玄说的"一姓不再兴"；三是"以人事论之：今称帝者数人，而洛阳土地最广，甲兵最强，号令最明。观符命而察人事，它姓殆未能当也"[107]。从君权神授合法性到政治力量对比之现实，论述得非常精当。

**（三）"王者兴祚，非诈力所致"**

秦末汉初的社会政治语境中，流行"布衣而有天下""王侯将相宁有种乎"的论述。汉高祖"以匹夫起事，角群臣而定一尊……其徒亦自多亡命无赖之徒"[108]。但随着宗室、外戚、豪族、官僚世家世代蚕食、分割政治经济文化资源，布衣君臣的政治格局逐渐褪色，以家世、门阀对接天命符应，成为两汉时期皇室权贵维持特权正当性的必备论述。即东汉史学家班彪（3—54）所说，一是"帝王之祚，必有明圣显懿之德，丰功厚利积累之业……未见运世无本，功德不纪，而得屈起在此位者也"[109]；二是"汉德承尧，有灵命之符，王者兴祚，非诈力所致"[110]。因此，王莽必须费尽心血，建构其受命论述。东汉则确立了"刘承尧统，旷世继德，有蛇龙之征，致云彩之应，五纬上聚，天人俱协"的符应受命观。[111]

范晔《后汉书·袁术传》论曰：

> 天命符验，可得而见，未可得而言也。然大致受大福者，归于信顺乎！夫事不以顺，虽强力广谋，不能得也。谋不可得之事，日失忠信，变诈妄生矣。况

复苟肆行之,其以欺天乎!虽假符僭称,归将安所容哉![112]

时论认为,未获天命认可,却非要逐鹿中原的狂狡之徒,绝不可能侥幸成功,只是累人累己,身死名颓,殃及九族。

然而当群雄逐鹿、尘埃未定之际,天命之归属如何辨认呢?谶纬五德历运论述,为皇朝更迭的合法性论证设定了定式化的程序,有无谶言的支持遂成为验证帝王受命合法性的论据之一。

## 五、谶言信仰与汉代社会心态

### (一)功利性的策略考量

人们相信谶言,本应该是因为它具有神秘难测的预言能力,因而成为传达天启信息的超自然符号。但既然它与政治沾上边,在权力斗争中拥有难以估量的影响力,也就不可避免地会牵涉种种利益。许多政治势力和个人,在面对谶言时,难免产生实用主义式的策略考量。

王莽步上最高权力的符命之路的第一块垫脚石,来自武功白石:

前辉光谢嚣奏武功长孟通浚井得白石,上圆下方,有丹书著石,文曰:"告安汉公莽为皇帝。"符命之起，自此始矣。莽命群公以白太后，太后曰："此诬罔天下，不可施行！"太保舜谓太后："事已如此，无可奈何，沮之力不能止。又莽非敢有它，但欲称摄以重其权，填服天下耳。"太后听许。[113]

王太皇太后虽然重用王莽，但作为汉元帝的皇后、汉成帝的母亲，她对刘汉皇室保持忠诚，并无转移汉祚的居心。废除汉室，也不符合她的个人利益。白石丹书出世，她立即明白，这种作伪手法岂能骗过天下人？但王莽在朝野经营数年，羽翼已丰，"事已如此，沮之力不能止"，王莽当时又"非敢有它"，"称摄"而已。王太皇太后在无可奈何之下，同意王莽称摄。此步一退，王莽步步紧逼，汉运之衰，一叶知秋。

从史书的叙述可以很清楚地看到，当时朝野上下都心知肚明，王莽推动的一系列"符应"多属伪冒假劣。但太皇太后装聋作哑，"群公"纷纷为之背书，地方官及民间人士抢不迭地争献符命，博取利禄。[114]"谈说之士用符命称功德获封爵者甚众。"[115]"是时争为符命封侯，其不为者相戏曰：'独无天帝除书乎？'"[116]就连王莽亲信大臣司命陈崇也看不下去了，对王莽说："此开奸臣作福之路而乱天命，宜绝其原。"[117]

前面提到，新莽末年，割据陇西的隗嚣立庙奉祀汉高祖、汉文帝、汉武帝，以示效忠汉室。隗嚣的这一举措，受教于他的军师方望：

> 足下欲承天顺民，辅汉而起，今立者乃在南阳，王莽尚据长安，虽欲以汉为名，其实无所受命，将何以见信于众乎？宜急立高庙，称臣奉祠，所谓"神道设教"，求助人神者也。[118]

隗嚣欲以尊崇汉室的方式，笼络人心，展示其"辅汉"反莽的立场。这则"神道设教"的权宜设计，与王莽以伪造符命建构受命论述的心态，大同小异。

东汉光武帝凭借谶言赢取舆论支持，即位后，曾因谶文有"孙咸征狄"，"用平狄将军孙咸行大司马"，令"众咸不悦"。[119] 后光武帝又因《赤伏符》曰"王梁主卫作玄武"，越级提拔野王令王梁为大司空。[120] 东汉当局对谶纬的推崇和提倡，不仅令热衷仕途者心存侥幸，连智识界人士也趋之若鹜。"士之赴趣时宜者，皆骋驰穿凿，争谈之也。"[121]"故后世争为图纬之学，以矫世取资。"[122] 学者尹敏直斥谶纬之妄，光武帝不为所动，结果前者也乘编校谶纬文本之便，私自增加文字"君无口，为汉辅"，意图博取升迁。

## （二）谶言信仰心态试析

观察汉代社会中谶言的出现、流传和应用，处处可见策略性的盘算、现实政治的考量、人为操弄的痕迹，以及荒诞无稽的迷信。当时的智识界也不乏对谶言的理性批判和质疑。[123]但仅从政治功利或荒诞迷信角度分析汉代的谶言信仰心态，未免简单化了。就算多则谶言是伪冒产品，但作伪之必要以及谶言在当时政治斗争中所发挥的实际作用，已经显示出谶言在争取当时人心理认同中的特殊价值，也就是说，社会上确实存在着广泛的谶言信仰。

即便是作伪者和心存侥幸者，仍然可能对谶言存有信仰或敬畏之心。如王莽的受命论述，是由无数人为操作的"符命"建构而成，王太皇太后指其"诬罔天下"，他自己心里其实也很明白。但他废除刀币、禁佩刚卯，"以钱文有金刀，故改为货泉"[124]，"以王况谶言荆楚当兴，李氏为辅，欲厌之，乃拜侍中掌牧大夫李棽为大将军、扬州牧，赐名圣，使将兵奋击"[125]。在在显示他对汉字乃至谶言的神秘象征能力，确实心怀恐惧。地皇四年（23）六月，新朝大军败于昆阳，"莽军师外破，大臣内畔，左右亡所信"[126]。王莽"自知败，乃率群臣至南郊，陈其符命本末，仰天曰：'皇天既命授臣莽，何不殄灭众贼？即令臣莽非是，愿下雷霆诛臣莽！'因搏心大哭，气尽，伏而叩头"[127]。十月，赤眉军攻入长安，王莽在群臣扶持下，避入未央宫渐台，临死之前，"犹抱持符命、威斗"[128]。王莽自己伪造的"符命"，最后真的成为他虔诚信仰全心依赖的天命象征。

谶言在光武帝刘秀受命论述中也占有重要地位。光武帝不仅凭借谶言赢取舆论支持、强化己方的信心、说服群众，也依赖谶言决定一些纷争和犹豫不决的事情[129]，包括据谶言任用高级官员。

"闻道术之士西门君惠、李守等多称谶云：'刘秀为天子。'自光武为布衣时，数言此，及后终为天子，故甚信其书。"[130]据史籍的叙述，光武帝真心信仰谶言，而且学习谶言文本的态度极其认真。建武十七年（41）二月乙未晦，日食。"上以日食避正殿，读图谶多，御坐庑下浅露，中风发疾，苦眩甚。左右有白大司马史，病苦如此，不能动摇。"[131]光武帝不但自己苦读谶书，还与亲信臣属共同研读。[132]

光武帝中元元年"宣布图谶于天下"，一般被认为东汉帝王提倡谶纬的证据。但图谶从西汉后期至东汉初在社会上已流传极广，专攻的学者也很多，何须"宣布"然后才能推广于天下？实际上，光武帝即位后就令薛汉、尹敏等人"校定图谶"，删除新莽时期骑都尉崔发等为王莽编辑著录的符命谶言[133]，对不利于东汉皇室的内容加以删削、修订，三十年后才把整理好的内容"宣布于天下"，目的是要令谶纬文本定型化，从而杜绝伪造谶文图谋不轨的流弊。这也从反面证明，光武帝面对谶言如临深渊、如履薄冰的信服与恐惧心态。

《后汉书·张衡传》说："初，光武善谶，及显宗、肃宗因祖述焉。"[134]从史籍看，明、章两帝之善谶，又不止

"祖述"而已。

《东观汉记·明帝纪》:

> 孝明皇帝尤垂意于经学,即位,删定拟议,稽合图谶,封师太常桓荣为关内侯,亲自制作五行章句。每飨射礼毕,正坐自讲,诸儒并听,四方欣欣。是时学者尤盛,冠带搢绅游辟雍而观化者以亿万计。[135]

《后汉书》所载明帝、章帝的诏书,也经常引述谶纬作为其政治、礼制论述的依据。

明章之后,如和帝(88—105年在位)去世后被尊为皇太后的邓绥(81—121),临朝听政,摄政达16年。她"自入宫,遂博览五经传记,图谶内事,风雨占候,老子、孟子、礼记月令、法言,不观浮华申韩之书"[136]。安帝永初三年(109),太白入斗,洛阳大水,邓太后派中常侍咨询谶纬名家杨厚。杨厚建议:"诸王子多在京师,容有非常,宜亟发遣各还本国。"邓太后听从他的建议,太白星寻灭不见,大水也如期消退,皆如杨厚之预言。[137]永初六年(112),邓太后又通过安帝下诏,以"建武元功二十八将,佐命虎臣,谶记有征","而或至乏祀",令"二十八将绝国者,皆绍封焉"。[138]

新莽末曾与刘秀争夺天下的公孙述和东汉末与群雄逐鹿中原的袁术,都是谶言的虔信者。破译隐语式谶言如"废昌帝，立公孙"和"代汉者当涂高"时，他们都有自我对号入座的心理倾向。东汉初，新城有"山贼"张满，"祭祀天地，自云当王"。建武三年（27）春，征虏将军祭遵（？—33）破其城，擒张满，张满大叹："谶文误我！"[139]张满所信谶文，内容已不得而知。既然事败，则谶言无验，只能算作妖言，或者是张满误解了谶言。但张满信仰谶文的诚意，毋庸置疑。

谶言信仰不仅在高层权力争夺中流行，在社会生活中也很普遍。新莽末年，有北海人逄萌，家贫，曾任亭长，后去长安，习《春秋》。逄萌素明阴阳，知莽将败，于是头戴瓦盆，哭于市曰："新乎新乎！"[140]与此故事异曲同工者，东汉末董卓应大将军何进（？—189）之邀，入洛阳兵谏。他进京后，废立皇帝，独揽军政。司徒王允与董卓部将吕布及仆射士孙瑞密谋诛卓。有人书"吕"字于布上，负而行于市，歌曰："布乎！"有告卓者，卓不悟。[141]类似的传言在社会动乱时常会浮现，尤其是作为重大事件过后的一种"解释"时。值得注意的是，汉魏史家将它们视为隐语式谶言，著录于史册。

东汉建武初，匈奴不断南侵，光武帝令："造战车，可驾数牛，上作楼橹，置于塞上，以拒匈奴。"人们见到后，相互交谈说："谶言汉九世当却北狄地千里，岂谓此邪？"至建武二十四年（48），匈奴分裂为南北两部，南匈奴单于向汉廷示好，"愿永为蕃蔽，扞御北虏"。二十五年，南匈奴大败北匈奴,"北单于震怖,却地千里"[142]。人们认为,"汉九世当却北狄地千里"的谶言至此应验。

山阳人单飏,明天官、筹术,曾任太史令、侍中、汉中太守,后拜尚书,卒于官。灵帝熹平(172—178)末年,有黄龙见于谯[143]——

> 光禄大夫桥玄(109—183)问飏:"此何祥也?"飏曰:"其国当有王者兴。不及五十年,龙当复见,此其应也。"魏郡人殷登密记之。至建安二十五年春,黄龙复见谯,其冬,魏受禅。[144]

建安二十五年(220),曹操卒,汉献帝禅位于曹丕。熹平末至建安二十五年,时隔约四十余年。

董扶,汉末蜀地谶纬学大师,曾师从同郡杨厚,还家讲授,弟子自远而至。灵帝时,曾征拜侍中,甚见器重。董扶私下对宗室、太常刘焉(?—194)说:"京师将乱,益州分野有天子气。"[145]刘焉相信他的预言,遂求出为益州牧。一年后,灵帝崩,天下大乱,刘焉乘势割据益州。只是"天子气"最后并未应验在刘焉,而应在刘备。

这些谶言在民间或私人之间流传多年,各有其信众。

记录东汉灾异妖变的《后汉书·五行志》,常以谶言结合政事,解释灾异发生的原因,也视灾异为谶言的验证,如:

安帝永初元年冬十月辛酉，河南新城山水虣出，突坏民田，坏处泉水出，深三丈。是时司空周章等以邓太后不立皇太子胜而立清河王子，故谋欲废置。十一月，事觉，章等被诛。是年郡国四十一水出，漂没民人。谶曰："水者，纯阴之精也。阴气盛洋溢者，小人专制擅权，妒疾贤者，依公结私，侵乘君子，小人席胜，失怀得志，故涌水为灾。"[146]

……

和帝永元四年六月丙辰，郡国十三地震。《春秋·汉含孳》曰："女主盛，臣制命，则地动坼，畔震起，山崩沦。"是时窦太后摄政，兄窦宪专权，将以是受祸也。后五日，诏收宪印绶，兄弟就国，逼迫皆自杀。[147]

范晔《后汉书》诸志并未完成，今存《后汉书》诸志乃梁刘昭取自西晋司马彪（243—306）《续汉书》，而其《五行志》乃将应劭、董巴、谯周"并撰建武以来灾异""合而论之"的产物。[148]所以以上引论述，反映出东汉后期至魏晋史学界、谶纬学界有关谶言与社会政治关系的认识，及他们对谶言预警和象征能力的认可。

另一位东汉末的大学者——经学、纬学大师郑玄，于献帝建安五年春，梦见孔子对他说："起，起，今年岁在辰，来年岁在巳。""既寤，以谶合之，知命当终，有顷寝疾。"[149]可知于社会生活、政治生活之外，谶言信仰也已渗透人们的日常生活。

新莽末，占据河西的窦融主动放弃割据，于建武五年（29）归附光武帝，深得光武帝的赏识。窦氏一门贵宠，号称"一公、两侯、三公主、四二千石"。窦融揣摩透了光武帝信谶、重谶而又不愿贵臣世家通谶的复杂心理，向光武帝表白自己不许儿子"观天文、见谶记，诚欲令恭肃畏事，恂恂循道，不愿其有才能"[150]，以此邀宠避祸。而光武帝也并没有像对尹敏、郑兴那样斥责窦融，此中的奥妙是可以想见的。[151]

上文提到过最早破译"代汉者当涂高"谶言的蜀地谶纬学家周群，自少从父亲周舒（杨厚弟子）学习谶纬和占星，"专心候业。于庭中作小楼，家富多奴，常令奴更直于楼上视天灾，才见一气，即白群，群自上楼观之，不避晨夜。故凡有气候，无不见之者，是以所言多中"[152]。

成都人杜琼为杨厚的再传弟子，也同是纬学大师任安的高足，"精究安术"，"虽学业入深，初不视天文"，然而"不教诸子，内学无传业者"。他曾对后进的纬学大家谯周言及此中的苦衷："欲明此术甚难……晨夜苦剧，然后知之，复忧漏泄，不如不知。"[153]

由此可知，在东汉的日常生活中，人们对谶言既信仰，也畏惧。学习和破译谶言中的预言信息，是一种非常严肃、艰巨而又有政治风险的事业。

西周形成的天命观，涉及国家及个人两方面的命运。其涉及国家政治前途的观念，经过两汉儒家的丰富，再经谶纬家的敷衍，发展出一整套极具系统性的政治符号。这一符号系统，为中国古代最高权力形式上的合法交接提供了一个标准化的仪式，有助于凝聚和整合社会力量，减少皇朝更迭必然带来的社会震荡。但符号的意义和神圣性是人们赋予它的，一旦人们撤回赋予它的意义，整个仪式就会成为可笑的形式。谶言、符瑞等都有作伪的可能，许多时候也确有作伪的形迹，有些学者因而强调谶纬在当时作为政争武器的欺骗功用。但如果人人作伪，毫无信仰，只重实用，谶言必成为笑柄，绝无神圣性可言。它的符号象征意义又何在？它怎么能在政争中发挥影响？

史书中所记谶言，不少是事后补作的。当时的人们明知如此，却对谶言的兴趣和信仰不减，有其原因：时局愈不安稳，信心愈不足，愈想预知未来的结局。谶言中的西贝货固然不少，毕竟仍有灵验的真预言。有趣的是，越是流行的谶言，信仰者越多，越有应验的可能。谶言不同于上古皇室占卜神谕之处即在此：占卜是黑箱作业，结果只允许由极少数人诠释；谶言无论最初的作者是谁，必须在流传过程中受到考验，大家不愿信仰的谶言很快被淘汰，大家愿意信仰的谶言迅速流行，从而影响政治力量的对比。谶言在当时的社会、政治语境中有其不可替代、不可或缺的作用，也因此受到当时朝野上下大多数人的诚心信仰。

## 第二节 谶　谣

谶谣是谶言的一种表现形式，一般以童谣的面目出现。与第三章讨论的一般民间歌谣相比，谶谣看上去更像是娱乐性强的嬉戏儿歌，却往往被视为言语异常、暗藏天机、预言未来的隐语式谶言，所以被收入《五行志》，称为谣妖、诗妖。[154]

### 一、元、成时期谶谣

童谣型预言，在《左传》《国语》《史记·周本纪》《史记·晋世家》等史籍中已有记载，"明白无误地反映出先秦时代人们以谣为谶的观念"[155]。这些童谣型预言，在《汉书·五行志》中也被编入诗妖类。

《汉书·五行志》所记载的西汉时代之谶谣只有三则，都出现于元、成时期。

> 井水溢，灭灶烟，灌玉堂，流金门。[156]

这首童谣据说流行于元帝时。"井水溢，灭灶烟"是日常生活中可能发生也很常见的现象，童谣的描述，未必有特定的政治指向。[157]有学者认为元帝时宦官石显当权，政治异常黑暗，这首童谣显示，人民的愤怒可以颠覆封建统治者的"社稷",是难以遏制得住的。

依汉代流行的阴阳五行论述,井水属阴,灶烟属阳,所以"井水溢,灭灶烟"意象乃阴盛阳衰之征。在当时的政治文化语境中,阴盛阳衰象征女主、外戚、宦官擅权,或以下犯上、主弱臣强。

如宣帝作为落难王孙在民间生活时,已知道"霍氏尊盛日久,内不能善"[158]。宣帝即位后,表面上尊重信任霍光,然内心十分忌惮,与之同车时,"若有芒刺在背"[159]。霍光去世后,霍家与宣帝的关系日趋紧张,霍光诸子遭朝廷削权,霍光继室显梦府中多灾异,"井水溢流庭下,灶居树上"[160]。不久,霍家因密谋废天子事泄,遭族灭。

成帝建始二年(前31)三月戊子,北宫中井泉稍上,溢出南流,"井水溢"预言因而应验。《汉书·五行志》以为,"玉堂、金门,至尊之居",井水溢而灌玉堂、流金门,显然象征阴盛而灭阳,当有"宫室之应"。[161]成帝时重用太后家族王氏,赵飞燕姊妹专宠后宫,纵情声色,好微行。阴盛灭阳之征,如果应在成帝之世,也完全说得通。[162]但《汉书·五行志》认为,这则谶谣其实应验在数十年后的王莽篡汉。

> 燕燕尾涎涎,张公子,时相见。木门仓琅根,燕飞来,啄皇孙,皇孙死,燕啄矢。[163]

成帝在位时，常由富平侯张放陪伴[164]，微行出游，冒称富平侯家人，斗鸡走马，纵情声色。一次，成帝在阳阿公主处作乐，"见舞者赵飞燕而幸之"，召入宫立为皇后。飞燕孪生妹妹赵合德不久也入宫，被封为昭仪。飞燕姊妹未能生育，也不让其他妃嫔生育，毒杀有孕宫妃，残害皇子，令成帝无后。所以"燕燕尾涎涎"谣，很可能是一首叙事童谣，"一语双关地用燕子的一生来比喻赵飞燕由贫贱而富贵、又由盛到衰最后灭亡的故事"[165]，语带讥刺。《汉书·五行志》将该谣出现的时序定在成帝认识赵飞燕之前，于是它成了预言童谣。

邪径败良田，谗口乱善人。桂树华不实，黄爵巢其颠。故为人所羡，今为人所怜。[166]

这首童谣，批评"邪径败良田，谗口乱善人"的不良行为，并以桂树开花不结果、黄雀筑巢其上为喻，提醒做坏事者可能一时得逞，却不会有好结果。《汉书·五行志》认为这是一则隐语："桂，赤色，汉家象。华不实，无继嗣也。王莽自谓黄象，黄爵巢其颠也。"[167]即预言土德将取代火德。有学者推测，这是"有识之士对某些权臣的政治野心有所察觉，为了唤起人们的注意，而作的隐晦的预言"[168]，意即这是一则人为操作的谶谣。笔者认为，该谣描述和批评的是社会生活中常见的现象，未必有特定的政治指向。《五行志》的破译，有其政治用意。

## 二、两汉之际谶谣

> 出吴门，望缇群。见一寒人，言欲上天；令天可上，地上安得民！[169]

这是新莽末年在天水地区流行的童谣，似乎在讥刺"不自量力的狂妄分子"[170]。吴门，冀县（今甘肃天水甘谷县）城门。缇群，山名，在甘肃。寒人，跛脚之人。《后汉书·五行志》指出，当时隗嚣刚起兵于天水，后来雄心渐长，欲为天子，其欲望最终破灭。隗嚣年轻时跛脚，所以这首童谣被视为讥刺隗嚣帝业不成的谶谣。

> 谐不谐，在赤眉。得不得，在河北。[171]

这首童谣于更始时在南阳流传。《后汉书·五行志》指出，"是时更始（刘玄）在长安，世祖（刘秀）为大司马平定河北。更始大臣并僭专权，故谣妖作也。后更始遂为赤眉所杀，是更始之不谐在赤眉也。世祖自河北兴"[172]。这应该是一首时政评论型歌谣，对时势有较准确的预测，遂成为应验的谶谣。

> 黄牛白腹，五铢当复。[173]

这首童谣流行于公元30年前后的蜀地。当时公孙述在蜀地称帝，建立大成政权。该谣从字面看，很具娱乐性，朗朗上口，通俗明了，以"黄牛白腹"为兴，可能反映了当地人心思汉的愿望。"五铢"指西汉通行的五铢钱，新莽时被废止，改用货泉；公孙述统治时，废铜钱，设铁官铸钱，当地的经济秩序因而受到扰乱。所以再现五铢钱的流通，象征着经济秩序的恢复。《后汉书·五行志》解释说："时人窃言王莽称黄，述欲继之，故称白；五铢，汉家货，明当复也。述遂诛灭。"[174]黄牛暗喻王莽，因为王莽自承土德，色尚黄；白腹暗喻公孙述，因公孙述自承金德，色尚白。

### 三、桓、灵时期谶谣

> 小麦青青大麦枯，谁当获者妇与姑。丈人何在西击胡，吏买马，君具车，请为诸君鼓咙胡。[175]

这是一首控诉战争带给人民沉重灾难的反战童谣。[176]桓帝后期，汉羌战事频繁，"男人大批出征，妇女担任收割"[177]。《后汉书·五行志》序此于桓帝初期，显然是想凸显其预言性。以其社会批判意识之浓烈，其实放在哪个战乱时代，都有"预见性"。

> 城上乌，尾毕逋。公为吏，子为徒。一徒死，百

乘车。

车班班,入河间。河间姹女工数钱,以钱为室金为堂。石上慊慊舂黄粱。

梁下有悬鼓,我欲击之丞卿怒。[178]

这也是一首社会批判意识浓烈的童谣。第一段说君主只知聚敛财富,遇有战事则大量征役,父子都要出征,前线士卒死亡,后方陆续开拔;第二段说河间母子(指后来的灵帝及其母亲董太后)的奢侈贪婪;最后一段说民众怨愤,要击鼓请愿,却惹来主事者的嫌恶。[179]《后汉书·五行志》序此于"桓帝之初",也是想凸显其预言性质,因为童谣第二段的批判对象,主要是灵帝母子:

案此皆谓为政贪也。城上乌,尾毕逋者,处高利独食,不与下共,谓人主多聚敛也。公为吏,子为徒者,言蛮夷将畔逆,父既为军吏,其子又为卒徒往击之也。一徒死,百乘车者,言前一人往讨胡既死矣,后又遣百乘车往。车班班,入河间者,言上将崩,乘舆班班入河间迎灵帝也。河间姹女工数钱,以钱为室金为堂者,灵帝既立,其母永乐太后好聚金以为堂也。石上慊慊舂黄粱者,言永乐虽积金钱,慊慊常苦不足,使人舂黄粱而食之也。梁下有悬鼓,我欲击之丞卿怒者,言永乐主教灵帝,使卖官受钱,所禄非其人，天下忠笃之士怨望，欲击悬鼓以求见，丞卿主鼓者，亦复诣顺，怒而止我也。[180]

以谶谣视之，则"一徒死"或指桓帝，因"帝贵任群阉，参委机政，左右前后莫非刑人，有同囚徒之长"；"百乘车"[181]，指灵帝；"车班班，入河间"，指桓帝驾崩，朝廷遣使"征灵帝者，轮班拥节入河间也"[182]。这则谶谣可能由有识之士在灵帝之世利用现成童谣改编而来。

游平卖印自有平，不辟豪贤及大姓。[183]

桓帝延熹（158—167）末年，拜窦皇后之父窦武（？—168，字游平）为城门校尉。至灵帝世，窦太后称制，窦武拜大将军，与太傅陈蕃合作，重用李膺、杜密、刘猛等党人，谋除宦官，得到士大夫、官僚集团的拥护，史称"惟德是建，印绶所加，咸得其人，豪贤大姓，皆绝望矣"[184]。此谣应是对窦武及党人的赞赏，也有可能出自党人之手。《后汉书·五行志》序此谣于"桓帝之初"，"游平卖印"遂成预言。

茅田一顷中有井，四方纤纤不可整。嚼复嚼，今年尚可后年铙。[185]

这应该是一首描述农家生活的童谣，文义浅显，但经《后汉书·五行志》的破译，就成为一则语义晦涩的隐语式谶谣：茅喻贤者，井指法度。"茅田一顷中有井"，意为群贤众多，不失法度。"四方纤纤不可整"，喻奸恶之人当道，气焰大炽，大局已难以收拾。"嚼复嚼者，京都饮酒相强之辞也。言食肉者鄙，不恤王政，徒耽宴饮歌呼而已也。""今年尚可"者，今年虽然党人遭禁锢，还未到最坏的局面。"后年饶"者，陈蕃、窦武将被诛，"天下大坏"。[186]

陈、窦被诛，事在灵帝建宁元年（168）。此谣被序于"桓帝之末"，以符合其谶谣之性质。

> 白盖小车何延延。河间来合谐，河间来合谐！[187]

桓帝于永康元年（167）十二月二十八日驾崩，无子。窦太后随即临朝听政，与其父城门校尉窦武定策禁中，迎立河间孝王刘开的曾孙、解渎亭（属饶阳河间县）侯刘宏，是为灵帝。据《后汉书·灵帝纪》，朝廷派守光禄大夫刘儵持节，率左右羽林，前往河间奉迎刘宏。窦武持节，在夏门亭以诸侯王规格的青盖车迎其入殿中。[188]

白盖车，按东汉舆服制度，一是用于简易的送葬仪式，一是用作近小使车，"追捕考案，有所敕取者之所乘也"[189]。《后汉书·五行志》之"使者与解渎侯皆白盖车从河间来",有学者解释说"时为桓帝奔丧,故车皆白盖"[190],或说白盖小车是送葬的车,白盖象征死亡、期待灵帝的不幸[191],皆不合情理和礼制。

一个比较合理的解释是,这则童谣所描述的只是当时社会生活的一个场景,与奉迎刘宏的车队并无关联。《后汉书·五行志》将此谣序于桓帝之末,又曲折地将之"破译"为隐语式谶谣,为刘宏登基的合法性提供一个解释。

### 四、灵、献时期谶谣

> 侯非侯,王非王,千乘万骑上北芒(邙)。[192]

中平六年(189)三月,灵帝驾崩。八月,大将军何进、司隶校尉袁绍(？—202)等密谋诛杀宦官,事泄,为中常侍张让、段珪等所杀。与何进同谋的虎贲中郎将袁术火烧东、西宫,攻打宦官。张让、段珪等挟持少帝刘辩(176—190)、陈留王刘协(181—234)及公卿百官,逃往北邙山。董卓等率军追寻其后,诸宦官或被杀,或投水,公卿以下与董卓共迎少帝、陈留王于北邙山下。数月后,少帝被董卓废黜,刘协被立为帝,即献帝。"侯非侯"谣应该是对少帝、献帝这段遭遇的追述。《后汉书·五行志》序其于"灵帝之末",意为该谣在灵帝驾崩前已预言这一场宫廷政变以及刘协将登帝位。

> 承乐世董逃，游四郭董逃，蒙天恩董逃，带金紫董逃，行谢恩董逃，整车骑董逃，垂欲发董逃，与中辞董逃，出西门董逃，瞻宫殿董逃，望京城董逃，日夜绝董逃，心摧伤董逃。[193]

这是一首五言十三句的童谣，其形式相当罕见。崔豹《古今注》："《董逃歌》，后汉游童所作也。"[194]很可能，这首童谣早于董卓进京已经在洛阳流行。"董逃"缀于每句句尾，其作用可能相当于音节后缀助词或拟声助词[195]，与董卓姓氏本无关系。但"董卓以董逃之歌，主为己发，大禁绝之，死者千数"[196]，又令改"董逃"为"董安"[197]。《后汉书·五行志》破译"董逃"之"董"为董卓，"言虽跋扈，纵其残暴，终归逃窜，至于灭族也"[198]。无论"董逃"本来是否有预言董卓将逃窜的意思，董卓的敏感或过敏反应，其实已有助于推动该谣的传播以及激发大众对董卓即将败亡的热切期待。

> 千里草，何青青。十日卜，不得生。[199]

这是一首诅咒兼隐语（拆字式字谜）谶谣。"千里草"的谜底是"董"，"十日卜"的谜底是"卓"。《后汉书·五行志》序此于"献帝践祚之初"，正值董卓擅权跋扈之时。它可能是有识之士造作，教儿童歌颂，也可能由民间自发创作。有学者认为，指名指姓、兴亡年代一一如谶的童谣，决不可能产生在事变之前。拆字、谐音式童谣，很多是后人编造的。[200]但以董卓统治时期之倒行逆施，他被刺杀后，"士卒皆称万岁，百姓歌舞于道。长安中士女卖其珠玉衣装市酒肉相庆者，填满街肆"[201]，像"千里草"谣这样大快民心的诅咒，完全可能在董卓被杀之前已在民间传播。

> 燕南垂，赵北际，中央不合大如砺，唯有此中可避世。[202]

这首童谣据说流行于献帝初年。当此"四方震骇，寇贼相扇，处处麇沸"[203]之际，天下虽大，避难的净土何处去寻？类似"燕南垂"谣这样梦想有一片和平安定乐土的民众心声，各地当不在少数。公孙瓒（？—199）在献帝初年据有幽州、封易侯，与据有冀州的袁绍积怨甚深，交战多年。他听闻这首童谣后，认为易地（战国古邑，在今河北雄县西北，汉置易县）正是童谣预言可以避世的所在，于是修筑易京，"修城积谷，以待天下之变"[204]。建安三年（198），袁绍攻打公孙瓒，围困易京。四年，破易京，公孙瓒败亡。

《后汉书·五行志》刘昭注："初，瓒破黄巾，杀刘虞，乘胜南下，侵据齐地。雄威大振，而不能开廓远图，欲以坚城观时,坐听围戮,斯亦自易地而去世也。"[205]灵帝末公孙瓒初出道时,在辽东属国长史任上镇压乌桓,获"白马长史"威名;之后破青州黄巾,一度控制今辽宁、河北、山东、河南、江苏等地区,自署三州刺史,成为北方最强大的军阀之一。后公孙瓒杀其上司幽州牧刘虞,占有幽州全境。但修筑易京以后,他"不能开廓远图,欲以坚城观时,坐听围戮",终致失败。不知公孙瓒对"燕南垂"谣的信仰,是否对他后期政治军事策略的选择产生了影响?

更妙的是裴松之《三国志注》对此事的评论:"臣松之以为童谣之言,无不皆验;至如此记,似若无征。谣言之作,盖令瓒终始保易,无事远略。而瓒因破黄巾之威,意志张远,遂置三州刺史,图灭袁氏,所以致败也。"[206]裴松之认为,谶谣之预言一向灵验,独独"燕南垂"谣,似乎请君入瓮,为公孙瓒设了个陷阱,令他专心固守易京,无心进取,不图远略。这种解释有点老天爷搞阴谋论的味道,似乎天欲其亡,先夺其智。在笔者看来,倒不如说是公孙瓒自我对号入座,解错了"燕南垂"谣的真意。

**八九年间始欲衰,至十三年无孑遗。**[207]

刘表(142—208),汉宗室,东汉党人名士"八顾"之一。献帝初平元年(190)拜荆州刺史,初平三年拜镇南将军、荆州牧,至建安元年,"开土遂广,南接五领,北据汗川，地方数千里，带甲十余万"[208]。统治荆州十八年，"万里肃清，大小咸悦而服之"，"爱民养士，从容自保"[209]，"沃野万里、士民殷富"[210]。刘表死后，他的两个儿子及部将内讧，荆州最后为曹操所吞并。

这首童谣据说在建安初的荆州流传。童谣预言：建安八、九年间，荆州的好日子过去了；到建安十三年，就没有人能剩下了。《后汉书·五行志》解释："当始衰者，谓刘表妻当死，诸将并零落也。十三年无孑遗者，言十三年表又当死，民当移诣冀州也。"[211]刘表前妻何时去世，何时续娶蔡氏，史籍未载，但刘表于建安十三年去世，却是事实。如果此谣确在建安初已流传，则其谶言非常灵验。但更大的可能是，这只是荆州人在刘表死后的追述和哀叹。

### 五、谶谣的来源

汉代的谶谣，以前、后《汉书》的记载为依据，多"发生"并"流传"于西汉后期、两汉之际和东汉末年。其实，谣言（包括以民谣、童谣形式出现的谣言）应该是无时不在、无处不在的。编入两汉《五行志》的童谣，应该是经过选择、编辑之后剩下来的很小一部分。史家之所以选择这些童谣，一是因为它们与重大历史事件或人物的关联性，二是因为它们"预言"的"灵验性"。未曾应验的童谣，只是讹言、妖言，不能算谶谣。西汉后期、两汉之际和东汉末年，是两汉历史中社会政治最动荡、人心最不稳定的时期，人们对谶言的需求最殷切，而谶言在这种时刻也最活跃，影响社会政治的力度最强。汉晋史家选择记载这些谶言，是合情合理的。

笔者梳理两汉《五行志》关于入选谶谣的叙述和破译，发现其来源可以分如下几类：

**（一）诅咒批判型**

这一类童谣常常语含诅咒、讥刺，带有强烈的社会批判意识，如"出吴门""小麦青青""城上乌""千里草"等。

诅咒是一种心理宣泄行为，众人的诅咒（如东郡黔首刻石），或者是符合众人心理的诅咒（如伍子胥遗言、南公之言），表达的是众人的愤怒。"里谚曰：'千人所指，无病而死。'"[212]这种集体愤怒，就可能影响民心和舆论走向。

诅咒也与语言禁忌观念有关，"语言禁忌是建立在语言神秘感、语言魔力信仰基础上的。是一种潜藏在民俗文化之中的古老的巫术思维。当作诗者有意识地制造诗谶时，言语便赋予一种神秘的超自然的诅咒力量，能够毁伤仇人，达到自己的目的。诗与古老的巫术相通，便成为一种厌胜之法，成为一种咒语"[213]。于是，"千夫所指，其倾覆可立而期"[214]。

### (二)时政评论型

这一类童谣以民众或某个群体的眼光评论时事、社会现象、风气,讲述民间版本的历史。如"燕燕尾涎涎""谐不谐""侯非侯""黄牛白腹""八九年间始欲衰""游平卖印自有平"等,它们直接反映民众或某个群体对时事的看法和历史观,也常常做出预测、表达愿望。

诅咒型和时政评论型谶谣,有些能够反映群众情绪、心声,"裹挟着一种不可抗拒的社会力量,反映一种历史潮流,因而具有实现的可能性和必然性。所以才每每应验"[215]。

### (三)天启型

所谓天启型,是指即兴创作、本身不带特定政治目的的娱乐性民谣童谣,如"井水溢""邪径败良田""茅田一顷中有井""白盖小车何延延""承乐世""燕南垂"等。[216]

人们相信它们无意中泄漏天机,暗示、预告后来发生的历史事件。此类谶谣的特点是表达非常自然,初看不似"谶言"或"妖言",只是普通民谣、童谣,属于隐语式谶言。其隐含的天机,往往要在事后才能为人们所"领悟"或"破译"。

### (四)时效提前型

事前发出的预言和事后做出的追述及批判,各有其功能,性质却完全不同。谶谣应该是事前发出的预言,而事态的发展符合其预言。诅咒型、时政评论型童谣一般都是事后出现的，但这种批评、评论符合人们对事件的心理预期或所需要的解释，于是其时效被人们（或后来的撰史者）有意无意地提前，成了谶谣。两汉《五行志》的编序和撰述，正是这样处理的。

### 六、谶谣信仰论述

童谣为什么能够预言天意？童谣的预言为什么会应验？对裴松之来说，这根本不是一个问题："臣松之以为童谣之言，无不皆验。"信仰可以不需要理由，但作为研究汉代谶谣的笔者，必须问一个问题：中国古代的人们为什么会产生这样一种信仰？这种信仰在汉代语境中如何被论述？

#### （一）天籁说

前辈学者有云："谣谚皆天籁自鸣，直抒己志，如风行水上，自然成文，言有尽而意无穷，可以达下情而宣上德。"[217]"谣谚者，犹在未有文字之前，习于委巷下里，传于妇人孺子，人心之声，鸣其天籁，随机感触，独到真趣，人人舞蹈之，时时咏叹之。"[218]童谣尤其如此。

《孟子·离娄上》："有孺子歌曰：'沧浪之水清兮，可以濯我缨；沧浪之水浊兮，可以濯我足。'孔子曰：'小子听之！清斯濯缨，浊斯濯足矣，自取之也。'"[219]孺子歌，就是儿歌。其歌天真直白，似无深意，但孔子借此教育弟子做人的道理，即清者为尊、浊者为贱。

《战国策·齐策六》中讲道,田单计划攻打北狄,先去咨询鲁仲连。鲁仲连告诉他:"将军攻狄,不能下也。"田单很不服气:"臣以五里之城,七里之郭,破亡余卒,破万乘之燕,复齐墟。攻狄而不下,何也?"拂袖而去。结果,"三月而不克之也"[220]。齐国于是有童谣唱道:"大冠若箕,修剑拄颐,攻狄不下,垒于梧丘。"[221] "田单乃惧",再次请教鲁仲连,终于破狄。[222] 智者的指点曾受到忽视,童谣语含讥刺却令"田单乃惧"。

徐华龙在《中国歌谣心理学》中引述西方学者关于民谣的论述:"民间诗歌是自发的,天真的。人民只是在受激情的直接和立时的打动之下才歌唱。""因此格林兄弟可以肯定说,在民歌中他们没有发现一句谎话;维克多·雨果可以宣称,在《伊利亚特》中没有一个虚伪的形象。由于这种真实性和确切性,民歌获得了任何个人作品所不可能具有的历史的价值。"[223] 在中国古代,也有类似的论述。

如杜预(222—285)注《左传·僖公五年》的谶谣,解释说:

> 童龀之子,未有念虑之感,而会成嬉戏之言。似若有凭者。其言或中或否,博览之士、能惧思之人,兼而志之,以为鉴戒,以为将来之验,有益于世教。

孔颖达作了进一步发挥:

> 童龀之子,未有念虑之感,不解自为文辞,而群聚集会,成此嬉游遨戏之言。其言韵而有理,似若有神凭之者。其言或中或否,不可常用。博览之士及能惧思之人,兼而志之,以为鉴戒,以为将来之验,有益于世教。故书传时有采用之者。[224]

儿童尚未学习读书写字,但他们"对歌谣有一种特别的喜好,他们在摇篮里时,就受到母亲、祖母、外祖母所唱儿歌的熏陶","对客观世界充满奇异的想法,同时又极好模仿"。[225]当他们聚集在一起嬉耍玩乐时,就可能唱起一些有趣易懂押韵的歌谣。他们思虑单纯,没有杂念和现实利害之牵连,如果细细琢磨,所唱歌谣有时颇含深意。有的歌词成为谶言,后来居然应验了。博学卓识、深思熟虑之人,如果将这些谶谣及相关历史语境著录于典籍,可用作历史反思的借鉴,可用以验证世事发展的趋势,有益于世教。

(二)神凭-荧惑说

上引杜预、孔颖达的注疏,已经将童谣预言之"或中",归功于"似若有神凭之"。正如《论衡》所描述:"当童之谣也,不知所受,口自言之。口自言,文自成,或为之也。"[226]所以周作人说:"盖中国视童谣,不以为孺子之歌,而以为鬼神凭托,如乩卜之言。"[227]即童谣有意无意间泄露的天机,其实是上天或鬼神借儿童之口做出的启示。这种神秘主义式的论述，至迟在东汉已见诸文献。《论衡·订鬼篇》："世谓童谣，荧惑使之，彼言有所见也。"[228]《纪妖篇》："当星坠之时，荧惑为妖，故石旁家人刻书其石，若或为之，文曰'始皇死'，或教之也。"[229]

荧惑即火星，在中国古星神体系中属执法星官，主刑罚灾异。[230]当天下动乱之际，上天谴告，令荧惑附童子身，或指使儿童以童谣形式传播谶言，这在汉代是一种有说服力的论述。魏晋南朝之际，更演化出荧惑化身小童传播童谣的传说。

《晋书·天文志中》：

> 凡五星（岁、荧惑、填、太白、辰）盈缩失位，其精降于地为人。岁星降为贵臣；荧惑降为童儿，歌谣嬉戏；填星降为老人妇女，太白降为壮夫，处于林麓；辰星降为妇人。吉凶之应，随其象告。[231]

《晋书·五行志中》：

> 孙休永安二年，将守质子群聚嬉戏，有异小儿忽来言曰："三公锄，司马如。"又曰："我非人，荧惑星也。"言毕上升，仰视若曳一匹练，有顷没。[232]

据王子今的研究，童谣的天启预言信仰，与汉代礼俗仪式中"童男女"的文化象征意义密切相关。徐市寻海中神山,为什么带领"童男女"出海?西汉皇家神祀,为什么使"僮男僮女"歌唱?《后汉书》志五《礼仪中》载大傩逐疫表演,"选中黄门子弟年十岁以上,十二以下,百二十人为侲子"。《春秋繁露·求雨》中说到当时"春旱求雨"的仪式规程,有"小童八人,皆斋三日,服青衣而舞之"[233]。在这样的社会文化语境中,相信儿童歌谣时"似若有神凭之",也就不奇怪了。

(三)诗妖说

"诗妖"一词,始见于《汉书·五行志》所引《洪范五行传》:"言之不从,是谓不艾,厥咎僭,厥罚恒阳,厥极忧。时则有诗妖,时则有介虫之孽,时则有犬祸,时则有口舌之痾,时则有白眚白祥。惟木沴金。"[234]

所谓"诗妖",即以韵文形式出现的异常言论。[235]在《汉书·五行志》的论述架构中,属于"言之不从"的一种征兆。何谓"言之不从"?

> 言上号令不顺民心,虚哗愦乱,则不能治海内,失在过差,故其咎僭。僭,差也。刑罚妄加,群阴不附,则阳气胜,故其罚常阳也。旱伤百谷,则有寇难,上下俱忧,故其极忧也。君炕阳而暴虐,臣畏刑而柑口,则怨谤之气发于歌谣,故有诗妖。[236]

始自西汉今文《尚书》说和《汉书·五行志》，童谣、妖言、讹言，皆归类为诗妖。在上位者发号施令不顺众心却不知自省，反滥加刑罚、打压在下位者。从"洪范五行"学说的角度看，这是阳气过盛，在自然界会引起旱灾伤农；而在下位者畏惧刑罚，不敢说出反对意见，民怨就会以童谣的形式抒发出来。[237]

阳气过盛为什么会引发诗妖、童谣？按照《论衡》的解释，"世间童谣，非童所为，气导之也"[238]。这里所说的气，就是所谓阳气，《论衡》也称太阳之气。

> 天地之气为妖者，太阳之气也。妖与毒同，气中伤人者谓之毒，气变化者谓之妖。世谓童谣，荧惑使之，彼言有所见也。荧惑火星，火有毒荧。故当荧惑守宿，国有祸败。火气恍惚，故妖象存亡……《洪范》五行二曰火，五事二曰言。言、火同气，故童谣、诗歌为妖言。言出文成，故世有文书之怪。世谓童子为阳，故妖言出于小童。[239]

这里所说的"太阳之气"，虽然包含有阳光、太阳辐射之热气等物质性的概念，却更是具有阴阳五行符号意义的"阳气"或"极阳之气"。

阳气和妖言有何关系？《洪范》五行"火五事，二曰言，言火同气"之论述，王充是认同的。他更采纳当时民间流传的荧惑星下降人间、教儿童作歌谣之传说[240]，认为"童子为阳"，荧惑火星属阳气，言又与火"同气"，所以"妖言出于小童"，"童谣、诗歌为妖言"。妖气（太阳之气）在施放其"毒"时，有时"见其形，不施其毒"，有时"出其声，不成其言"，有时"明其言，不知其音"。"诗妖、童谣、石言之属"，就属于其中的"明其言者"。[241]

所谓"石言"，就是秦始皇三十六年（前211）陨石坠落，民众在石上刻文"始皇死而地分"。《史记》所记，有"荧惑守心。有坠星下东郡，至地为石"语。《论衡》叙曰：

> 当星坠之时，荧惑为妖，故石旁家人刻书其石，若或为之，文曰"始皇死"，或教之也。犹世间童谣，非童所为，气导之也。[242]
>
> 性自然，气自成，与夫童谣口自言，无以异也。当童之谣也，不知所受，口自言之。口自言，文自成，或为之也。[243]

照此论述，传诵歌谣的儿童和刻石的民众犹如梦游者，或后世的扶乩者一样，所诵所写，全不由己，充当着荧惑和阳气的传声筒。

## 第三节　谶言、谶谣也是谣言

人类的生存永远伴随着无穷尽的灾难，如战争、饥荒、瘟疫、地震、干旱、洪水等。当人类的能力不足以应对灾难时，将之归诸命运或视为超自然力量的惩罚，这些灾难在人们的心理上才变得可以承受。

既然灾难来自超自然力量，尝试与超自然力量沟通以预知未来、趋吉避凶，就成为人类的普遍愿望。在人类几大古代文明中，都出现了预言信仰。预言不同于预测，预测（prediction）必须根据事实、经验，凭理性和知识推测未来，而预言是指人类受到超自然力量启示，由此而发出的预示未来（或历史）事件发生、进程的言论信息。例如《圣经》中预言诗的内容，据说就与近东古代史上的亚述、巴比伦、波斯等帝国以及以色列的命运密不可分。[244]

预言的产生和表达有多种形态，在不同的文明、不同的时代中可能呈现为缤纷多彩的文化风貌。在古代地中海地区如古希腊、古罗马，占卜（divination, prognotisgation）和神谕（oracle）在日常生活和政治生活中扮演着重要的角色。[245] 而龟卜、筮占、占星、占梦等占卜术，在中国殷商、两周时期的政治生活和日常生活中曾非常流行。[246] 龟卜、筮占等术，多针对预设的问题，由卜者主动启动卜问程序，占卜结果以征兆、数字等符号形式随机呈现,例如甲骨灼纹、筮占卦序等。式占如五行、择日等,须用专用工具进行规则繁复的推演运算。星占、占梦等则是被动式占卜,卜人依据传统占书及其所受系统训练,诠释已发生的特异自然、人文现象之预兆意义。通过占卜求得的答案,是兆象(如龟兆、卦象),高度符号化,只有经过拥有专门知识的卜人的转译和诠释(如卜辞、卦辞),才能成为民众可以理解的预言。神谕则指特定的神职人士通过特定技巧进入狂喜状态(神灵附体)等方式,向神发问,代天发言。[247]

对预言所传达信息的信仰,源自对超自然力量的虔信,古代中国人一般相信自己的活动和命运受到超自然神灵的支配。在政治生活和日常生活中,人们广泛运用各种占卜方法,寻找超自然的启示,从中窥测神灵的旨意,或为自己的选择和决定提供心理的支持或正当性的证明。但秦汉以来,龟卜、筮占等逐渐从政治仪式和活动中淡出,更多地在日常生活中发挥其解惑决疑的作用。星占、式占等术则融入儒、道、阴阳诸家的神秘主义学说,构成天人感应宇宙观和天谴灾异论述。儒家知识精英精明地运用这一论述,将各种自然或超自然异象解释为天意的征兆,从而影响政治决策。到西汉后期,声称代言天命、预示皇朝存废及个人命运的大量政治预言开始在社会各阶层广泛传播。一些政治预言被称为谶言,与上述神秘主义儒家论述紧密整合,形成一系列的谶纬文本,构成随后几个世纪中国政治、社会、宗教生活中的主流话语体系。

汉代流行的谶言是一种以言辞或文字为载体的"不占"的政治预言,不需要经历特别的仪式和技巧的卜问,其含义一般也不需要由拥有专门知识和技能的术士来解码。神谕、卜辞是人们为了预知未来而采用种种方术、主动窥探天意所获的预言。谶言则往往是无心插柳、浑然天成。不少谶言用字用词或玄奥晦涩,或看似直白却语含双关,破译时迷雾重重,往往要到事后才会恍然大悟。[248]谶言之所以能预言未来,古人认为唯有冥冥中的灵感、上天不经意的启示,才能解释。

这一类的预言,与希伯来及早期基督教传统中先知(prophet)所传播的预言(prophecy)差可比拟。[249]两者间的主要差异之一,是希伯来及早期基督教传统中先知所传播的预言,在内容上道德批判的色彩浓厚,凸显宗教和道德诉求;而汉代的谶言则更着眼于世俗层面的政治斗争、政治人事、权力转移,凸显政治诉求。[250]当然,在关注当前社会重大议题,凭借神秘、超自然权威,树立代天立言的形象,以言辞为工具,批判、挑战现行权威和统治秩序,预告政治、社会未来发展的方向等方面,谶言与希伯来及早期基督教预言有不少共通之处。

另一个重要差异是希伯来及早期基督教传统中,先知(prophet)是上帝/神灵与民众之间不可或缺的沟通媒介,上帝/神灵必先令先知感知其意旨,然后向民众传播其预言（prophecy）。因此，希伯来、早期基督教传统中，一则预言的影响力、生命力，在相当程度上取决于相关先知即预言宣示者与上帝/神灵的个别关系，来自于该先知的声誉和资格。而汉代的谶言，其创作者或宣示者多半匿名，或伪托尧、老子、孔子、刘向等名人[251]，但其实往往是集体创作。匿名或假托不仅出于安全考虑，因中国谶言的影响力、生命力并非取决于创作者或传播者的声望或可信度，而是民众的接受度。

由于民间歌谣在古代中国的民本论述中享有特殊的地位，被视为上天能够听到并能够代天传达信息的声音，所以一些承载预言信息的童谣也被视为谶言的一种表达形式，即后世所谓"谶谣"。

汉代的谶言和谶谣，与被当局污名化、妖魔化的流言、讹言、妖言有不少相通之处。一些在民间、非主流渠道流传的言论信息，诅咒、讥刺、批判、评论时事时政的言论一般被标签为流言、讹言、妖言、谣言，但如其见解和推断有时与事态的发展相符，就成为谶言、谶谣。事实上，谶谣在两汉《五行志》的论述框架中，正是被界定为"谣妖""诗妖"。讹、妖、谶，有时只是一线之隔。流言、讹言、妖言、谶言、谶谣，都包括不少"不见源头，也不知尽头，来去如风"[252]的言论，更少不了人为操作或伪造的信息。

谶言、谶谣的独特之处，在于其借助汉字的特殊性，以谐音、离合、双关等修辞方式，增加语言的模糊性和抽象性，令"破译"者和受众享有足够的想象空间，从而释读出他们所期待的天启信息。[253]

成功的谶言、谶谣和受关注的流言、讹言、妖言一样，都着眼于众人关心的重要议题，在局势暧昧混乱、前景不明的语境中，以或尖锐、或含糊的语言，在群体中广泛传播某些难以在官方渠道求证的信息，并表达群体的倾向性意见或愿望。也就是说，谶言、谶谣所传达的与其说是天启预言，还不如说是人们对未来的期望，正如流言、讹言、妖言的受众和传播者所传播的，也非真相而是看法一样。在这个意义上说，谶言、谶谣虽然披有神秘的面纱，其实也是谣言的表现形式之一。

**注释：**

［1］《说文解字·言部》："谶，验也。从言，韱声。"［《续古逸丛书》本卷三上，据日本岩崎氏静嘉堂藏本影印（宋）徐铉校宋本《说文解字》，上海：涵芬楼，1919，第3a页；孙星衍校平津馆丛书覆宋本徐铉校《说文解字》卷三上，北京：中华书局影印，1985，第69页］段玉裁《说文解字注》卷三上作："谶，验也。有征验之书，河雒所出书曰谶。从言，韱声。"（许慎撰，段玉裁注：《说文解字注》，上海：上海古籍出版社，1981，第90下页）段氏称"有征验之书河雒所出书曰谶"十二字乃据《文选》中《鹏鸟》《魏都》二赋李善注补。徐承庆《说文解字注匡谬》指出："此十二字乃李善申言之，非《说文》，故其词繁简不同。"（转引自丁福保著：《说文解字诂林》，北京：中华书局，1988，第2911页）证诸《史记》卷八四《屈原贾生列传》司马贞《索隐》引述《说文》云"谶，验言也"（第2497页），徐承庆说可以成立，段注所补十二字非《说文》原文。

［2］《释名》卷六《释典义》第二十："其义纤微而有效验也。"（刘熙著：《四部丛刊初编》，上海：商务印书馆，1929）

［3］《仓颉篇》卷上："秘密书也。出河洛。"（《丛书集成初编》，上海：商务印书馆，1935—1937，第7页）

［4］《后汉书》卷五九《张衡传》，第1912页。

［5］永瑢、纪昀等编纂：《四库全书总目》卷六《经部·易类》六附录《易坤灵图》馆臣按语，北京：中华书局，1965，第47页。

［6］晁福林：《周太史儋谶语考》，《史学月刊》1993年第6期，

第21—27页。

［7］晁福林（1993），第21页。

［8］《史记》卷四三《赵世家》，第1786—1787页；卷一〇五《扁鹊仓公列传》"谶"作"策"。（第2787页）

［9］《史记》卷四三《赵世家》，第1788页。

［10］《史记》卷八四《屈原贾生列传》，第2497页。

［11］《汉书》卷四八《贾谊传》，第2226页。

［12］《史记》卷八四《屈原贾生列传》，第2497页。

［13］《史记》卷一二三《大宛列传》："天子（汉武帝）发书《易》，曰'神马当从西北来'。得乌孙马好，名曰：'天马'。及得大宛汗血马，益壮，更名乌孙马曰'西极马'，名大宛马曰'天马'云。"（第3170页）《汉书》卷六一《张骞传》叙述略同。（第2693—2694页）"发书《易》"，即以《易》类筮书占之。荀悦（148—209年）《前汉纪》卷一四《孝武皇帝纪五》作："太初四年（前101）初，上（武帝）发谶书曰：'神马当从西北来。'后得乌孙好马，名曰天马。及得宛马，马汗血，言其先天马子也。名曰天马，更名乌孙马曰西北极马。"此亦东汉视占筮书为谶书之一证。西汉中后期以后开始流行的谶纬系列文献，其中发挥"经义"的部分及多则政治谶言并不采取占筮书的形式。有趣的是，南宋以后出现的新型谶言结集，如《推背图》《马前课》，及各种庙宇宫观的签诗，又回复到占筮书的形式。

［14］《史记》卷四八《陈涉世家》，第1950页。

［15］《墨子·迎敌祠》："凡望气，有大将气，有小将气，有往

气,有来气,有败气,能得明此者,可知成败吉凶。"(孙诒让著,孙启治点校:《墨子间诂》卷一五,北京:中华书局,2001,第574页)西汉马王堆帛书中有《天文气象杂占》。汉代设有专掌观察云气、星象的望气、望气佐等职官,著名者有文帝时的新垣平、武帝时的王朔等。《史记》《汉书》中有不少汉初以望气占候的史例。如《汉书》卷八《宣帝纪》:"至后元二年,武帝疾,往来长杨、五柞宫,望气者言长安狱中有天子气,上遣使者分条中都官狱系者,轻重皆杀之"(第236页);卷九七上《外戚传》:"孝武钩弋赵倢伃,昭帝母也,家在河间。武帝巡狩过河间,望气者言此有奇女,天子亟使使召之。既至,女两手皆拳,上自披之,手即时伸。由是得幸,号曰拳夫人"(第3956页)。

[16]《史记》卷八《高祖本纪》,第348页。

[17]《史记》卷一〇六《吴王濞列传》,第2821页。

[18]《史记》卷一〇六《吴王濞列传》,第2822页。

[19]《史记》卷一〇六《吴王濞列传》,第2822页。

[20]《汉书》卷四五《伍被传》,第2171—2172页。

[21]"东南有天子气"的神秘预言在秦汉魏晋之际影响社会舆论及政治斗争形势达500余年,长期在民间故老中流传,支配影响了东南地区的政治斗争。参见冷鹏飞:《"东南有天子气"释——秦汉区域社会文化史研究》,《学术研究》1997年第1期;张灿辉:《"东南天子气"之演生与江南区域政治格局的形成》,《株洲工学院学报》2006第1期。

[22]其实,我们今天之所以能接触到一些汉代的口语谶言、歌

谣，也是因为它们为史家所选择、著录、编辑，转化为文字，载入史册。

[23]《史记》卷六《秦始皇本纪》，第252—253页。

[24]张衡《思玄赋》："嬴擿谶而戒胡兮，备诸外而发内。"（《后汉书》卷五九《张衡传》，第1924页）可知东汉人视《录图书》为谶书。

[25]《汉书》卷七五《李寻传》，第3192页。

[26]《汉书》卷九九下《王莽传下》，第4166—4167页。

[27]《汉书》卷九九中《王莽传中》："是月戊辰，长平馆西岸崩，邕泾水不流，毁而北行。遣大司空王邑行视，还奏状，群臣上寿，以为《河图》所谓'以土填水'，匈奴灭亡之祥也"（第4144页）；卷八四《翟义传》："太皇太后临政，有龟龙麟凤之应，五德嘉符，相因而备。河图洛书远自昆仑，出于重壄。古谶著言，肆今享实"（第3432页）。

[28]《后汉书》卷一三《公孙述传》，第538页；常璩著，任乃强校补：《华阳国志校补图注》卷五《公孙述刘二牧志》，上海：上海古籍出版社，1987，第331页。这些篇目，后来编入《河图》纬和《春秋》纬。近来有学者质疑，公孙述《后汉书·公孙述传》提及的谶纬篇名，在更早、更可靠的《华阳国志》中，其实引作《西狩获麟谶》。

[29]《左传·隐公元年》，《春秋左传注》，第3—4页。杨伯峻注曰："文即字"，"疑《左传》本作'曰鲁夫人'"。

[30]《十三经注疏·春秋左传正义》卷二，第1713页。

[31]《左传·闵公二年》。《春秋左传注》，第263—264页。《昭公三十二年》传亦载其事："昔成季友，桓之季也，文姜之爱子也。始震而卜，卜人谒之，曰：'生有嘉问，其名曰友，为公室辅。'及生，如卜人之言，有文在其手曰'友'，遂以名之。既而有大功于鲁，受费以为上卿。"(《春秋左传注》，第1520页)

[32]《左传·昭公元年》，《春秋左传注》，第1217—1218页。

[33] 安居香山、中村璋八纂辑：《纬书集成·春秋·演孔图》，石家庄：河北人民出版社，1994，第574、576页。

[34]《后汉书》卷五三《周燮传》，第1742页。

[35]《东观汉记》卷二二"散句"引李昉等纂：《太平御览》卷三六三，北京：中华书局，1995，影印涵芬楼影宋本，第922页。

[36] 甄丰（？—10），西汉末大臣，与刘歆、王舜同为王莽心腹，在平帝朝参与倡导王莽居摄。王莽代汉后，因甄丰个性强势，彼此间渐生嫌隙。

[37]《汉书》卷九九中《王莽传中》，第4123页。

[38]《汉书》卷九九中《王莽传中》，第4123页。

[39]《后汉书》卷一三《公孙述传》，第535页。

[40]《汉书》卷九九上《王莽传上》，第4078—4079页。

[41]《汉书》卷九九上《王莽传上》，第4093—4094页。

[42]《汉书》卷九九上《王莽传上》，第4095页。

[43]《汉书》卷九八《元后传》，第4033页。

[44]《汉书》卷九九中《王莽传中》，第4132页。玄龙石文的出处不详。《王莽传中》：始建国元年秋，"遣五威将王奇等十二人

班《符命》四十二篇于天下。德祥五事,符命二十五,福应十二,凡四十二篇",以为禅汉制造舆论。其"福应十二"之九,即玄龙石。(第4112—4113页)

[45]《史记》卷七《项羽本纪》,第300页。

[46]《汉书》卷三〇《艺文志》,第1733页。

[47]《史记》卷七《项羽本纪》,第300页。

[48]《史记》卷七《项羽本纪》,第300页。

[49]《史记》卷七《项羽本纪》,第301页。

[50] 司马贞《史记索隐》、张守节《史记正义》认为,"三户"是地名(三户亭、三户津),"南公辨阴阳,识废兴之数,知秦亡必于三户,故出此言。后项羽果度三户津破章邯军,降章邯,秦遂亡。是南公之善谶"。依此说,这是一则隐语型谶言,然过于穿凿,笔者宁取臣瓒之说。

[51]《史记》卷六《秦始皇本纪》,第260页。

[52]《史记》卷八,第347页;《论衡校释》卷二二,第924页。

[53]《汉书》卷九九上《王莽传上》,第4093页。

[54]《汉书》卷九九中《王莽传中》,第4113页。

[55]《论衡校释》卷二六《实知篇》:"儒者论圣人,以为前知千岁,后知万世","孔子将死,遗谶书"。(第1069)形容的就是这种信仰。

[56] 刘扬,新莽末河北三王之一,实力最强,拥兵十余万。刘秀与王郎争夺河北时,与其联姻,迎娶其外甥女郭圣通,后郭为光武帝皇后。

[57]《后汉书》卷二一《耿纯传》,第763页。该谶是否为刘扬所造,还是有心人观察当时微妙政治局势挑动对抗,不得而知。

[58]《后汉书》卷七九上《儒林上·尹敏传》,第2558页。

[59]《后汉书》卷四〇上《班固传》,第1334页。

[60]《论衡校释》卷二六《实知篇》,第1070页。

[61]孙家洲(1997)。

[62]《华阳国志校补图注》卷五《公孙述刘二牧志》,第330—331页。

[63]《后汉书》卷一三《公孙述传》,第537页。公孙述所引谶言,是否出自《录运法》等篇,还是《西狩获麟谶》?待考。

[64]《后汉书》卷一三《公孙述传》,第538页。

[65]《后汉书》卷一下《光武帝纪下》,第86页;卷一五《邓晨传》,第582页;卷二三《窦融传》,第798页。

[66]《后汉书》卷一五《李通传》,第573页;卷一五《王常传》,第579页。

[67]《后汉书》卷一上《光武帝纪上》,第21、22页;卷二三《窦融传》,第798页;《汉书》卷三六《楚元王传》注引应劭曰,第1972页。第二句"四夷云集龙斗野"或作"卯金修德为天子"。

[68]孙家洲(1997),第84页。

[69]《后汉书》卷一三《公孙述传》,第538页。

[70]《华阳国志校补图注》卷五《公孙述刘二牧志》,第331页。

[71]《后汉书》卷七五《袁术传》,第2439页。

[72]《三国志》卷四二《蜀书·周群传》,第1020页。

［73］孙家洲（1997），第87—88页。

［74］承蒙孙闻博提醒，以下略为补叙秦汉时期隐语类文字游戏的相关信息。参见孙闻博：《两汉舆论界定中的政治意识：读〈汉代的谣言〉》，《中国史研究》2013年第1期，第185页。

［75］杨树达著：《论语疏证》，上海：上海古籍出版社，1986，第430页。

［76］《国语集解》，第381页。

［77］《荀子集解》卷一八，第472页。

［78］王先慎撰，钟哲点校：《韩非子集解》卷七，北京：中华书局，1998，第168页。

［79］《史记》卷四〇《楚世家》，第1700页。

［80］《史记》卷一二六《滑稽列传》，第3197页。

［81］《太平御览》卷三八二《人事部二十三·丑妇人》，第1765—1766页。

［82］《汉书》卷六五《东方朔传》：“上令倡监榜（郭）舍人，舍人不胜痛，呼謈。朔笑之曰：'咄！口无毛，声謷謷，尻益高。'舍人恚曰：'朔擅诋欺天子从官，当弃市。'上问朔：'何故诋之？'对曰：'臣非敢诋之，乃与为隐耳。'上曰：'隐云何？'朔曰：'夫口无毛者，狗窦也；声謷謷者，鸟哺鷇也；尻益高者，鹤俛啄也。'舍人不服，因曰：'臣愿复问朔隐语，不知，亦当榜。'即妄为谐语曰：'令壶齟，老柏涂，伊优亚，狋吽牙。何谓也？'朔曰：'令者，命也。壶者，所以盛也。齟者，齿不正也。老者，人所敬也。柏者，鬼之廷也。涂者，渐洳径也。伊优亚者，辞未定也。狋吽牙者，两犬争也。'舍人

所问，朔应声辄对，变诈锋出，莫能穷者，左右大惊。上以朔为常侍郎，遂得爱幸。"（第284）

［83］《十三经注疏》，第2582页。《大戴礼记》卷四《曾子立事》："故目者，心之浮也，言者，行之指也，作于中则播于外也。故曰：以其见者，占其隐者。故曰：听其言也，可以知其所好矣。观说之流，可以知其术也"；卷一〇《文王官人第七十二》："以其前，占其后，以其见，占其隐，以其小，占其大，此之谓视中也"（王聘珍著：《大戴礼记解诂》，北京：中华书局，1983，第76、191页）。

［84］《史记》卷六《秦始皇本纪》，第252—253页。名之为《录图书》，很可能是谶言之结集，并配有图画。

［85］《华阳国志校补图注》卷五《公孙述刘二牧志》，第330—331页。

［86］《汉书》卷九九中《王莽传中》，第4112页。

［87］《汉书》卷八四《翟义传》，第3432页。

［88］《汉书》卷九八《元后传》，第4014页。

［89］《汉书》卷九八《元后传》，第4015。

［90］《汉书》卷九九中《王莽传中》，第4112页。

［91］《汉书》卷九九上《王莽传上》，第4091页。

［92］《汉书》卷九九上《王莽传上》，第4094页。

［93］《汉书》卷九九中《王莽传中》，第4110页。

［94］《汉书》卷九八《元后传》："莽自谓黄帝之后，其自本曰：黄帝姓姚氏，八世生虞舜。"（第4014页）《汉书》卷九九上《王莽传上》："予以不德，托于皇初祖考黄帝之后，皇始祖考虞帝之苗裔。"

（第4095页）

[95]《汉书》卷九九中《王莽传中》，第4113页。

[96]《汉书》卷九九中《王莽传中》，第4113页。

[97]《后汉书》卷二九《郅恽传》，第1025页。

[98]《后汉书》卷二九《郅恽传》，第1025页。

[99]《后汉书》卷一三《隗嚣传》，第514—515页。

[100]《汉书》卷九九下《王莽传下》，第4184页。

[101]《后汉书》卷二三《窦融传》，第798页。

[102]《后汉书》卷一三《公孙述传》，第538页。

[103]《后汉书》卷一下《光武帝纪下》，第86页。

[104]《后汉书》卷一五《邓晨传》，第582页。

[105]《后汉书》卷一上《光武帝纪上》，第21页。

[106]《后汉书》卷一上《光武帝纪上》，第22页。

[107]《后汉书》卷二三《窦融传》，第798页。

[108]赵翼著，王树民校证：《廿二史札记校证》卷二《汉初布衣将相之局》，北京：中华书局，1984，第36页。

[109]《汉书》卷一〇〇上《叙传上》，第4208页。

[110]《后汉书》卷四〇上《班彪传上》，第1324页。

[111]魏收等撰写：《魏书》卷二《太祖纪二》，北京：中华书局，1974，第37页。

[112]《后汉书》卷七五，第2444页。

[113]《汉书》卷九九上《王莽传上》，第4079页。

[114]哀章以献金匮符命，位列新朝官位最高的四辅之一，位上

公；故城门令史王兴、卖饼儿王盛，以名在符命，也位列四将。宗室刘龚、刘嘉等以献符命封侯。

[115]《汉书》卷八七下《扬雄传下》，第3583页。

[116]《汉书》卷九九中《王莽传中》，第4122页。

[117]《汉书》卷九九中《王莽传中》，第4122页。

[118]《后汉书》卷一三《隗嚣传》，第514—515页。

[119]《后汉书》卷二二《景丹传》，第773页。

[120]《后汉书》卷一上《光武帝纪上》，第23页；卷22《王梁传》，第774页。

[121]《后汉书》卷八二上《方术列传上》，第2705页。

[122]华峤《汉后书》卷二《郎𫖮传》。(《八家后汉书辑注》，第535页）

[123]如尹敏对光武帝说："谶书非圣人所作，其中多近鄙别字，颇类世俗之辞，恐疑误后生"(《后汉书》卷七九上《儒林上·尹敏传》，第2558页）；桓谭（前23—50）告诉光武帝："臣不读谶"，"帝问其故，谭复极言谶之非经"(《后汉书》卷二八上《桓谭传》，第961页）；郑兴告诉光武帝："臣不为谶"(《后汉书》卷三六《郑兴传》，第1223页）；张衡（78—139）上疏顺帝，指图谶是伪书，"宜收藏图谶，一禁绝之"(《后汉书》卷五九《张衡传》，第1912页）。当董卓（？—192）以《石苞室谶》为依据，计划迁都长安时，司徒杨彪（142—225）争辩说："石苞室谶，妖邪之书，岂可信用？"(《三国志》卷六《魏书·董卓传》裴松之注引华峤《汉后书》，第177页）这些批判，学界广泛征引，读者多已耳熟能详，本书不再赘述。

[124]《后汉书》卷一下《光武帝纪下》,第86页。

[125]《汉书》卷九九下《王莽传下》,第4168页。颜师古注:"改其旧名,以圣代谶。"

[126]《汉书》卷九九下《王莽传下》,第4186页。

[127]《汉书》卷九九下《王莽传下》,第4187—4188页。

[128]《汉书》卷九九下《王莽传下》,第4191页。

[129]《后汉书》卷二八上《桓谭传》:"是时帝方信谶,多以决定嫌疑。"(第959页)

[130]华峤《汉后书》卷二《郎𫖮传》。(《八家后汉书辑注》,第535页)

[131]《后汉书》卷一下《光武帝纪下》李贤注引《东观汉记》,第68页。

[132]《后汉书》卷三三《朱浮传》:"臣浮幸得与讲图谶,故敢越职。"(第1145页)

[133]《后汉书》卷七九上《儒林上·尹敏传》,第2558页。

[134]《后汉书》卷五九《皇甫张段列传》,第1911页。

[135]刘珍等撰,吴树平校注:《东观汉记校注》卷二,北京:中华书局,2008,第58页。

[136]司马彪《续汉书·后妃·和熹邓皇后传》。(《八家后汉书辑注》,第318页)

[137]《后汉书》卷三〇上《杨厚传》,第1048页。

[138]《后汉书》卷一七《冯异传》,第652页。

[139]《后汉书》卷二〇《祭遵传》,第739页。

[140]《后汉书》卷八三《逸民·逢萌传》,第2760页。

[141]《后汉书》卷七二《董卓传》,第2331页。李贤注引《英雄记》,作:"有道士书布为'吕'字,将以示卓,卓不知其为吕布也。"

[142]《后汉书》卷八九《南匈奴传》,第2943页。

[143]谯,沛国谯郡,今安徽亳州。曹操即谯人。本书第一章讨论过,汉新、汉魏之际,涉及赤(火)、黄(土)更迭的祥瑞灾异征兆及传说多不胜数,"黄龙见"是常见的一种。

[144]《后汉书》卷八二下《方术下·单飏传》,第2733页。

[145]《后汉书》卷八二下《方术下·董扶传》,第2734页。

[146]《后汉书》志一五《五行三》,第3309页。

[147]《后汉书》志一六《五行四》,第3328页。

[148]参见陈业新:《两〈汉书〉"五行志"关于自然灾害的记载与认识》,《史学史研究》2002年第3期,第44页。

[149]《后汉书》卷三五《郑玄传》,第1211页。

[150]《后汉书》卷二三《窦融传》,第807页。

[151]参见吕宗力著:《东汉碑刻与谶纬神学》,《研究生论文选集(中国历史分册)》,南京:江苏古籍出版社,1984,第82页。

[152]《三国志》卷四二《蜀书·周群传》,第1020页。

[153]《三国志》卷四二《蜀书·杜琼传》,第1021页。参见吕宗力(1984),第85页。

[154]吴承学:"谣谶则是以歌谣的形式,预示着上天对于未来国家、政治乃至人事的安排。"(《论谣谶与诗谶》,《文学评论》1996

年第2期,第104页)谢贵安:"谶谣是把谶的神秘性、预言性与谣的通俗流行性结合起来的一种具有预言性的神秘谣歌,是以通俗形式表达神秘内容并预言未来人事荣辱祸福、政治吉凶成败的一种符号,或假借预言铺陈的政治手段。"(《中国谶谣文化》,海口:海南出版社,1998,第5页)

[155]吴承学(1996),第104页。

[156]《汉书》卷二七中之上《五行志中之上》,第1395页。

[157]刘开扬著:《柿叶楼存稿》,上海:上海古籍出版社,1983,第89页。

[158]《汉书》卷六八《霍光传》,第2951页。

[159]《汉书》卷六八《霍光传》,第2958页。

[160]《汉书》卷六八《霍光传》,第2955页。

[161]《汉书》卷二七中之上《五行志中之上》,第1395页。

[162]成帝绥和二年(前7)春,李寻上书言灾异,说:"民人讹谣,斥事感名。三者既效,可为寒心。"如淳注:"斥事,井水溢之事也。有言溢者,后果井溢。感名,'燕燕尾涎涎'是也。"(《汉书》卷八四《翟方进传》,第3421—3422页)认为,"井水溢"谣预言成帝时事。

[163]《汉书》卷二七中之上《五行志中之上》,第1395页。

[164]张放,武帝时期酷吏张汤的玄孙,宣帝时期大司马张安世的曾孙,父张临,母敬武公主。张放本人历任侍中、中郎将,光禄大夫,监平乐屯兵。"与上卧起,宠爱殊绝,常从为微行出游,北至甘泉,南至长杨、五柞,斗鸡走马长安中,积数年。"(《汉书》卷五九

《张放传》,第2654—2655页)

[165] 雷群明、王龙娣著:《中国古代童谣赏析》,长沙:湖南文艺出版社,1988,第29页。

[166]《汉书》卷二七中之上《五行志中之上》,第1396页。

[167]《汉书》卷二七中之上《五行志中之上》,第1396页。

[168] 谢贵安(1998),第167页。

[169]《后汉书》志一三《五行一》,第3281页。

[170] 雷群明等(1988),第36页。

[171]《后汉书》志一三《五行一》,第3280页。

[172]《后汉书》志一三《五行一》,第3280—3281页。

[173]《后汉书》志一三《五行一》,第3281页。

[174]《后汉书》志一三《五行一》,第3281页。

[175]《后汉书》志一三《五行一》,第3281页。

[176] 雷群明等(1988),第52页。

[177] 刘开扬(1983),第90页。

[178]《后汉书》志一三《五行一》,第3281—3282页。《古谣谚》卷六,据《白帖》卷九四、《太平御览》卷九二〇,于"城上乌,尾毕逋"后补"一年生九雏"五字。(第99页)

[179] 参考刘开扬(1983),第90页。

[180]《后汉书》志一三《五行一》,第3282页。

[181]《后汉书》志一三《五行一》刘昭注,第3282页。

[182]《后汉书》志一三《五行一》刘昭注引应劭说,第3282页。

[183]《后汉书》志一三《五行一》,第3282页。

[184]《后汉书》志一三《五行一》,第3283页。

[185]《后汉书》志一三《五行一》,第3283页。

[186]《后汉书》志一三《五行一》,第3283页。

[187]《后汉书》志一三《五行一》,第3283页。

[188]《后汉书》卷八《灵帝纪》,第327—328页。

[189]《后汉书》志二九《舆服志上》,第3651页。

[190]高殿石:《中国历代童谣辑注》,济南:山东大学出版社,1990,第29页。

[191]串田久治(1999),页180。

[192]《后汉书》志一三《五行一》,第3284页。

[193]《后汉书》志一三《五行一》,第3284页。

[194]《乐府诗集》卷三四《相和歌辞九》引,第504页。

[195]这一问题,恐怕要留待语言学家来解答了。雷群明等(1988):"这很可能是儿童游戏时的歌谣,'承乐世'之类,大概是单人联唱的,而'董逃'则可能是众口合唱,本来不一定有什么实指之意。"(第60页)

[196]《后汉书》志一三《五行一》刘昭注引应劭《风俗通》,第3284页。

[197]《后汉书》志一三《五行一》刘昭注引杨孚《董卓传》,第3284页。

[198]《后汉书》志一三《五行一》,第3284页。

[199]《后汉书》志一三《五行一》,第3285页。

[200] 天鹰（1959），第75页。

[201]《后汉书》卷七二《董卓传》，第2331—2332页。

[202]《后汉书》志一三《五行一》刘昭注引，第3285页。

[203]《后汉书》卷七四下《刘表传》，第2421页。

[204]《后汉书》志一三《五行一》刘昭注引，第3285页；《三国志》卷八《魏书·公孙瓒传》裴松之注引《英雄记》，第245页。

[205]《后汉书》志一三《五行一》刘昭注，第3285页。

[206]《三国志》卷八《魏书·公孙瓒传》裴松之注，第245页。

[207]《后汉书》志一三《五行一》，第3285页。

[208]《后汉书》卷七四下《刘表传》，第2421页。

[209]《后汉书》卷七四下《刘表传》，第2421页。

[210]《三国志》卷五四《吴书·鲁肃传》，第1269页。

[211]《后汉书》志一三《五行一》，第3285页。

[212]《汉书》卷八六《王嘉传》，第3498页。

[213] 吴承学（1996），第108页。

[214] 章太炎著：《革命之道德·联省自治虚置政府议》。姜德铭主编：《中国现代名家名作文库·章太炎卷》，北京：中国戏剧出版社，2001，第229页。

[215] 谢贵安（1998），第54—61页。

[216] 宋人小说《迷楼记》："（炀帝）大业九年，帝将再幸江都。有迷楼宫人抗声夜歌云：'河南杨柳谢，河北李花荣。杨花飞去落何处？李花结果自然成。'帝闻其歌，披衣起听，召宫女问之云：'孰使汝歌也？汝自为之耶？'宫女曰：'臣有弟在民间，因得此歌。曰"道

途儿童多唱此歌。'"帝默然久之,曰:'天启之也!天启之也!'"这则故事形象地展示了中国传统文化观念中对"天启型"谶谣的认识。(陶宗仪编纂:《说郛》卷三二,北京:中国书店,1986,据涵芬楼1927年版影印,6册,第14页)

[217] 刘毓崧:《古谣谚序》,《古谣谚》,第1页。

[218] 田北湖:《论文章源流(2)》,《国粹学报》1904年第2期,第4—5页。

[219]《十三经注疏·孟子注疏》卷七上,第2719页。

[220]《战国策集注汇考》卷一三,第690页。

[221]《资治通鉴》卷四引"齐小儿谣"作:"大冠若箕,修剑拄颐。攻狄不能下,垒枯骨成丘。"(第144页)

[222]《战国策集注汇考》卷一三,页690。

[223] 徐华龙(1990),第33页。

[224]《十三经注疏·左传正义》卷一二,第1795—1796页。

[225] 徐华龙(1990),第101—102页。

[226]《论衡校释》卷二二《纪妖篇》,第930页。

[227] 周作人:《儿歌之研究》,《绍兴县教育会月刊》第4号,1914年1月。转引自串田久治(1999),第5页。

[228]《论衡校释》卷二二《纪妖篇》,第941页。

[229]《论衡校释》卷二二《纪妖篇》,第923页。

[230]《史记》卷二七《天官书》张守节《正义》引《天官占》:"荧惑为执法之星,其行无常,以其舍命国:为残贼,为疾,为丧,为饥,为兵。环绕句已,芒角动摇,乍前乍后,其殃逾甚。荧惑主死

丧，大鸿胪之象；主甲兵，大司马之义；伺骄奢乱孽，执法官也。其精为风伯，惑童儿歌谣嬉戏也。"（第1318页）

［231］房玄龄等撰：《晋书》卷一二《天文志中》，北京：中华书局，1974，第320页。

［232］《晋书》卷二八《五行志中》，第843页。

［233］王子今：《汉代的谣言（书评）》，《人文中国学报》2013年第19期，第461页。参阅王子今：《秦汉神秘主义信仰体系中的"童男女"》，《周秦汉唐文化研究》第5辑，三秦出版社，2007；《略论两汉童谣》，《重庆师范大学学报》2007年第3期。

［234］《汉书》卷二七中之上《五行志中之上》，第1376页。

［235］"妖"不等于妖邪。关于汉代语境中"妖"字的语义辨析，请参看本书第二章。

［236］《汉书》卷二七中之上《五行志中之上》，第1376—1377页。

［237］《南齐书》卷一九《五行志》说得更透彻："下既悲苦君上之行，又畏严刑而不敢正言，则必先发于歌谣。歌谣，口事也。口气逆则恶言，或有怪谣焉。"（第381页）关于"诗妖"论述更完整的形成与发展过程，吴承学《论谣谶与诗谶》已讨论得比较详细。请参见吴承学（1996），第105—107页。

［238］《论衡校释》卷二二《纪妖篇》，第923页。

［239］《论衡校释》卷二二《订鬼篇》，第941—944页。

［240］此传说不见于两汉《五行志》，但《三国志》裴松之注，《宋书》《晋书》的《五行志》都有记载。

［241］《论衡校释》卷二二《订鬼篇》，第945页。

[242]《论衡校释》卷二二《纪妖篇》,第923页。

[243]《论衡校释》卷二二《纪妖篇》,第930页。

[244] David Aberbach, *Imperialism and Biblical Prophecy, 750-500 BCE* (London and New York: Routledge, 1993) p. 1.

[245] 在古希腊、古罗马的预言信仰体系中,"占卜是诠释来自神的象征信息的艺术或科学。这些象征常常难以预测甚至微不足道(细微而不引人注目)。神谕则是以人类语言表述的神的信息,通常是对疑问的回答"。见David Edwar Auned. *Prophecy in Early Christianity and the Ancient Mediterranean World* (Grand Rapids: William B. Eerdmans Publishing Company, 1983). p. 23.

[246] 李零曾将中国古代流行的占卜术归类为三大系统,即与天文历算有关的星占、式占等术,与动物之灵或植物之灵崇拜有关的龟卜、筮占等术,与人体生理、心理、疾病、鬼怪等有关的占梦等术。(李零著:《中国方术正考》,北京:中华书局,2006,第67页)

[247] 如萨满的跳神、术士的扶乩等。

[248] 汉代及以后的谶言常以谜语、民谣形式出现。

[249] Paul Boyer(1992)的研究指出,在西方历史上,基督徒大多数都坚信圣经已经预示历史的进程,以及将预告世界末日的事件发生的次序;即使到了当代,预言信仰在美国思想中的位置也远比思想史、文化史学者所承认的来得重要;第二次世界大战以来,特许千禧年主义(dispensational premillennialism)的普及者们一直在构建形塑公共心态、立场(从苏联、欧洲共同体、中东到电脑、环境危机等广泛议题)上,发挥着重要作用。

[250] 在这一点上,谶言与《圣经·旧约》中的先知预言差异较大,而与欧洲中世纪流行的Nostradamus(1503—1566)及Dr. John Dee(1527—1608)预言有更多相似之处。

[251] 唐以后著名的谶言结集,如《推背图》托名李淳风、袁天罡,《乾坤万年歌》托名姜太公,《马前课》托名诸葛亮,《梅花诗》托名邵雍,《烧饼歌》托名刘基。

[252] 谢贵安(1998),第5页。

[253] 参考吴承学(1996),第105页;谢贵安(1998),第7—8页。

第五章 政治神话与民间传说

## 第一节 政治神话

政治神话是一种"文明神话",是"阶级社会中怀着特定的政治倾向性的人们,为了某些政治目的,借助文化传统中的宗教思想和神话传说资料而造作的虚构性诸神故事"。[1]政治神话也是"建元开国、治国理政的战略实践和具有宗教精神的资源力量的适用"[2],更是中国历代皇权合法性的基本政治符号之一。

### 一、开国之君神话

孙广德的《我国正史中的政治神话》一文,对中国历史上开国之君的神话有非常精辟的论述。他指出,中国的开国之君神话,自汉代始,算上曹丕、王莽、刘备、孙权,有二十三人,占总人数百分之九十二。这说明开国之君之有神话,绝非偶然,其中必有一番道理。[3]

史籍记载的政治神话,包括与政治人物有关的神秘故事、谶语、异象、异梦、望气、歌谣等,也包括他们祖先的神秘事迹。神话的内容应该有人为操作的元素,但却未必完全出于有意作伪。开国之君及其支持者们有意地制造神话,有了神话,得天下保政权便可以容易一些。至于一般人,可能在无意中参与制造神话,一方面是为开国之君的成功寻求合理的解释,一方面也是为了使他们自己在心安理得之下臣服于君主。[4]

大多数开国之君的神话,都是发生在他们得天下之前,因为那时候最需要。第莱西(Francis Delaisi)说:"任何一种集团的领袖,只要掌握到一些神秘的事物,他的权威会马上增加十倍。在逐鹿天下时,要击败群雄,取得政权,神话是很有用的。有了神话,就与其他英雄不同,似乎是天命所归。一方面可以威胁对手,减削他们的士气,一方面也可争取豪杰们的归服及一般人的拥戴。"[5]

当然,说神话发生在得天下之前,或发生在开国之君出生的时候,那只是史书的记载,事实上未必真是发生在其得天下之前,更未必真是发生在其出生的时候,可能只是他们做了皇帝,甚至身死之后,人们才附会编造出来的。[6]不过,神话建构并公开流传的时间越早(最好真的早于得天下之前),它的可信度越高,对一般人的说服力越强。

西汉开国皇帝刘邦的神话丰富多彩,将在本节最后作个案讨论。新朝的建立者王莽在即真之前,人为制造了一系列神话，包括其祖先的神迹（虞舜苗裔）及种种符命谶语、异象、异梦、歌谣。甚至他的姑母，令他得以登上最高权力宝座的汉太皇太后王政君的神话，如卜相者"圣女""贵女""贵不可言"等预言，也被王莽即真说引用为新朝的神话。[7]只是王莽操之过急，种种神迹神话，在居摄三年中及即真初期纷至沓来，令观众目不暇接，新朝又过于短命，遂令其神话的可信性完全破产。

东汉开国皇帝刘秀逐鹿中原期间，得益于《赤伏符》谶言之处不少。于谶言之外，他也有出生神话。《后汉书·光武帝纪论》记为：

> 皇考南顿君初为济阳令，以建平元年十二月甲子夜生光武于县舍，有赤光照室中。[8]钦异焉，使卜者王长占之。长辟左右曰："此兆吉不可言。"是岁县界有嘉禾生，一茎九穗，因名光武曰秀。明年，方士有夏贺良者，上言哀帝，云汉家历运中衰，当再受命。于是改号为太初元年，称"陈圣刘太平皇帝"，以厌胜之。及王莽篡位，忌恶刘氏，以钱文有金刀，故改为货泉。或以货泉字文为"白水真人"。后望气者苏伯阿为王莽使至南阳，遥望见舂陵郭，唶曰："气佳哉！郁郁葱葱然。"及始起兵还舂陵，远望舍南，火光赫然属天，有顷不见。初，道士西门君惠、李守等亦云刘秀当为天子。其王者受命，信有符乎？不然，

何以能乘时龙而御天哉![9]

出生时"赤光照室"、嘉禾九穗,所居周围"气佳"、火光冲天,这都是史籍中常见的大人物神话的基本符号。

## 二、继体之君神话

不但开国之君有神话,汉代的继体之君有时也有神话。例如:

西汉文帝(刘恒,前180—前157年在位)之母薄姬,原为秦末诸侯王魏豹宫人。当时的相术名家许负,预言薄姬当生天子。魏豹为汉军所房,薄姬没入汉王后宫,岁余不得幸。刘邦因为可怜她,一日召幸之。薄姬喜出望外,对刘邦说:"昨暮梦龙据妾胸。"刘邦说:"是贵征也,吾为汝成之。"[10]这次之后,薄姬很少获得召幸,但也已怀孕并生下皇子刘恒,其八岁被封为代王。汉高祖死后,生前宠爱的妃嫔多遭到吕太后的迫害。薄姬罕得召幸,得以幸免,随儿子代王在代国生活多年。至吕太后死,朝廷大臣平定诸吕之乱,为了避免再次出现强势皇太后和外戚,看中薄太后弱势、薄家人丁单薄,定策迎立代王为帝。薄姬生天子之预言,至此应验。

武帝母王娡,原嫁金王孙为妻。其母臧儿卜筮,预测"两女当贵",强令女儿离开金家,将其献给皇太子刘启,王氏为皇太子生了三女一男。"男(刘彻)方在身时,王夫人梦日入其怀，以告太子，太子曰：'此贵征也。'"[11]不久文帝去世，皇太子即位，即景帝。景帝皇后薄氏无子，但诸妃嫔共生了十四个儿子，不少都比刘彻年长。景帝四年（前153），立宠姬栗姬之子、庶长子刘荣为皇太子，刘彻获封胶东王。但栗姬与景帝的姐姐馆陶长公主刘嫖渐生嫌隙，在宫廷斗争中失败，刘荣被废。在馆陶长公主的支持下，王娡加封皇后，七岁的刘彻被立为皇太子，他就是未来的汉武帝。

昭帝母赵婕妤，河间人。"武帝巡狩过河间，望气者言此有奇女，天子亟使使召之。既至，女两手皆拳，上自披之，手即时伸。由是得幸，号曰拳夫人。"赵婕妤大有宠，"太始三年生昭帝，号钩弋子。任身十四月乃生，上曰：'闻昔尧十四月而生，今钩弋亦然。'乃命其所生门曰尧母门。"[12]孕期超常，在汉代也是一种出生神话，如《河图·稽命征》："附宝见大电绕北斗权星，照郊野，感而孕，二十五月而生黄帝轩辕于寿邱。"[13]

武帝本有六个儿子，两子早卒。征和二年（前91），皇太子（嫡长子）刘据（前128—前91）因巫蛊案被诬陷，被迫起兵，旋自杀，妻妾子女皆遇害，其母皇后卫子夫自杀。另两个年纪较长的儿子燕王刘旦、广陵王刘胥"多过失"，所以武帝未再立太子。武帝后元二年（前87）去世，遗命霍光、金日䃅、上官桀辅佐最小的儿子刘弗陵（时年八岁）即位，是为昭帝。

宣帝刘询（病已）是西汉中兴之君，有着非同寻常的身世。刘询祖父（刘据，即戾太子）母、父母均于巫蛊案遇害，出生数月的他"虽在襁褓，犹坐收系郡邸狱"[14]。幸好廷尉监邴吉主持郡邸狱，怜其无辜，暗中保护照顾。一年后，虽然武帝省悟戾太子之冤屈，族灭曾伤害戾太子的官员，但巫蛊案牵连甚众，审理经年未决。"至后元二年，武帝疾，往来长杨、五柞宫，望气者言长安狱中有天子气，上遣使者分条中都官狱系者，轻、重皆杀之。内谒者令郭穰夜至郡邸狱，吉拒闭，使者不得入，曾孙赖吉得全。"[15]刘病已五岁出狱，由祖母娘家史氏养育。昭帝世有"公孙病已立"虫文谶言流传，昭帝去世，无后嗣，霍光等先迎立武帝之孙昌邑王刘贺，不久将其废黜，才议决迎立刘病已。

东汉安帝刘祜，父清河孝王刘庆，母左姬。章帝有八个儿子，都是庶子，窦皇后无所出。第四子刘肇，其生母梁贵人，受窦皇后的欺负，忧郁而死，于是以窦皇后为养母，得立为皇太子，十岁登基，即和帝。和帝去世，邓太后与其兄长邓骘定策，立刚满三个月的少子刘隆为帝，即殇帝。殇帝在位八月去世，邓太后与其兄长邓骘又定策，立殇帝的堂兄刘祜，是为安帝。史称安帝在清河王邸时，"数有神光照室，又有赤蛇盘于床笫之间"[16]。

灵帝皇后何氏个性强悍，善妒。王美人怀孕后，因为害怕遭到何皇后的迫害，"乃服药欲除之，而胎安不动，又数梦负日而行"[17]，结果生下皇子刘协。何皇后知道后，果然毒死王美人，之后由董太后亲自抚养刘协。灵帝去世后，嫡长子刘辩（何太后独子）继承皇位，但即位后不久即遭遇以何进为首的外戚、官僚集团和以十常侍为首的宦官集团的火并，被宦官挟持出宫。少帝回宫后又受制于以"勤王"为名进京的董卓，在位五个月被董卓废黜，由其同父异母弟陈留王刘协继位，是为献帝。

这几位有神话的继体之君，文帝、宣帝、安帝、献帝都不是钦定的皇太子或法定（传统习俗）的第一顺序继承人，而且在有资格继位的诸多皇子、皇孙中，他们也都属于弱势。[18]他们之被迎立，常常是特定政治语境中各种势力角力和妥协的结果，带有相当程度的侥幸性。武帝和昭帝，虽然是先皇钦定的继位者，但也都不是法定（传统习俗）的第一顺序继承人，他们之继位也都带有很大的侥幸性。群雄逐鹿中原、敢教日月换新天之际，各方以天时、地利、人和之总体实力互决高下，固然波澜壮阔、惊心动魄；继体君位的争夺，主要在皇室、宫廷和朝廷内部展开，许多情节不足为外人道，但也时常波诡云谲、血腥遍地。侥幸胜出的继位之君，真的很需要这样的神话来巩固强化自己的帝位乃至自信心。文帝、武帝、安帝、献帝的神话，或发生于出生之前，或发生于出生之后，来源都是其生母或家人的"自说自话"。这当然有可能是他们登基以后才附会编造出来的，但也不应排除事前已有的可能性。他们的母亲们,在宫中地位大多低微,极缺乏安全感,为了争取皇帝的宠幸、提升自己的地位和保障母子的平安,她们绝对有充分动机抓住一切可能机会,提醒皇帝她们腹中"龙种"的存在和不凡。

### 三、刘邦开国神话

西汉高祖刘邦的开国神话丰富多彩,可能与他出身布衣、没有祖荫之依托有一定关系。需求促进生产,在政治和社会领域,这可能也是说得通的道理。

《史记·高祖本纪》开篇就叙述了汉代开国之君刘邦的一连串神话[19],即泷川资言所说,"《高祖本纪》自泽陂遇神,至芒砀云气,皆记高祖微时符瑞"[20]。包括:其一,其母刘媪息大泽之陂,梦与神(龙)遇而感生;其二,骨相风貌异于常人,例如"隆准而龙颜,美须髯,左股有七十二黑子"[21],因而屡获善相者赞誉;其三,醉卧时其上常有龙显现,而所光临之酒铺,生意也会特别旺;其四,丰西泽中醉斩大蛇,时人传说为赤帝子斩白帝子;其五,当时盛传"东南有天子气",故秦始皇常东游以厌之,而刘邦"即自疑",亡匿于芒、砀山泽岩石之间,吕氏却常常能找到他的藏身处,据说是因为"所居上常有云气"。

对这些政治意味浓厚的神话,后世的史学家不少持怀疑态度,认为或属刻意伪造,或属神而化之、伪为神奇。梁玉绳(1745—1819)指出,"《朱子语录》以高祖赤帝子之事为虚。[22]《续古今考》言斩蛇事是伪为神奇,史公好奇载之"[23]。

为什么被誉为"(引)当代雅言,事无邪僻,故能取信一时,擅名千古"的史学名著《史记》[24],会将"荒诞无稽"的伪造或"伪为神奇"的传说采入《高祖本纪》呢?一种解释是司马迁"好怪""不察","不能裁之以义",以至于采"荒诞不经"之说入史。[25]另一种解释是这些神话本非太史公原文,疑出后人增窜。[26]

《史记》成书于汉武帝征和二年(前91),宣帝本始初年(前73)才开始流布。因种种政治、意识形态的障碍,《史记》在汉代流传已难,传本极少,其后可能有抄错、遗失、补缀、删改,以至于在东汉时已难见司马迁原稿面貌。此书问世两千余年来,在前一千年中辗转传抄,在后一千年中则屡经刊刻,鲁鱼虚虎之误,所在多有。也因此,通行本《史记》或其部分篇章文本的真伪、相关"作者"的身份,确实是《史记》和秦汉史研究必须严肃面对的问题。

贾谊论述刘邦开国之丰功,"起于布衣而兼有天下,臣万方诸侯,为天下辟,兴利除害,寝天下之兵,天下之至德也"[27],没有片言只语涉及神话符瑞。《史记·高祖本纪》叙诸侯、将相"共请尊汉王为皇帝"[28],其理据是"大王起微细,诛暴逆,平定四海,有功者辄裂地而封为王侯。大王不尊号,皆疑不信"[29]。刘邦即位后,置酒雒阳南宫，与诸将讨论："吾所以有天下者何？项氏之所以失天下者何？"高起、王陵（？—前181）对以："陛下使人攻城略地，所降下者因以予之，与天下同利也。项羽妒贤嫉能，有功者害之，贤者疑之，战胜而不予人功，得地而不予人利，此所以失天下也。"刘邦自己总结的成功原因是：

> 夫运筹策帷帐之中，决胜于千里之外，吾不如子房。镇国家，抚百姓，给馈饷，不绝粮道，吾不如萧何。连百万之军，战必胜，攻必取，吾不如韩信。此三者，皆人杰也，吾能用之，此吾所以取天下也。项羽有一范增而不能用，此其所以为我擒也。[30]

刘邦称帝后，尊其父刘太公为太上皇，《汉书·高帝纪》叙其理据为"朕亲被坚执锐，自帅士卒，犯危难，平暴乱，立诸侯，偃兵息民，天下大安，此皆太公之教训也"[31]。细玩《汉书》文义及刘邦与其父亲的关系，"教训"云云，言不由衷。但无论如何，贾谊、诸侯将相乃至刘邦本人关于成功开国原因的论述，均只论人谋、不讲天命。所以《史记·高祖本纪》之太史公赞语，以"三王之道若循环，终而复始。周秦之间，可谓文敝矣。秦政不改，反酷刑法，岂不缪乎？故汉兴，承敝易变，使人不倦，得天统矣"[32]来解释刘邦开国之正当性。《太史公自序》以"子羽暴虐,汉行功德;愤发蜀汉,还定三秦;诛籍业帝,天下惟宁,改制易俗"[33],总结刘邦的功业。

由此看来,刘邦的开国神话,就算不是出于事后的伪造或后人的增窜,至少在西汉初年,似乎尚未成为政治和历史编纂的主流论述。但仅以目前能够掌握的传世及出土文献,要确认《史记·高祖本纪》中的开国之君神话属于后人伪造或增窜,也是不可能的。

《史记》的《秦始皇本纪》《陈涉世家》及其他一些篇章,其实也载有不少神秘预言和政治神话,却并未受到后世史家们"伪造、增窜"[34]的质疑。如西汉初,政论家陆贾的《新语》记叙:

> 樊将军哙问于陆贾曰:"自古人君皆云受命于天,云有瑞应,岂有是乎?"陆贾应之曰:"有。夫目瞤得酒食,灯火花得钱财,干鹊噪而行人至,蜘蛛集而百事喜。小既有征,大亦宜然。故目瞤则咒之,灯火花则拜之,干鹊噪则倭之,蜘蛛集则放之;况天下大宝,人君重位,非天命何以得之哉?瑞者,宝也,信也,天以宝为信,应人之德,故曰瑞应。无天命,无宝信,不可以力取也。"[35]

余嘉锡认为:"此所记陆贾之语,以意度之,必出于陆贾二十三篇之中,盖就《论衡》所引观之,知贾喜论性命鬼神之事，此条之论瑞应，与其书之宗旨体裁，正复相合也。"[36]

陆贾《楚汉春秋》也记有范增（前277—前204）因刘邦之"气"似龙蛇云虎、必非人臣，建议项羽尽早诛杀的故事。[37]而认同刘邦的领袖地位出于"天授"、非关人力的论述，在《史记》中也屡屡出现。[38]项羽于垓下战败后，屡以"此天之亡我，非战之罪也""天之亡我，我何渡为"自我开解。[39]刘邦击英布时，为流矢所中，伤病甚重，借口"吾以布衣提三尺剑取天下，此非天命乎？命乃在天"[40]，拒绝医治。以此观之，楚汉之际至西汉初年，符瑞天命观念及开国之君神话在当时的社会政治语境和历史论述中有着良好的孕育、生存和传播机会，则《史记》所载刘邦神话，未必是空穴来风。

徐经指出："自古帝王受命而兴，必征引符瑞以表其灵异。"[41]俞樾（1821—1907）也说：

> 《五帝纪》云，择其尤雅者，故《唐》《虞》二纪，悉本《尚书》，高辛以上，无稽则略。《禹本纪》《山海经》所有怪物，不以入史。至《高帝纪》，乃有刘媪梦神、白帝化蛇之事。盖当时方以为受命之符，不可得而削也。世以史公为好奇，过矣。[42]

也就是说，《史记·高祖本纪》采入开国之君神话，在当时的社会政治文化语境中,实属自然不过也不得不然的史学编纂笔法,反映的是那一特定时空中的"历史真实",不能因此责怪司马迁"好奇"和"不察"。

刘邦的一连串开国神话中,最富戏剧性的当数刘媪梦神、丰西斩蛇、芒砀云气三则。刘媪梦神脱胎自先秦、西汉初文献中常见的氏族始祖、文化英雄感生神话,笔者曾有讨论,此不赘。[43]丰西斩蛇神话,以前的论者多纠缠于赤帝子杀白帝子的情节,争论其与汉朝五德运序的关系。梁玉绳却注意到,斩蛇神话与另一个与蛇有关的流行神话之间的巧合:"晋文公之兴也,蛇当道,梦天杀蛇,曰:'何故当圣君道?'而蛇死。而汉高之兴也,亦蛇当径,斩蛇,而妪夜哭。"[44]事见贾谊《新书·春秋》:

> 晋文公出畋,前驱还白:"前有大蛇,高若堤,横道而处。"文公曰:"还车而归。"其御曰:"臣闻祥则迎之,妖则凌之。今前有妖,请以从吾者攻之。"文公曰:"不可。吾闻之曰:天子梦恶则修道,诸侯梦恶则修政,大夫梦恶则修官,庶人梦恶则修身。若是,则祸不至。今我有失行,而天招以妖我,我若攻之,是逆天命。"……乃退而修政。居三月,而梦天诛大蛇,曰:"尔何敢当明君之路!"文公觉,使人视之,蛇已鱼烂矣。文公大说,信其道而行之不解,遂至于伯。故曰:见妖而迎以德,妖反为福也。[45]

刘向《新序·杂事二》所述略同，唯结尾作"未半旬，守蛇吏梦天帝杀蛇，曰：'何故当圣君道为？而罪当死。'发梦视蛇，臭腐矣"[46]。但此故事未见《左传》《史记·晋世家》记载，当是秦汉时才开始流传。《史记·高祖本纪》中刘邦遇白帝子所化之蛇，与晋文公出猎路遇之巨蛇，皆属挡道之妖征[47]，而两人的因应之道却大相径庭。刘邦奋起斩妖，晋文公却退而修政，妖孽亦遭天诛。贾谊和刘向的叙述，是否隐含讽喻意味？值得深思。

梁玉绳又发现："《宋书》：'武帝之兴也，大蛇见洲里，射之而青衣捣药。'何前后事之同也？"[48]查今本《宋书》无之，事见《南史·宋本纪上》：

> 帝素贫，时人莫能知，唯琅邪王谧独深敬焉。帝尝负刁逵社钱三万，经时无以还，被逵执，谧密以己钱代偿，由是得释。后伐荻新洲，见大蛇长数丈，射之，伤。明日复至洲，里闻有杵臼声，往觇之。见童子数人皆青衣，于榛中捣药。问其故，答曰："我王为刘寄奴所射，合散傅之。"帝曰："王神何不杀之？"答曰："刘寄奴王者不死，不可杀。"帝叱之，皆散，仍收药而反。[49]

看来，诛杀大蛇已成为秦汉之际、晋宋之际反复出现的真命天子排除险阻、建功立业的神话母题。

如果用俗世的、现实的眼光去审视这些神话,很容易得出与明人敖英相似的观察:"适然遘蛇而斩之,无足怪者。若神母夜哭,神其事以鼓西行之气耳。田单守墨而天神下降,陈胜首祸而鱼腹献书,类可概见。"[50]或如杨循吉所言:"斩蛇事,沛公自讬以神灵其身,而骇天下之愚夫妇耳。大虹大霓、苍龙赤龙、流火之乌、跃舟之鱼,皆所以兆帝王之兴起者。此斩蛇之计,所由设也。"[51]

也就是说,路遇大蛇而斩之,是现实中可能发生的合理情境,至于神母夜哭、以神灵自居,则是英雄欺人之谈,"神道设教"的伎俩。事实上,《史记》的叙述行文,已为读者提供微妙的解构暗示:刘邦从过路人(而非自己人,以示客观性)那儿得知神母夜哭的情节,"乃心独喜,自负"。这里描述的心理活动,所形容的与其说是真龙天子感应到天命所归时的真情流露,倒不如说更像善于利用群众心理、准确把握时势机遇的政治野心家的暧昧心态。"诸从者日益畏之",则揭示出神话在实际生活中的政治影响力。

芒砀云气神话的叙述是这样展开的:

> 秦始皇帝常曰"东南有天子气",于是因东游以厌之。高祖即自疑,亡匿,隐于芒、砀山泽岩石之间。吕后与人俱求,常得之。高祖怪问之。吕后曰:"季所居上常有云气,故从往常得季。"高祖心喜。沛

中子弟或闻之,多欲附者矣。[52]

秦始皇所担心的预言"东南有天子气",源出望气术士。本书第四章已讨论过,"东南有天子气"预言在秦末汉初广泛流传,并非史家的凭空杜撰或专为刘邦量身定制的事后诸葛亮型谶言。有趣的是,《史记》告诉读者,刘邦听说此预言后,"即自疑,亡匿,隐于芒、砀山泽岩石之间"[53]。"自疑",即自我对号入座,自认"天子气"应于己身,显露出一种强烈的"预言自我实现"的心理倾向。

刘邦藏匿于芒、砀山泽岩石之间,没有固定住所,吕雉却常能轻易找到他,据说是因为她"发现"刘邦所居上空常有云气飘荡。鸿门宴上,范增劝项羽及早除去刘邦,理由也是:"吾令人望其气,皆为龙虎,成五采,此天子气也。急击勿失。"[54] 如果《史记》和《楚汉春秋》所叙可靠,这个神话当时应该传播甚广,信者颇众。《史记正义》引京房《易飞候》:"何以知贤人隐?师曰[55]:'四方常有大云,五色具而不雨,其下有贤人隐矣。'"以望气占候术在秦汉之流行,对汉代人来说,吕后望云气而得知高祖所居是合情合理的。

《史记》行文,从斩蛇后的"心独喜,自负"到获知"所居上常有云气"的"心喜",从"诸从者日益畏之"到"沛中子弟或闻之,多欲附者",前后呼应。叙述虽然极简略,丰西斩蛇、芒砀云气神话的建构、流传,及其对刘邦本人与丰沛子弟群体的心理影响,生动形象,跃然纸上。而字里行间所揭示的刘邦沾沾自喜之神态,以及神话的政治能量,也令后世的《史记》读者对神话的建构过程产生怀疑。明人徐孚远就依据人情常理质问:"高祖隐处,岂不阴语吕后耶?隐而求,求而怪,皆所以动众也。"[56]徐经也认为刘邦和吕雉有串谋之嫌,伪造神迹,"托言以惊动沛中子弟"[57]。与丰西斩蛇故事类似,吕雉与隐匿于山泽之间、行踪不定的丈夫有其秘密约定的联络方法,可以不时前往探访,是现实中可能发生的合理情境,而宣称刘邦"所居上常有云气",既是对自己和丈夫的保护手段,也是"神道设教"的伎俩。

汉文帝"不问苍天问鬼神",宣室夜半前席,汉武帝"尤敬鬼神之祀"[58],汲汲于"三代受命,其符安在"[59]之问,汉昭帝时有易姓改代、庶人为天子之警告。至元、成、哀、平,西汉政坛上已充斥灾谴论述和集体焦虑,哀帝甚至信服夏贺良所言赤精子之谶,承认"汉家历运中衰,当再受命"[60],改元、易号。西汉中后期,政治上早非布衣君臣之格局,皇室也不再具备秦汉之际"王侯将相宁有种乎"那种豪迈气魄。先祖的开国神话,已不仅是对辉煌往昔的集体记忆,更提升到论证统治合法性、支撑自信心的信仰层面。[61]新莽末,"人心思汉",各路反新义军纷纷拥戴刘氏宗室成员为首领,《赤伏符》等谶书应运而出，刘邦开国神话被进一步丰富化、神奇化。西汉末成型、东汉初定型、隋唐以后大部散佚的纬书，在其残存佚文中，仍保留有不少这样的增衍版开国神话：

其一，刘媪梦神感生神话之增衍，拙文《感生神话与汉代皇权正当性的论证》已有讨论，不赘。

其二，刘邦骨相风貌异常（"隆准而龙颜，美须髯，左股有七十二黑子"）神话之增衍：《诗纬·含神雾》："代汉者，龙颜珠额。"[62]《春秋·演孔图》："其人日角龙颜，姓卯金刀，含仁义，戴玉英，光中再，仁雄出，日月角。"[63]《河图·稽命征》："帝刘季，日角，戴北斗，胸龟背龙，身长七尺八寸，明圣而宽仁，好任主。"[64]《河图·提刘篇》："帝季，日角，载胜，斗胸，龟背，龙股，长七尺八寸，明圣而宽仁，好任主软。"[65]《河图》："帝刘季，日角，戴胜，斗胸，龟背，龙眼，长七尺八寸，明圣而宽仁。""期之兴，天授图，地出道，于张兵矜刘季起。"[66]

其三，丰西斩蛇神话之增衍：《春秋·合诚图》："水神哭，子襃衰败。"宋均注："高祖斩白蛇而神哭，则此母水精也。"[67]《春秋·汉含孳》："枉矢东流，水神哭祖龙。"[68]

其四，"东南有天子气"和"芒砀王气"神话之增衍：《尚书·帝命验》："有人雄起，戴玉英，履赤茅，祈旦失钥，亡其金虎。东南纷纷，注精起，昌光出轸，已图之。"

郑玄曰："谓刘氏也,谓火精当起翼轸之野。"[69]

另外又发展出一批新的政治预言和神话,例如:

其一,"刘季当王":《河图·玉英》:"刘季为天子。"[70]《河图》:"期之兴,天授图,地出道,于张兵矜刘季起。""黄石公谓张良:读此为刘帝师也。""汉高祖观汶水,见一黄釜,惊却反。化为一翁,言曰:刘季何不受河图?"[71]

其二,"卯金刀"[72]:《春秋·演孔图》:"有人卯金,兴于丰,击玉鼓,驾六龙。""有人卯金丰,击玉鼓,驾六龙。""有人卯金刀,握天镜。"[73]《春秋·汉含孳》:"刘季握卯金刀,在轸北,字季,天下服。卯在东方,阳所立,仁且明。金在西方,阴所立,义成功。刀居右,字成章。刀系秦,枉矢东流,水神哭祖龙。"[74]

其三,刘邦开国之后汉皇室的命运:《河图·会昌符》:"汉大兴之道在九世之王。"[75]《河图·稽命征》:"帝刘即位,百七十年,太阴在庚辰,江充诡其变,天鸣所圻。"[76]《春秋·演孔图》:"卯金刀,名为刘,中国东南出荆州,赤帝后次代周。"[77]

班彪《王命论》曰:

> 是故刘氏承尧之祚,氏族之世,著乎《春秋》。唐据火德,而汉绍之,始起沛泽,则神母夜号,以章赤帝之符……世俗见高祖兴于布衣,不达其故,以为

适遭暴乱，得奋其剑，游说之士至比天下于逐鹿，幸捷而得之，不知神器有命，不可以智力求也……盖在高祖，其兴也有五：一曰帝尧之苗裔，二曰体貌多奇异，三曰神武有征应，四曰宽明而仁恕，五曰知人善任使……初刘媪任高祖而梦与神遇，震电晦冥，有龙蛇之怪。及其长而多灵，有异于众，是以王、武感物而折券，吕公睹形而进女；秦皇东游以厌其气，吕后望云而知所处；始受命则白蛇分，西入关则五星聚。故淮阴、留侯谓之天授，非人力也。[78]

班固撰《汉书·高帝纪》，荀悦《汉纪》述西汉开国，几乎全盘照搬《史记·高祖本纪》的神话。如《汉书·高帝纪》赞曰："汉承尧运，德祚已盛，断蛇著符，旗帜上赤，协于火德，自然之应，得天统矣。"[79]《汉纪》赞曰："汉祖初定天下。则从火德。斩蛇著符。旗帜尚赤。自然之应。得天统矣。"[80]

杜笃不赞成光武帝建都洛阳，上《论都赋》颂扬长安之壮观奇伟，开篇即云："大汉开基，高祖有勋，斩白蛇，屯黑云，聚五星于东井。"[81]王充《论衡》中多处讨论刘媪梦神、丰西斩蛇、芒砀云气、龙颜黑子等神话，称颂刘邦禀贵命于天、汉家祥瑞盛于西周，批评龙交感生、雷雨晦冥为虚妄之言，争辩丰西所斩之蛇当为妖而非白帝子。[82]孔融与曹操书论酒之德，称"高祖非醉斩白蛇，无以畅其灵"[83]。

很明显,《史记·高祖本纪》记叙的开国神话,在新莽、东汉是众所周知的历史常识和集体记忆,也是汉皇朝统治正当性的必备论述。甚至连刘邦"斩白蛇"的"长剑"[84]也被尊为国之重器,与极具传奇色彩的秦传国玺并列为"乘舆所宝"[85]。"法驾出,则多识者一人负传国玺,操斩白蛇剑,参乘;余皆骑,在乘舆车后。"[86]直至"晋惠帝元康五年(295)闰月庚寅,武库火。张华疑有乱,先固守,然后救灾。是以累代异宝,王莽头,孔子履,汉高断白蛇剑及二百万人器械,一时荡尽"[87]。丰西斩蛇神话乃至与刘邦有关的一连串开国神话,至此丧失其物质的和仪式的象征及寄托。

称《史记·高祖本纪》中的刘媪梦神、骨相异常、丰西斩蛇、芒砀云气等叙述为"神话",当然是因为我们认为,这些故事是超现实、超自然的,是不可能在俗世、现实生活中发生的。这些神话,是在特定的社会政治文化语境中,按照当时的习俗、信仰建构出来的。但这并不是说,所有的故事都是事后伪造的,故事中的某些元素,可能基于当时的客观事实。例如刘邦的骨相,也许有与众不同之处;途中遇蛇而斩之,在现实生活中并非不可能发生;刘邦藏匿芒砀山中,也许与吕雉有秘密的联络方法,但为了安全不得不假托神灵,等等。

"开国之君能开创一个朝代,而使整个天下归他统治,当然是不平凡的人物，必然有些与常人不同之处。"[88]其突出的个人魅力和能力，可能令周围的人感受到特殊的吸引力，从而期盼会有什么不同寻常的事情发生在他的身上。而秦末社会政治的风云变幻，自古流传的无数感生神话，战国以来盛行的骨相、望气方术，群众寻觅真命天子的心理需求，形成了建构政治神话的丰富语境。与此同时，《史记·高祖本纪》所描绘的刘邦，有"预言自我实现"的强烈倾向和对自己"应运而生"的忠诚信仰。在适当的时空情境中，他能以极强的自信心、敏锐的政治嗅觉、丰富的人生阅历和圆熟的人际沟通能力，对其徒众乃至更大范围的群众发出较强的心理暗示，影响他们的行为以及对自己的评价。

"神话的内容大概都有些虚构，但有神话则是千真万确的事实；而这些事实的发生，必然有其原因，也必然有其功能。"[89]在刘邦及其追随者逐鹿中原的过程中，在有意无意的心理激荡中，一连串神话被建构出来和传播开来，超现实、超自然的故事获得了现实的、世俗的生存空间，在社会和政治活动中发挥了实际的作用，参与了历史的创造。在这个意义上，《史记·高祖本纪》所记载的开国之君神话，从某一个侧面展现了历史的真相。

## 第二节　民间传说

第一章讨论讹言时提到,《后汉书·五行志》记载,东汉桓帝永康元年(167)八月,巴郡上奏祥瑞,有黄龙出现。其实是怎么回事呢？原来当地有走卒因为天热去池塘洗澡,见池水浑浊,"因戏相恐'此中有黄龙',语遂行人间"[90]。

戏语也是一种讹言。有些戏语经过口耳相传,形成众所周知的传说,是民间俗信的典型生成方式之一。试以东汉学者应劭所撰《风俗通义》的记载为例,观察汉代一些民间俗信的形成过程。

### 一、神君传奇

战国以来,流行于民间、带有浓厚原始宗教气息的各种方术信仰,诸如神仙、巫蛊、下神、择日、禁忌、望气、卜相、鸡卜、杂祀、星占、符应、淫祀(不在祀典的鬼神)等,在汉代社会的各个阶层广泛流行。传世文献以及近年的出土文献中,对此有详尽的记载。如昭宣之世,"富者祈名岳,望山川,椎牛击鼓,戏倡儛像。中者南居当路,水上云台,屠羊杀狗,鼓瑟吹笙。贫者鸡豕五芳,卫保散腊,倾盖社场","宽于行而求于鬼,怠于礼而笃于祭","街巷有巫,闾里有祝"。[91]至平帝末年,王莽鼓励纵容鬼神淫祀,"自天地六宗以下至诸小鬼神,凡千七百所,用三牲鸟兽三千余种"[92]。这个数目,虽然已包容部分"淫祀",但民间应该仍有不少自行崇祀、未入官府祭祀名册的小神。

东汉的情形,大体相似,《风俗通义·怪神》篇就描述了一些东汉民间崇祀的小神信仰是怎样"炼成"的。

(一)鲍君神

> 汝南鲖阳有于田得麕者,其主未往取也,商车十余乘经泽中行,望见此麕著绳,因持去,念其不事,持一鲍鱼置其处。有顷,其主往,不见所得麕,反见鲍君,泽中非人道路,怪其如是,大以为神,转相告语,治病求福,多有效验,因为起祀舍,众巫数十,帷帐钟鼓,方数百里皆来祷祀,号鲍君神。其后数年,鲍鱼主来历祠下,寻问其故,曰:"此我鱼也,当有何神。"上堂取之,遂从此坏。传曰:"物之所聚斯有神。"言人共奖成之耳。[93]

鲍,即干鱼。称"君"者,战国时已称神异为"君"。[94]上文说的是汝南鲖阳(今河南新蔡)有人在野外湿地设套,套住一只獐子,物主还没来得及去检视猎物,就有商人车旅路过,商人见到獐子被绳索困住,不告而取。但又有点不好意思,就留下一条干鱼。当物主前往检视时,没见到有猎物,只有干鱼。因该地平时没有人车经过,物主大为惊诧,以为是神物。当地口耳相传,纷纷前来拜祭,治病求福,相当灵验。于是建起庙宇供奉如神,巫者云集,吸引方圆数百里的人们前来祈福,号称"鲍君神"。

过了几年,当年留下干鱼的商人再次路过这里,发现此怪,对村民说:"此我鱼也,当有何神?"遂从祭坛上取走干鱼,"鲍君神"庙就此荒废。

(二)李君神

> 汝南南顿张助,于田中种禾,见李核,意欲持去,顾见空桑中有土,因殖种,以余浆溉灌,后人见桑中反复生李,转相告语,有病目痛者,息阴下,言李君令我目愈,谢以一豚。目痛小疾,亦行自愈。众犬吠声,因盲者得视,远近翕赫,其下车骑常数千百,酒肉滂沱。闲一岁余,张助远出来还,见之,惊云:"此有何神,乃我所种耳。"因就斫也。[95]

汝南南顿,即今河南项城。"其下车骑常数千百,酒肉滂沱",说明李君神之崇信者,不只附近的村民,也包括达官贵人。经"始作俑者"一语道破,而信仰破产。

(三)石贤士神

> 汝南汝阳彭氏墓路头立一石人,在石兽后。田家

老母,到市买数片饵,暑热行疲,顿息石人下小瞑,遗一片饵去[96],忽不自觉。行道人有见者,时客适会,问何因有是饵?客聊调之:"石人能治病,愈者来谢之。"转语:"头痛者摩石人头,腹痛者摩其腹,亦还自摩,他处放此。"凡人病自愈者,因言得其福力,号曰贤士;辎辇毂击,帷帐绛天,丝竹之音,闻数十里,尉部常往护视,数年亦自歇,沫复其故矣。[97]

汝南汝阳,即今河南商水。上文说河南汝阳有一位农家老妇在集市上买了几块饼(大约是馍馍之类的面食),大热天走得累了,就在路边墓地树荫下乘凉小憩,随手在旁边的石人头上放了一块饼,走时却忘了拿。路人们经过,觉得奇怪,有人戏语道:"石人能治病,愈者来谢之。"于是人们又"转相告语"[98]:摸石人头能治头痛、摸石人腹能治腹痛。病人自愈,也以为是获得石人的福佑,称之为石贤士或石贤君。石人前车水马龙,帷帐蔽天,奏乐声闻数十里。郡中的部都尉,也常来维持秩序。几年后,当年忘饼的老妇听说此事,遂向乡亲澄清真相,石贤君崇拜就此止息。[99]

这三则神君信仰的形成经过大同小异,缘起于误会、误传、戏语,经过"转相告语",无中生有而神乎其神,不但获得一般民众的信仰,地方官员、精英阶层也可能趋之若鹜。应劭的理性主义叙述展示了东汉成功"辟谣"的经典案例：神秘的迷雾一旦被真相吹散，迷信再无立足之地，干鱼、李核、石人等伪神君立即被撤下神坛。

但从汉代直至近代，更多因误会、误传、戏语而成功建构的诸神信仰，一直活生生地存在于民间。[100] 鲍、李、石下坛了，杜、狐、毛可能又上坛了。其实，信仰或"迷信"并不需要经过科学验证的理据，也不在乎所信神祇的来历真相，信众真正在意的是该神祇的"灵验性"（以他自己以及身边信众群体的经验、体验为凭据），亦即对信众群体心灵的抚慰能力。

## 二、"俗说""俗言"

《风俗通义·正失》篇"正"当时流行的"俗说""俗言"之"失"，批评一些以讹传讹的俗信观念。[101] 例如：

### （一）叶令祠

> 俗说孝明帝时，尚书郎河东王乔，迁为叶令，乔有神术，每月朔常诣台朝，帝怪其来数而无车骑，密令太史候望，言其临至时，常有双凫从东南飞来；因伏伺，见凫举罗，但得一双舄耳。使尚方识视，四年中所赐尚书官属履也。每当朝时，叶门鼓不击自鸣，闻于京师。后天下一玉棺于厅事前，令臣吏试入，终不动摇。乔："天帝独欲召我。"沐浴服饰寝其中，盖便立覆，宿夜葬于城东，土自成坟，县中牛皆流汗

吐舌，而人无知者，百姓为立祠，号叶君祠。牧守班禄，皆先谒拜，吏民祈祷，无不如意，若有违犯，立得祸。明帝迎取其鼓，置都亭下，略无音声。但云叶太史候望，在上西门上，遂以占星辰，省察气祥，言此令即仙人王乔者也。[102]

王乔，《后汉书·方术传》有传[103]，所叙事迹与《风俗通义》略同，或说即采自《风俗通义》。叶县，汉属南阳郡，即今河南叶县。当地立有叶君祠，奉祀王乔，官民都会虔诚拜祭。应劭质疑说，叶君祠春秋时期已立，奉祀的应该是楚国大夫叶公。[104] 叶公，楚庄王后裔，姓沈，名诸梁，字子高，封于叶，有政绩。著名的"叶公好龙"寓言，说的就是他。但东汉距春秋已远，民间不明叶君祠之缘起，"俗说"以讹传讹，以曾任叶县令而又有仙迹的王乔当之，祀之于叶君祠。这类张冠李戴的情形，在中国的民间信仰中其实很常见。[105]

(二) 孝文帝

孝成皇帝好诗、书，通览古今，间习朝廷仪礼，尤善汉家法度故事，常见中垒校尉刘向，以世俗多传道：孝文皇帝，小生于军，及长大有识，不知父所在，日祭于代东门外；高帝数梦见一儿祭己，使使至代求之，果得文帝，立为代王。及后征到，后期，不得立，日为再中。及即位为天子，躬自节俭，集上书囊以为前殿帷，常居明光宫听政，为皇太薄后持三年服，庐居枕块如礼，至以发大病，知后子不能行三年之丧，更制三十六日服。治天下，致升平，断狱三百人，粟升一钱。"有此事不？"向对曰："皆不然。"[106]

汉文帝刘恒，高祖庶子，母薄姬，地位寒微。母子多年住在代国，长期身居权力边缘。吕太后死后，文帝得以继承大位，实属侥幸，本章第一节之"继体之君神话"已有讨论。文帝个性谨慎，施政仁厚，清静无为，厉行节约，轻徭薄赋，改革刑罚，开创文景之治格局。民间对这样一位皇帝的成长经历、继位经过及秉性为人颇感好奇，有许多私下议论和传言，完全在情理之中。但这些传言，居然传到宫中，始有汉成帝之问，以及刘向之澄清。

应劭指出，刘恒生于宫中，常年生活在皇宫或王宫，何来"弃捐军中，祭代东门"，"不知父所在"之说？传言说朝廷迎立代王，因为到达时间太晚，过了预定时辰，日轮居然再度当午，代王才得以顺利完成即位仪式。史实是刘恒即位是在黄昏，怎么可能日再当午？文帝虽然出名节俭，但"未央前殿至奢，雕文五采，画华榱壁珰，轩槛皆饰以黄金"，不可能如民间传言所说，未央宫前殿的帷帐，是拆开臣下上书所附包装简册的黑布袋缝制而成。文帝比薄太后早死,何来"为皇太薄后持三年服,庐居枕块如礼,至以发大病"?"凡此十余事,皆俗人所妄传,言过其实,及傅会。"[107]

### (三)东方朔

> 俗言:东方朔太白星精,黄帝时为风后,尧时为务成子,周时为老聃,在越为范蠡,在齐为鸱夷子皮。言其神圣能兴王霸之业,变化无常。[108]

东方朔,汉武帝时征拜为郎,后任太中大夫等职,博学多才,滑稽多智,诙谐雄辩,"时观察颜色,直言切谏,上常用之",但被汉武帝视为倡优,不获重用。东方朔"喜为庸人诵说,故令后世多传闻者","其事浮浅,行于众庶,僮儿牧竖,莫不眩耀,而后世好事者,因取奇言怪语,附著之朔"。[109]西汉以来,东方朔极受民间喜爱,成为神话人物,人们围绕他造出许多传奇故事。上引"俗言",当然都是民间传奇之语,无法以常理检验。

### (四)淮南王刘安

> 俗说:淮南王安,招致宾客方术之士数千人,作《鸿宝》《苑秘》《枕中》之书,铸成黄白,白日升天。[110]

淮南王刘安，于武帝时以"废法行邪，怀诈伪心，以乱天下，荧惑百姓，倍畔宗庙，妄作妖言"罪，自到国除，王后、太子、涉案宾客皆族，受牵连者数千人，详见第二章的讨论。但民间有传言称，刘安及其宾客精擅方术，已"白日升天"。应劭对此严加驳斥："安在其能神仙乎？安所养士，或颇漏亡，耻其如此，因饰诈说，后人吠声，遂传行耳。"[111] 此说如果属实，其情境与清朝"雍正夺嫡"谣言之成形与传播，如出一辙。

## 第三节 神话、传说与谣言

应劭批判的汉代"俗言""俗说"，是典型的谣言现象。至如政治神话、神君传奇，与谣言的关系也非常密切。

大部分谣言有很强的时效性，很快就会销声匿迹。因为谣言是对特定时空某一暧昧情境、某一模糊事件的"解释"，当时空条件发生变化，或情境明朗化，谣言自然就会丧失其继续存在的理由。但某些谣言会经受住时间的考验，世代相传，成为民间传奇或历史神话。如担负族群凝聚和文化传统传承使命的原始神话（包括始祖神话和文化英雄神话），维护皇权正当性和维系社会稳定的某些政治神话，陆续被历史化、文本化，成为官方、正统历史叙事的一部分。有些谣言对重大事件所提供的解释,符合民众的某些心理预期且能提供足够想象空间,经过长期积淀成为历久不衰的民间传奇和阴谋假说(conspiracy theory),如汉代的刘安"白日升仙"、北宋初年的"烛影斧声"、清初的"雍正夺嫡"等。

近年谣言研究的一个分支是"都市传奇(urban legend)"。"都市传奇"并不限于发生并流行于都市地区,它其实是指现当代民间传奇。由于现当代社会形态日趋都市化,无论在都市还是乡村,其生活形态和心态与传统农业社会有较大区别,所以学界以"都市传奇"命名之。

传统政治神话、民间传奇和现当代都市传奇具有谣言的一般特征,例如都是即兴而起、难以溯源;均非第一手资讯,而是听自"朋友"或"可靠消息来源";所传递的信息貌似或声称真实,但都无法证实或未经证实;其信息常具有警告的意味;除了官方认可的原始神话和政治神话,民间传奇一般经由民间或非官方渠道在人际以口语、书面形式传播;政治神话和民间传奇的表述形式和内容在传播过程中必然经历种种增益、删减、润饰和再创作。

政治神话和民间传奇有别于一般谣言之处,在于:一,它们一般以故事的形式出现,有比较完整的情节结构;二,它们往往具长时效性,类似主题或情节可以"历久弥新""死灰复燃",重复出现。

**注释：**

［1］冷德熙著：《超越神话——纬书政治神话研究》，北京：东方出版社，1996，第40页。

［2］黄震云：《汉代神话的多态性与政治》，《文学评论》2010年第21期，第98页。

［3］孙广德著：《我国正史中的政治神话》，杜维运、王寿南、王德毅、李云汉编：《中国史学论文选集第6辑》，台北：幼狮文化事业公司，1986，第65—66页。

［4］孙广德（1986），第112—113页。

［5］孙广德（1986），第67页。

［6］孙广德（1986），第69页。

［7］有关神话的细节，第四章第一节已作详述。

［8］李贤注引《东观汉记》："光照堂中，尽明如昼。"

［9］《后汉书》卷一下《光武帝纪下》，第86页。

［10］《汉书》卷九七上《外戚传上》，第3941页。

［11］《汉书》卷九七上《外戚传上》，第3946页。

［12］《汉书》卷九七上《外戚传上》，第3956页。

［13］《纬书集成》卷下，第1179页。

［14］《汉书》卷八《宣帝纪》，第235页。

［15］《汉书》卷八《宣帝纪》，第235页。

［16］《后汉书》卷五《安帝纪》，第203页。

［17］《后汉书》卷一○下《皇后纪下》，第449页。

［18］从血缘、家境到生母在宫中的地位。

［19］传统史注（如《史记索隐》）指出，《汉书·高帝纪》称高祖"名邦，字季"，《史记·高祖本纪》却"单云字，亦又可疑"，很可能在高祖未显之时，长兄名伯，次兄名仲，他则名季，即老大、老二、老三之谓也。至即位后，始易名邦。高祖父太公，史缺其名。母刘媪，史缺其氏，然汉代人持续神化之，遂有纬书所谓太公名执嘉、刘媪氏王名含始等神话流传。

［20］司马迁著，泷川资言考证，水泽利忠校补：《史记会注考证附校补》卷八，上海：上海古籍出版社，1986，第232页。

［21］高祖的岳父吕公好相人，因见高祖状貌瑰奇，妻以女，即吕后。高祖为亭长时，妻吕氏与子女居田中耨。某善相老父相吕氏及其子女皆贵，及见高祖，称"君相贵不可言"。

［22］邵泰衢《史记疑问·高祖纪》有类似质疑："白帝赤帝之讹，盖如白鱼赤乌之伪而已。"转引自杨燕起、陈可青、赖长扬编：《历代名家评〈史记〉》，北京：北京师范大学出版社，1986，第358页。

［23］梁玉绳著：《史记志疑》卷六，北京：中华书局，1981，第215页。

［24］刘知幾撰，浦起龙释：《史通通释》卷五《採撰》，上海：上海古籍出版社，1978，第115页。钱锺书赞誉《史记》"不好奇轻信"（录李因笃语），不录荒诞事，"言择雅驯，笔削谨严"，白璧微瑕处是"《史记》于'怪事'、'轶闻'，固未能芟除净尽，如刘媪交龙、武安谢鬼，时复一遭"。（钱锺书著：《管锥编》第1册，北京：三联书店，2001，第482、483页）

［25］徐经《雅歌堂文集》卷四《书高帝本纪》，转引自杨燕起等（1986），第358页。王先谦补注《高帝纪》引沈钦韩说，亦持此议。（《汉书补注》卷一上，第27页）

［26］崔适："各本中述赤帝子斩白帝子事，此从《郊祀志》窜入。"（崔适著：《史记探源》卷三，北京：中华书局，1986，第61页）顾颉刚："但司马迁时不能有此故事（斩蛇，云气），必出伪窜。"（顾颉刚著：《五德终始说下的政治和历史》，《古史辨》第五册，上海：上海古籍出版社，1982，第493页）吕思勉（1983）："赤帝子之说，则又因高祖为沛公旗帜皆赤而附会，未必与行序有关。《史记》本纪言旗帜皆赤，由所杀蛇白帝子，杀者赤帝子，疑出后人增窜，非谈、迁原文也。"（第817页）

［27］《新书校注》卷一〇《立后义》，第409页。

［28］据《汉书·高帝纪下》，请上尊号的诸侯包括楚王韩信、韩王信、淮南王英布、梁王彭越、故衡山王吴芮、赵王张敖、燕王臧荼等。

［29］《史记》卷八《高祖本纪》，第379页。

［30］《史记》卷八《高祖本纪》，第381页。

［31］《汉书》卷一下《高帝纪》，第62页。

［32］《史记》卷八《高祖本纪》，第393—394页。

［33］《史记》卷一三〇，第3302页。

［34］清代以来的疑古学者对《史记》神话出于伪造、增窜的质疑，主要集中于《高祖本纪》，是因为围绕刘邦的开国神话，似乎带有西汉末才兴起的五德终始论之气息。然近年来学者们已指出，赤

帝、白帝之说，未必关五德说事，更可能与先秦流行的五方帝信仰有关。秦末汉初出现此类神话，完全可能。

[35]此段为《新语》佚文，王利器辑自《西京杂记》。《太平广记》卷一三五引作《殷芸小说》。（陆贾撰，王利器校注：《新语校注》，北京：中华书局，1986，第180—181页）

[36]余嘉锡著：《四库提要辨证》，北京：中华书局，1980，第526页。

[37]亦佚文，王利器辑自《水经·渭水注》《太平御览》卷一五、八七、八七二。见《新语校注》第184页。《史记·项羽本纪》有类似叙述。

[38]参见《史记》卷一〇《孝文本纪》、卷五五《留侯世家》、卷九二《淮阴侯列传》。

[39]《史记》卷七《项羽本纪》，第334、336页。

[40]《史记》卷八《高祖本纪》，第391页。

[41]徐经《雅歌堂文集》卷四《书高帝本纪》，转引自杨燕起等（1986），第358页。王先谦补注《高帝纪上》引沈钦韩说，亦持此议。（《汉书补注》卷一上，第27页）

[42]《史记会注考证附校补》卷八，第232页引。

[43]参见吕宗力：《感生神话与汉代皇权正当性的论证》，《秦汉史论丛第8辑》，昆明：云南大学出版社，2001，第415—434页。

[44]《史记志疑》卷六，第215页。

[45]《新书校注》卷六，第248—249页。

[46]刘向撰：《新序》卷二，《四库全书》，上海：上海古籍出版

社,1990,第10页。

[47]虽然在先秦典籍中有梦蛇兆生女之祥,但《左传·庄公十四年》《史记·郑世家》叙内蛇与外蛇斗而死,《左传·文公十六年》叙蛇自泉宫出,皆视蛇为妖征。

[48]《史记志疑》卷八,第215页。

[49]李延寿撰:《南史》卷一《宋本纪上》,北京:中华书局,1975,第1—2页。

[50]凌稚隆《汉书评林》引,转引自《史记志疑》卷八,第215页。

[51]《史记会注考证附校补》卷八,第234页引。

[52]《史记》卷八《高祖本纪》,第348页。

[53]《史记会注考证附校补》卷八引赵翼曰:"即自疑三字,高祖匹夫而以天子自疑,正见其志气不凡。汉书删之。"(第234页)

[54]《史记》卷七《项羽本纪》,第311页;陆贾《楚汉春秋》佚文略同:"吾使人望沛公,其气冲天,五色相摎,或似龙,或似蛇,或似虎,或似云,或似人,此非人臣之气也,不若杀之。"(《新语校注》,第184页)

[55]从中华书局标点本之校勘。原文"师"作"颜师古",《史记会注考证》从之,不妥。京房说《易》,岂能引述颜师古说?

[56]《史记会注考证附校补》卷八,第234页引。

[57]《雅歌堂文集》卷四《书高帝本纪》,转引自杨燕起等(1986),第358页。

[58]《汉书》卷二五上《郊祀志上》,第1215页。

[59]《汉书》卷五六《董仲舒传》，第2496页。

[60]《汉书》卷一一《哀帝纪》，第340页。

[61]司马相如《封禅文》称颂大汉之德，招致种种符瑞，"宛宛黄龙，兴德而生……云受命所乘"（《文选》卷四八，第678页）；扬雄《剧秦美新》："会汉祖龙腾丰沛"（《文选》卷四八，第680页），都反映出西汉中期以后流行追述高祖开国神迹的政治文化氛围。

[62]《纬书集成》卷上，第463页。

[63]《纬书集成》卷中，第580页。

[64]《纬书集成》卷下，第1179页。

[65]《纬书集成》卷下，第1185页。

[66]《纬书集成》卷下，第1223页。

[67]《纬书集成》卷中，第765页。

[68]《纬书集成》卷中，第812页。

[69]《纬书集成》卷上，第372页。

[70]《纬书集成》卷下，第1193页。

[71]《纬书集成》卷下，第1223页。

[72]这个神话母题在新莽末极为流行，成为光武复汉正当性的重要神话依据。东汉以后的社会政治动荡中，它也屡次浮现，例如东晋末刘裕的开国神话。

[73]《纬书集成》卷中，第580页。

[74]《纬书集成》卷中，第812页。

[75]《纬书集成》卷下，第1178页。

[76]《纬书集成》卷下，第1179页。

[77]《纬书集成》卷中,第812页。

[78]《汉书》卷一〇〇上《叙传上》,第4208—4212页。

[79]《汉书》卷一下《高帝纪》,第82页。

[80]《两汉纪》卷一《高祖皇帝纪》,第1—2页。

[81]《后汉书》卷八〇上《文苑上·杜笃传》,第2598页。

[82]参见王充《论衡》中的《吉验》《骨相》《初禀》《奇怪》《语增》《感类》《宣汉》《纪妖》诸篇。

[83]《后汉书·孔融传》中注,引自《孔融集》。《后汉书》卷七〇,第2273页。

[84]《史记·高祖本纪》索隐:"《汉旧仪》云'斩蛇剑长七尺'。又高祖云'吾以布衣提三尺剑取天下'。二文不同者,崔豹《古今注》'当高祖为亭长,理应提三尺剑耳;及贵,当别得七尺宝剑',故《旧仪》因言之。"正义按:"其蛇大,理须别求是剑斩之。三尺剑者,常佩之剑。"可见汉晋唐人对传奇"宝剑"真实形态的讨论,还颇为认真。(《史记》卷八《高祖本纪》,第348页)

[85]沈约撰:《宋书》卷一八《礼志五》,北京:中华书局,1974,第506页。

[86]《宋书》卷二九《百官志上》,第1239页。

[87]《宋书》卷三二《五行志三》,第933页。

[88]孙广德(1986),第65—66页。

[89]孙广德(1986),第52页。

[90]《后汉书》志一七《五行五》,第3344页。

[91]桓宽撰,王利器校注:《盐铁论校注》卷六《散不足》,北

京：中华书局，1992，第351—352页。

[92]《汉书》卷二五下《郊祀志下》，第1270页。

[93]应劭撰，王利器校注：《风俗通义校注》卷九，北京：中华书局，1981，第403页。王利器注：《抱朴子·内篇·道意》："昔汝南有人于田中设绳罥以捕獐，而得者，其主未觉，有行人见之，因窃取獐而去，犹念取之不事，其上有鲍鱼者，乃以一头置罥中而去。本主来，于罥中得鲍鱼，怪之以为神，不敢持归。于是村里闻之，因共为起屋立庙，号为鲍君；后转多奉之者，丹楹藻悦，钟鼓不绝，病或有偶愈者，则谓有神，行道经过，莫不致祀焉。积七八年，鲍鱼主后行过庙下，问其故，人具为之说，其鲍鱼主乃曰：'此是我鱼耳，何神之有。'于是乃息。"即本应氏此文。刘敬叔记鳢父庙事，与此为同一类型之故事，其《异苑》五曰："会稽石亭埭有大枫树，其中空朽，每雨水，辄满溢。有估客载生鳢至此，聊放一头于朽树中，以为狡狯；村民见之，以为鱼鳢非树中之物，咸谓是神，乃依树起屋，宰牲祭祀，未尝虚日，因遂名鳢父庙；人有祈祷及秽慢，则祸福立至。后估客返，见其如此，即取作臛，于是遂绝。"中国古代不少民间崇祀的小神，其起源类之。

[94]参见王利器注文。

[95]《风俗通义校注》卷九，第405页。

[96]王利器注："《封氏闻见记》引作'暑热行疲，息石人下，遗一片饵'，《御览》七四一引作'田家老母市饼，置道边石人头上，既而忘之'，又八六〇引作'田家老母到市买数片饵以归，过荫墓树下，以饵著石人头，忽去而忘之'。《抱朴子》作'田家老母到市买

数片饼以归,天热,过荫彭氏墓口树下,以所买之饼,暂著石人头上,忽然便去,而忘取之'。"

［97］《风俗通义校注》卷九,第406—407页。

［98］王利器注:"《闻见记》作'石人能愈病,人来谢者,转相告语',《御览》两引俱作'转以相语',《抱朴子》亦作'转以相语',此文省二字,义反晦,当据补。"

［99］王利器注:"《御览》七四一引作'后饼母为说乃止',又八六〇引作'数年前饵母闻之,为人说之,乃无复往者'。此文省饵母申说事,当据补。《抱朴子·道意》篇:'汝阳彭氏墓近大道,墓口有一石人。田家老母到市买数片饼以归,天热,过荫彭氏墓口树下,以所买之饼,暂着石人头上,忽然便去,而忘取之。行路人见石人头上有饼,怪而问之,或人云:"此石上有神,能治病,愈者以饼来谢之。"如此转以相语,云:"头痛者摩石人头,腹痛者摩石人腹,亦还以自摩,无不愈者。"遂千里来就石人治病,初但鸡肫,后用牛羊,为立帷帐,管弦不绝,如此数年。忽日前忘饵母闻之,乃为人说,始无复往者。'即袭用此文。"(《风俗通义校注》卷九,第408—409页)

［100］读者可以参阅笔者与栾保群合著的《中国民间诸神》,石家庄:河北人民出版社,2000。

［101］类似的"俗说""俗言"在汉代文献中还能找到不少,如王充《论衡》。本节仅选取《风俗通义》中的部分案例。

［102］《风俗通义校注》卷二,第81—82页。

［103］《后汉书》卷八二上《方术传》,第2712页。王乔或王子乔,在道家、道教文献中是常见的神仙名,关于他的身份来历有许多

种不同的说法,很可能指不同时代的不同人物。甚至早至马王堆三号汉墓出土帛书《养生方》中已有王子巧(乔)父问彭祖养生的记载,《淮南子·泰族训》亦以"王乔、赤松"并举。《后汉书·方术传》中的王乔,只是其中之一,但在民间常与其他仙人"王乔""王子乔"混为一谈。

[104] 王利器注引《水经·汝水注》:"醴水又东,径叶公庙北。庙前有叶公子高诸梁碑,旧秦汉之世,庙道有双阙几筵,黄巾之乱,残毁颓阙。"

[105] 读者可以参阅笔者与栾保群合著的《中国民间诸神》(2000)。

[106]《风俗通义校注》卷二,第93—94页。

[107]《风俗通义校注》卷二,第99页。

[108]《风俗通义校注》卷二,第108页。

[109]《汉书》卷六五《东方朔传》,第2860、2873、2874页。

[110]《风俗通义校注》卷二,第115页。

[111]《风俗通义校注》卷二,第116页。

# 第六章 观察与思考

汉代的流言、讹言、妖言、谣言、谶言、谶谣、政治神话、民间传说等，都属于谣言或类谣言言论（以下统称为谣言类言论）。汉代的谣言类言论，一般源自传闻、传说、俗说等难以追溯的信息源头，主要通过非官方、非主流的人际网络，以口语为主、文字为辅的方式传播。其内容常常涉及诅咒、评论、猜测、怪诞、妖异，所传递信息未经权威渠道批准或证实，但未必虚妄谬误。其语言表达暧昧、双关、多义，诠释空间广阔，在当时的政治、社会生活中扮演了重要的角色。

## 第一节　谣言的史料和历史价值

近年来，史学界关注历史上普通人的日常生活、信仰、精神状态和思维方式，希望能提供多元、多维的历史视角。但或许是因史学界对其文本可靠性乃至此类史料的历史真实性仍怀疑虑,流言、讹言、妖言、谶言、谶谣、神话、传说等谣言类言论,在历史研究中尚未得到足够重视和充分利用。[1]当代史学史家甚至认为传统史学著述收录这一类言论,是在"宣扬神秘思想"[2],是为"宣扬因果报应,天命神权观,收入了大量鬼神怪异传说"[3]。

例如传统史书体例的设计,反映出史家在建构历史叙述时对当时人、文化、社会、自然及其互动关系(即司马迁所说的"古今之变,天人之际")的整体观照、审察视角和轻重权衡。自司马迁、班固以来,纪传体史书的完整体例,除叙人、叙事件、表列时序的纪、传、表、世家,必包括有书、志,以事为类记录各种典章制度(礼仪、政制)、典籍、学术(天文、五行、律历、地理)的发展轨迹,不仅具备专史的资质,更是史家"通古今之变,究天人之际"的重要依据。《汉书》十志之体例,尤其受到后世史家的推崇,成为正史编纂体例的范本。其中的《五行志》,记录有大量符命、图谶、讹言、妖言、谶谣等谣言类言论,本书引述的史料,不少即来自《五行志》。但《五行志》的学术、思想和历史价值,长期以来受到史学评论界和史学史界的批判和质疑。

传统史评家如刘知幾(661—721),其著《史通》辟有专章,批驳《汉书·五行志》的"芜累""乖理"。[4]杜佑(735—812)作《通典》,"将五行说的内容删去,以为'事非经国礼法程制,亦所不录,弃无益也'(李翰:《通典序》)"[5]。郑樵(1104—1162)作《通志·灾祥略》,"专以纪实迹,削去五行相应之说,所以绝其妖"[6]。

当代史学家批评沈约《宋书》的《天文》《符瑞》《五行》三志,以十二卷的篇幅,"集相法、星占、望气、阴阳、灾异、符命、图谶、僧谶等神秘记录的大成,总的目的不过在企图证明皇权神授、天命有数"[7]。

传统史学著述收录谣言类言论而受到后世史评诟病之处,还在于其"虚妄不实","好采诡缪碎事以广异闻","以历史记载跟异闻轶事混淆起来"的"非理性"叙述笔法。[8]刘知幾在《史通》中对此有严厉批评,认为史家虽然需要"征求异说,采摭群言",但必须慎择史料,而非采用各种神奇怪异之说入史。[9]如"禹生启石,伊产空桑,海客乘槎以登汉,姮娥窃药以奔月","尧有八眉,夔唯一足;乌白马角,救燕丹而免祸;犬吠鸡鸣,逐刘安以高蹈"之类的"道听途说",皆属"讹言难信,传闻多失","朱紫不别,秽莫大焉"。至如"嵇康《高士传》,好聚七国寓言,玄晏《帝王纪》,多采《六经》图谶",范晔《后汉书》"王乔凫履,出于《风俗通》,左慈羊鸣,传于《抱朴子》",则属"引书之误"。[10]

刘知幾所批评的史学著述中之"非理性"叙事倾向,既表现为史料采择的"不严谨",也表现为叙述中神秘化的历史诠释。如果史学著述严格遵从刘知幾的史料"采撰"准则,谣言类言论将被完全摒诸历史叙事之外,本书的研究也就无从开展了。

加拿大学者诺思洛普·弗莱（Northrop Frye）在对《圣经》和神话语言、文学的研究中，指出西方传统观念坚信叙述性语言是传递历史信息、保存历史真实最适当、最基本、最客观的语言类型，而含糊、双关、隐喻、富想象力的表达方式则会有损信息的可靠性、真实性和清晰性。弗莱如下反驳说：

其一，隐喻、富想象力的语言表达形式，其实是各类语言表达形式（包括叙述型、论辩型等）的始祖。"真实"的历史信息最早就是通过隐喻式、神话式语言来表达、传递的。

其二，对中古及之前的人们来说，文学与历史叙述之间的界限并不明确，神话、传说与历史之间的界限也不明确。

其三，"历史真实性"的实质意涵是什么？任何文本都有其特定的语境，任何文学或历史作者的写作、对"历史"的认识，都受到特定时空历史条件（包括社会、政治、意识形态和官方、民间）的影响。谈历史真实性不能脱离历史语境，要理解历史语境就必须了解该历史语境中官方、民间的流行心态、信仰、思维方式，而神话、传说常常是了解此类流行心态的重要史料来源。在这个意义上，神话、传说类文字也是可靠的、真实的历史记录。

其四，神话、传说类史料常常包含一些错误或误导信息，例如所涉及的年代、人名、事件、其他历史细节等，但重点不在于这些细节，而是这些史料所透露的观念、信仰、价值、关注重点等。神话、传说并非要伪造历史，而是要提供符合当时语境中的"本质真实"的符号式诠释。[11]

如果我们将以上论述中的"神话、传说"置换为谣言类言论，再联系阴阳灾异观念盛行的汉代语境，就可以理解这一类言论信息所具备的特殊历史价值了。例如东汉末至南北朝时期史学编纂的一个重要门类是"古史"，在《隋书·经籍志》史部所列史书十三类中，它排序第二，仅次于正史。著名者包括谯周的《古史考》、徐整的《三五历纪》和皇甫谧（215—282）的《帝王世纪》。[12] 刘节说，"谯周撰《古史考》皆凭旧典，以纠司马迁之失。其实司马迁所不采的，都是一些'荐绅先生难言之'的事"[13]。所谓"荐绅先生难言之"事，就包括先秦以来流传的上古神话、传说，后为谶纬吸收改造，成为其古史论述的组成部分。

《三五历纪》从盘古开天辟地讲起，《帝王世纪》述帝王世系、年代及事迹，上起三皇、下迄汉魏，皆将古史年代向前大幅度推进。其天地起源、天地人三皇、人皇九头、古帝王名氏身世神迹等说，皆源出纬书的古史神话。其实三代以前的历史，除了无声无言的出土器物，几无实录可言。即使被"荐绅先生"认为叙事严谨的《左传》

《史记》，所述古史也难免有虚无缥缈、难以核实之处。更重要的是，经过数百年官方学术机构及著名民间经师的推崇、教授，神话化古史论述在当时的经、史学界早已成为理所当然的"常识"，被认为是"真实"的"历史"。而从今天的眼光来看，两书所叙"古史"虽然难作信史，但保留许多古代神话传说，而"神话传说往往包含着一些历史的真影，可从中反映出历史的轮廓和片断"，可为研究史前社会提供印证材料，仍有其特殊的史料价值。[14]

三代以降，文字记载渐多，当然不能有闻必录，对史料的采择、筛选和考辨是史家必须要做的功夫。选择、考订的标准，见仁见智，也涉及史家的才、见、识以及一代的史风、史观。如果认为历史撰述必须是写实的、理性的、世俗的、具象的，即郑樵所谓"纪实迹"，则奇闻异事、神鬼不经、符谶禨祥、讹言妖言，皆不应入史。但如果认为历史撰述要"彰显政治或伦理的意义"，"发挥盛德，幽赞明王"，即使痛诋"虚妄不实"史风如刘知幾者，也"并非完全反对图谶征应之说著入史籍"。[15]符谶机祥，隐隐然仍须担负汉儒借天谴灾异说论政的道德重任。再说了，今天看来是超越现实世界的异常现象的观察和记载，在传统史家的认知中，可能仍是具历史真实的、重要的，应该被著录于史书。[16]正因为此，常璩作《华阳国志》，常引纬书叙述巴蜀古今。[17]郦道元注《水经》，"引用古书400余种和各种碑志及古老传说"，"记述了一些民间的歌谣、谚语、方言和传说,是研究当时社会情况的极好材料。同时又保存了不少古代佚书和佚史"[18]。这些史学著述,在事、典实录之外,以"荒诞虚妄"的风格、神秘怪异的叙事,描述了特定历史语境下人的心态、信仰、思维、生活方式以及社会、文化的心理氛围,为今天的文化史、社会史、思想史、宗教史研究者揭示了一种另类的"历史真实"。

对谣言类言论历史价值的另一质疑,是它们多数在民间经口头辗转流传、不断演变,才由官方史家辑录、改编、文本化,很可能已面目全非。[19]例如民间歌谣本来是以口语形式流传,但我们今天只能通过传世文本去接触。本应内容丰富多彩、涵盖社会文化生活多个层面的民间歌谣,经过历代史家的采择、编辑、润饰,其内容似乎多与政治生活、政治事件相关,或者被诠释为与某个政治人物、事件或社会政治现象有关。

这些文本化的歌谣,还能反映民众的真正心声、反映历史的真相吗?天鹰认为:"童谣就其本性说,讲求趣味和音韵,常常胜于意义。因此它的内容,后世人就很难明白了解,也因此,就很容易被人任意穿凿附会。"[20]意即史家的政治化、泛政治化诠释,已歪曲歌谣的原意。周作人称古代童谣为《五行志》派,"本大人所作","以其有关史实,故得附传至于今日"。[21]串田久治则认为,汉代的歌谣都是当时的知识分子假托庶民、儿童所作,表达的其实都是汉代知识精英的政治见解。[22]

传世文本所辑录的民间歌谣，其内容确实经过历代史家、文士的编辑，其语言也多经润饰。[23]史籍声称为民谣、童谣的作品，作者可能是平民、稚童，也可能出自士大夫。我们今天当然难以确认歌谣原作者的确切身份，完全重构歌谣发生当时的时空原状更是不可能的任务。但考虑到受众的接受习惯和理解力，一首歌谣曾流行于普通民众中间还是流行于知识精英圈子，代表的主要是普通民众的意见还是知识精英的非主流呼声，在语言风格和议题设定上仍然会有较大分别。主要流行于普通民众中间的歌谣靠庶民、儿童口耳相传，语言必须通俗平易、朗朗上口、生活气息浓。这种语言风格即使经过史家润饰，在一定程度上仍可辨认。传世汉代歌谣，有一些语言淋漓尽致、意象生动煽情，极富感染力，无论创自何人，其主要受众及传布范围必为普通民众。至于一些文绉绉的歌谣，就算史家著录为民谣，它们当时也很难真正获得普通民众的认同与传播。

在研究流言、讹言、妖言、谣言、谶言、谶谣、神话、传说等历史现象时，我们须抱持严肃的态度，认真鉴别查证相关史料。

## 第二节　谣言的起源：浮浪不根、不断流动

除一些有明确主名的妖言可以确认言论的"始作俑者"外，汉代的大多数谣言类言论和现代的谣言一样，是无源之水、无本之木，难以追根溯源。其原创者通常匿名，在流传过程中又历经多重口耳相传，可能同原创的言辞相比已面目全非。[24]

《礼记·儒行》称许儒者之特立独行，可做到"往者不悔，来者不豫；过言不再，流言不极"。郑玄注："不极，不问所从出也。"孔颖达疏："流言不极者，极谓穷极，若闻流传之言，不穷其根本所从出处也。"[25]不极，即不追究其所从出，因为流言如水之流波，难以溯源。为什么难以溯源？因为那是众人"流传之言"。朱熹《诗集传》于《大雅·荡》释"流言"为"浮浪不根之言也"，本此。秦始皇曾穷追"始皇帝死而地分"之原作者，王莽捕拿民众，追查黄龙堕死讹言所从起，但都"不能得"。由此可知，先儒告诫"流言不极"之明智。

谣言类言论的另一个特点是其流动性、开放性，"流"的本义是水之流动、扩散，"讹/吪"亦有流动、变化之义。古人选择"流"和"讹/吪"来描述这一类未经验证、口头传播的谣言类言论，应非偶然。汉代的谣言类言论确实拥有动态的特性和流动、变化、传播的动力[26]，在口

耳相传的"长途旅行"过程中，经过群体创作、润饰，在群体中辗转流传，才能最终成为"众人流传之言"。在这个意义上，无论是否系有主名，谣言的创作者都不可能是特定的个体或集团，其源头既无法追溯，亦无须追溯。

卡普费雷说："谣言来源问题从根本上来说其实并不重要。""就算存在着一个始作俑者，谣言的基础还是在于他人，在于听到谣言并且传播谣言的人身上。到处去寻找谣言的始作俑者，是将谣言这一现象简化成为一个纯粹个人、与群体无关而且是病态的问题。"[27]他的看法，符合我们对汉代谣言类言论的观察。

## 第三节　谣言因何而生、因何而盛？

谣言类言论的源头不必追溯，也无法穷追。但这些言论因何而生、因何而盛，却是研究汉代社会政治历史时不能不问的问题。

可以预期，在汉代社会数百年历史中，谣言类言论曾大量出现，而我们所能见到的只是其中极小一部分，它们有幸被当时的史家选中而得以记录下来，流传至今。就目前所见汉代史籍记载的流言、讹言、妖言、谣言、谶言等，多发生、流传于西汉成、哀、平和东汉桓、灵之世，以及两汉之际、汉魏之际。可能是由于在这些较混乱的历史时期，谣言类言论最易发生及传播；也可能是因为史家对这些时期的政治多持负面评价，所以记录大量谣言类言论以为批判的论据。无论如何，从心理学、社会学的一般观察来看，这种历史情境确实是滋生流言、讹言的肥沃土壤。

例如西汉每到权力结构严重失衡之时[28]，或东汉后期政争激化之时，朝野民间的批评流言就会汹涌而至，而自然灾异与社会危机也最易诱发讹言。西汉元成之际，宦官、外戚、朝臣相争，废立流言不绝，各地水旱连绵，民情扰攘，讹言纷传。当社会、政治秩序紊乱，以下犯上的妖言就容易浮现。批判性民谣多针对政策失误和吏治败坏，而西汉元成之世、两汉之际、东汉末年更是民谣传播的高峰期。谶言、谶谣和政治神话，每每出现于政局不稳、改朝换代之际。

现代谣言研究发现，当社会出现冲突、矛盾、动乱甚至危机，谣言就特别活跃。[29]这是因为每逢如此时刻，人们普遍缺乏安全感，格外感到焦虑、恐惧、无助、有怨气，迫切需要宣泄、合理化自己的情绪和"发现"对当前处境的"合理"说明、解释，以及可以满足其"集体期望""合理想象"的预言。然而，官方渠道提供的相关信息常被人们视为不完整、不清晰、故意隐瞒真相，难以满足人们的心理需求。[30]于是，谣言类言论就会应运而生，广泛传播。在这一点上，古今中外同理。

## 第四节 谣言有哪些表现形式？它们如何传播？如何建构？

### 一、谣言的表现形式

汉代的谣言类言论，包括流言、讹言、妖言、谣言（民间歌谣）、谶言、谶谣、政治神话和民间传说等。[31]

流言在汉代指难以追溯起源、未能证实却在公众中散布传播的言论，针对公众关心的时政时事做出批评和议论，或提供非官方、非主流的解说版本。至于其传播的信息是否真实、批评有无根据，应定位为诬蔑、诽谤还是物议或公众舆论，要视具体的历史语境和当事人的立场、利益而定。

汉代史籍中以"讹言"描述的言论现象，往往与流言类似。只不过，流言兼指在朝廷或民间散播的言论，讹言则更多用来描述民间流传之言，有时也带有怪诞妖异的色彩。流言和讹言都适用于传播来自非官方渠道的"小道消息"，交流对不明朗时势的猜疑和不满，提供不同于官方版本的时事解说。

在汉代的法律论述中，妖言是可以入罪的邪说，因为它具有以下犯上、不利在上位者的性质。[32]在政治论述中，妖言的特征是不祥和惑众。所谓不祥，可能与超自然或神秘现象有关，但更多的是指"言语非常"，甚或"无稽之谈"，往往是官方深恶痛绝的一些论调。至于惑众，更非妖言的专利，也是所有谣言类言论的特性。

谣言与其他谣言类言论不同之处在于，它以韵文形式表达，朗朗上口、通俗易记，便于在庶民、儿童等识字较少的群体中流传。另一个不同之处是在汉代的政治思想主流论述中，谣言不但未被污名化，反被视为民心民意的自然流露，可以在庙堂论述中公开引用。谣言用语生动、形象、尖锐，于传播消息、评论时政之外，更擅长表达较浓烈的情绪如讥刺、诅咒、怨怒、宣泄等。

流言、讹言、妖言、谣言等言论信息，其有效期一般较短。如果其存活期长一些，所表达的愿望最终得以实现（即所谓"一语成谶"）[33]；又或者其含糊、抽象的语言能够为受众提供足够的想象空间，令他们能"破译"出他们所期待的天启信息，它们就成为谶言和谶谣。

存活期更长久、情节不断丰富的一些谣言类信息，最后可能发展成为官方认可的政治神话，或民间认同的传说故事。

## 二、谣言如何传播和建构？

谣言类言论主要通过非官方渠道传播，例如汉代的流言、讹言、妖言主要在人与人之间私下口头传播，即所谓"群下欢哗，庶人私议，流言四布"[34]。许多传谣者宣称其信息源自"道路流言",即"道听途说"。这也许是真的,也可能是他们想隐匿其消息来源。

如果有关言论涉及公众重大利益或重大兴趣,非官方渠道的信息传播有时也颇大张旗鼓、毫不遮掩。例如《汉书·五行志》关于哀帝时,"传行西王母筹"事件的非官方信息传播有生动的描写:人们在收到有关信息后,采取多点交叉辐射、接力传递的方式,"或被发徒跣,或夜折关,或踰墙入,或乘车骑奔驰,以置驿传行",奔走相告,以致"道中相过逢多至千数"。[35]

大部分流言、讹言的传播方式当然不至于如此戏剧化,但以传统社会的通信技术手段而言,其传播方式相当多元,速度亦可算惊人。《三国志·魏书·毌丘俭传》裴松之注引文钦与郭淮书:"军屯住项,小人以闰月十六日别进兵……但当长驱径至京师,而流言先至,毌丘不复详之,更谓小人为误,诸军便尔瓦解。"[36]流言传播的速度快过军队的急行军,其口传之速及破坏力之大,于此可见一斑。

非官方渠道谣言信息传播的高效率,可能与灾异或社会政治危机情境中人们的集体焦虑心态有关。在这种语境中,人们的不安全感、恐惧感会以倍数放大,对谣言类信息的需求大增,群体依赖意识增强。于是"京师民无故相惊,言大水至,百姓奔走相蹂躏,老弱号呼"[37],"京师讹言贼从东方来,百姓奔走,转相惊动"[38],"百姓讹言,当悉诛凉州人,遂转相恐动"[39]。"相惊""转相惊动""转相恐动"形象地描述了谣言信息传播中,人们相互知会、相互刺激、相互慰藉的互动过程。

流言、讹言、妖言虽然主要以口语形式传播,但西汉也已出现散发黑函的手法:"流言飞文,哗于民间。"[40]东汉张角等黄老道徒"讹言'苍天已死,黄天当立,岁在甲子,天下大吉'。以白土书京城寺门及州郡官府,皆作'甲子'字"[41]。而当高层政治斗争公开化,通过"移檄郡国"这样的官方渠道散布流言、攻击政敌的手法,抑或有所闻。[42]

在秦汉,即兴歌咏是人们日常生活的一部分,上至项羽、刘邦,下至乡村市井,载歌载舞、随兴所至。在"传行西王母筹"事件中,从京城到郡国,"聚会里巷仟佰,设张博具,歌舞祠西王母",万人空巷,景况壮观。[43]所以,歌谣、谶谣的传播范围往往更广。高祖初年,汉军被匈奴围困于平城引发的"平城之歌",先是在军中传唱,之后"天下歌之",至武帝时在民间仍有回响。反映民众心声的歌谣,"儿乃歌之""百姓歌之""巷路为之歌""闾里歌之""长安中歌之"。

秦汉谶言的传播,早期与讹言、流言、妖言、谣言一样,也以口语为载体,在人际传播中建构成形。《史记·陈涉世家》叙述说,陈胜令人伪作狐鸣"大楚兴,陈胜王",与他同行的戍卒们听到后,"皆夜惊恐。旦日,卒中往往语,皆指目陈胜"[44]。寥寥数语,这一谶言的传播建构之过程,跃然纸上。又如出自望气术士的谶言"东南有天子气",于秦末汉初数十年间,曾以口语方式在朝廷和民间辗转流传,其表述语言也在传播过程中屡经修改,以符合不同的历史语境。

西汉中期以后,以文字为载体的谶言结集在谶言传播上发挥了重要作用。甘忠可以广收弟子的方式,传授其《天官历》《包元太平经》中的谶言。魏成大尹李焉令属吏抄写术士王况编撰的十万言谶书,以供传播。西汉末至东汉,大量谶纬文本流行于世。刘秀的老同学强华自关中来献《赤伏符》,劝其称帝,《赤伏符》就是以文字为载体的谶言集。

有些谶言以浑然天成的图像符号呈现,例如人的异常体征(如掌纹、皮肤纹理),虫食树叶纹,酷似文字、图画的石纹等。这些出自大自然鬼斧神工的神秘意象和以文字为载体的隐语式谶言一样,无论在事前还是在应验之后,都需要"破译"。不同立场、不同视角、不同期望会产生出不同的破译版本,这些版本也需要在广泛传播中彼此竞争、争取支持,经过多轮淘汰产生出最后的赢家。

谶言传播还有一种形式,就是私人之间的秘密传授。如新莽道士西门君惠私下告诉卫将军王涉,国师公刘秀(歆)的姓名应谶,将为天子。东汉方士单飔向光禄大夫桥玄预言魏国当兴,而"魏郡人殷登密记之"[45]。谶纬家董扶私下告诉刘焉"京师将乱,益州分野有天子气"[46]。蜀地谶纬家杜琼不肯教自己的儿子们谶纬之学,因为"晨夜苦剧,然后知之,复忧漏泄,不如不知"[47]。这是因为谶言内容往往与皇权合法性、改朝换代、重大人事变动密切相关,有高度的政治敏锐性,如果公开散布,政治杀伤力和自伤力都会很大。

汉代流行的政治神话,如非事后编造,其前期形态也属于谣言、传言,多出自本人、家人或利益相关者,再经非官方渠道的传播建构,情节逐渐丰富、饱满,其结局则成王败寇。权力角逐胜利者的有关传言获得官方乃至公众认同,登上庙堂,载入史册,成为神话。失败者的类似传言,有时也见诸史籍、流传民间,不过是沦为妖言、笑柄。

东汉末,巴郡的黄龙祥瑞源自当地走卒夏天在池塘洗浴,因见池水浑浊,"戏相恐'此中有黄龙',语遂行人间"[48]。基层的戏语又传到郡府,再上报朝廷,形成完整的讹言版本。汉代的多种俗神信仰,起源于误会、误传、戏语,但经历了"转相告语"(李君神)、"大以为神,转相告语"(鲍君神)等传播过程之后,往往由假成真,"治病求福,多有效验",建构为民间俗信。不同于流言、讹言、妖言、谶言,民间的戏语、俗说、误会未必与时事、政治相关,属于日常生活现象,但其传播、建构过程则与谣言类言论如出一辙。

## 第五节　谣言惑众：在传播中凝聚共识

有影响力的流言、讹言、妖言、谣言、谶言、谶谣等谣言类言论，都有一个共同特点：惑众。这是中国历代统治者在政治生活和社会生活中竭力封杀谣言类言论的一个重要原因。

从秦汉史籍所记载的案例来看，并非所有的谣言类言论都曾在众人中广泛传播。有些妖言，仅见于"上书"、私人书信、私下诽谤等影响较小的场合，有些谶言只在小范围内私相授受。但大多数谣言类言论，确实曾在众人中流传、接受"惑众"能力的考验。如秦始皇指责群儒"或为訞（妖）言以乱黔首"[49]；淮南王刘安的谋逆罪状之一，即是"荧惑百姓，倍畔宗庙，妄作妖言"[50]；王莽子王宇"流言惑众，与管蔡同罪"[51]；西汉末翟义等"反虏流言东郡，逆贼惑众西土"[52]；新莽末年，绿林群雄"妄流言惑众"[53]。至东汉中后期，社会多动乱，又有原始道教兴起，此类事件尤多，于是有"妖惑"之词，即以妖言、妖术煽惑群众之意。[54]

所谓"惑众"，即影响众人的意向、意愿，有惑众能力的谣言，都是传播范围较广、较能为众人所接受之言。谣言惑众的范围和影响力在汉代相当可观，西汉哀帝时疯传西王母诏筹至万人空巷，东汉末"苍天已死，黄天当立"迅速传遍大江南北,都是经典案例。又如新莽天凤二年(15)民间"讹言黄龙堕死黄山宫中,百姓奔走往观者有万数"[55];东汉熹平二年(173),洛阳民间"讹言虎贲寺东壁中有黄人,形容须眉良是,观者数万,省内悉出,道路断绝"[56]。这两则讹言纯粹是虚假信息,却能在短时间内吸引万数甚至数万民众前往观看,正是其惑众能力的生动写照。

根据谣言研究的经典论述,谣言类信息一旦被众人接受而进入传播、扩散的非官方渠道,它的始作俑者(如果有的话)就不再能控制它的成长和变化。传播过程是双向甚至多向的,是动态而非静态的,是开放的而非封闭的。每一个传播者都参与创作,共识形成于传播过程中的互动、增益、删减、润饰。最后成型的谣言所包含的政治、社会或宗教动机、诉求、期望、批判目标,甚至表达方式都属于集体而非个人,例如霍光打击政敌引起的"群下欢哗,庶人私议,流言四布",以及"西王母行筹"过程中所呈现的群体心态。谣言能够惑众,因为它往往是特定人群在特定时空的情绪、心态、期望的真实反映和宣泄,或者说,在某种程度上、在一定范围内反映了民意。

汉代一些言语异常而能惑众的讹言、妖言、谶言,更与其特定的历史文化语境有关。当时的人们相信,天地人间出现的任何反常、妖异的现象,很可能是超自然力量针对人间特别是统治者所作所为发出的奖善惩恶之征兆。

《左传》宣公十五年有很好的概括:"天反时为灾,地反物为妖,民反德为乱,乱则妖灾生。"[57]所以妖言的背后,有天意和超自然之力的支持。在阴阳五行天谴灾异说盛行的汉代社会,其内容和表达的妖异色彩反而成为其认受性的有效验证。

其实,汉代的灾异学说,既宣扬妖异谴告、代天示警,也强调"妖由人兴","人无衅"则"妖不作"。[58]《汉书·艺文志》说,《春秋》学者对"訞"的解说是:"訞由人兴也。人失常则訞兴,人无衅焉,訞不自作。"所以,德可以胜不祥,义可以厌不惠。如果君主"不稽诸躬,而忌訞之见",那是舍本而忧末,自然就"不能胜凶咎也"。[59]

《汉书·五行志》载刘向说,以《左传》文公十六年夏有蛇自泉宫出为蛇孽,预兆国将有女忧,文公之母将薨。至秋,文公母果薨。文公恶之,乃毁泉台。然而"夫妖孽应行而自见,非见而为害也"。文公不知"改行循正,共御厥罚,而作非礼",结果是加重他的罪过,导致更多灾难发生。[60]

东汉安帝延光二年(123)十二月,京师及郡国发生多起地震。太尉杨震乘机上疏,弹劾宦官:"臣闻师言:'地者阴精,当安静承阳。'而今动摇者,阴道盛也。此中臣近官盛于持权用事之象也。书曰:'僭恒阳若,臣无作威作福玉食。'唯陛下奋乾刚之德,弃骄奢之臣,以掩訞

（妖）言之口。"[61]也是说，人不作孽，君主改过，妖言自然没有惑众的机会。

中国的传统政治思想一向有"民之所欲，天必从之"[62]、"天视自我民视，天听自我民听"[63]、"政之所行，在顺民心。政之所废，在逆民心"[64]的理念。汉代学者只不过是在《洪范五行》论述框架中，诠释妖言等谣言类言论反映民意的理论依据：当君主的号令背戾民心，君炕阳而暴虐，臣畏刑而箝口，则怨谤之气自发为歌谣，为诗妖。当政局、社会面临危机和灾难时，这样的谣言就会有极大的心理需求。这就是为什么两汉之交及东汉中后期，大量讹言、妖言、谶言层出不穷、广泛流传，以妖言为号召的"妖贼""妖巫"所领导的武装反抗此起彼伏、声势浩大。

传播学理论认为，"传播不能直接产生社会效益，它必须首先作用于受传者的心理，以受传者的心理为中介才转化，显示出它的社会功能"[65]。这种观点也符合社会心理学的观察和研究，从这一视角来看，一则谣言本身并不能煽惑群众、扰乱社会；只有当这则谣言的受众在心理上认同其表达的意见、情绪，或这一谣言的出现恰逢其时，有助于特定语境中某些人群之心态、期望的反映和宣泄，谣言惑众的局面才会出现。

两汉历史上流行过的谣言何止千万，大部分已被遗忘，难以追踪。只有那些曾在特定的历史语境中代表了一定的民意和舆论,对社会、政治产生过一定影响的谣言,才有机会被两汉史家选中,载录于纪、传,或辑入《五行志》,令我们今天得以透过这些略带扭曲的镜子,还原一些比较真实的历史画面,窥知在那个特定时空中的某些社会心态。

## 第六节　谣言与舆论

### 一、谣言是社会舆论的一种表现形式

所谓舆论,就是众人的言论。在政治学、社会学、传播学等理论界,一种比较主流的看法认为,只有在民主制度下和民主社会中,才有可能出现公民社会(或译市民社会,Civil Society),也才可能形成"(公众)舆论"。对此,Hyunyi Cho 在其《修身与舆论——中国传统文化中的规范意识和社会控制的思想资源》一文中已指出,舆论并非民主制度、公民社会的专利物,公民社会也不是形成舆论的必要条件。任何形式的社会,各阶层、成员之间都存在着某种形式的互动沟通,并通过这些沟通形成舆论,尽管这种舆论的表现形式和表达方式会随不同的社会、政治和意识形态条件而有所差异。[66]

有舆论学者认为,中国古代政治思想论述中的民心、

民意，相当于今天所说的舆论。[67]也有舆论学者指出，民意和舆论并非完全相同的概念，民意是存在于民众心中、尚未公开表达的想法，可以视之为潜舆论[68]；舆论则必须是公开表达的社会意见[69]，舆论的基础是民意，但民意不一定表达为舆论。舆论概念的一个前提条件，即自由和自愿地表达欲求，而其诉诸的主要是平民的声音，许多处于非主流地位的思想观念，通常以舆论的形式表现出来。[70]

按照上述舆论学的界定，汉代的谣言类言论，作为自发地公开或私下表达出来的非官方、非主流意见，也应该被定位为专制政治体制下一种以特殊方式表达的社会舆论。尤其是民间歌谣，因其在传统儒家论述中占据的道德高度及代言天意、民意的象征地位，不但受到古代政治家、思想家的推崇，也获得中国当代学术界的高度评价，常将其定位为"人民集体意志的表现"[71]，虽"表达的意见往往带有误差，甚至有荒谬的结论，但它却是社会普遍情绪的真实反映"[72]。

## 二、从民间歌谣看谣言对公众的影响力及其局限性

舆论学界关于舆论较流行的定义是"社会上大多数成员对与其相关的公共事务或现象所持的大体相同的意见、情感和行为倾向的总称"[73]。民意则是"人民意识、意志、意愿的统称，是全体人民的共同追求所凝聚成的力

量，反映全社会的整体意志"[74]。汉代的谣言既然也是舆论的一种表现形式，我们能否说，谣言就等于多数民众意识、意志、意愿的集中体现，代表了大多数民众的心声呢？

民间歌谣是韵文，通俗易记，在文字教育不普及的传统社会，很容易不胫而走。它是中国传统社会舆论最常见的表达形式。我们就以歌谣为例，观察汉代谣言类言论在多大程度上代表了民意。

在专制政体下的传统中国，"家国同构的一元性政治结构决定了中国传播体制的一元化格局"，"皇帝既是政治权力的主宰，同时又是全社会信息的总源和总汇"。[75]民众甚至统治集团的部分成员，往往需要以一些特殊的方式表达其非主流、非官方的意见。而歌谣"不管是个人有意的编织，抑或大众哄传而成，流布以后就变成一般人的口歌，欲追查禁止，几为不可能"[76]，自然成为表达意见的一种重要形式。歌谣虽然在一定程度上能够反映历史上的民众呼声，但如果简单地将其定位为"广大民众的真正心声"，或多数民众意识、意志、意愿的集中体现，其实是一种迷思。

舆论学者刘建明将社会舆论划分为民意、众意、群体舆论三大类，认为民意能经由定量确认。只有经过量化统计，达社会70%以上的人民赞同的议论，才能被称作民意（或民心、公意、公共舆论、公论等）。而"在封建社会中没有公众，因为封闭的地域交往和大众呼应的缺乏，没有大规模表现民主精神活动的主体，很难形成社会共同意见"，社会舆论只能在极狭小的社会空间存在，所以在中国古代不可能形成现代意义上的民意或公众舆论。[77]同一位论者，却对民间谣谚另眼相看，认为："民谣的变化，实在是民心的变化！"民谣指示着民心向背，预示政治斗争的胜负。"民谚表达的意见往往带有误差，甚至有荒谬的结论，但它却是社会普遍情绪的真实反映"[78]，其实这一说法已将歌谣定义为民意、民心的代表。这一类论述强调歌谣的中国特色及其在社会舆论中的特殊地位，虽与现代舆论学理论有所抵触，却与中国传统政治思想对民间歌谣的论述一脉相承，因而在有关民间歌谣的历史研究中相当流行。

美国的政治学者指出，即使在现代的美国，也几乎不可能存在包括所有成年人的"公众"。从连续的、一般的意义上来谈"公众"是不正确的，公众是对一种特定情况或特定问题而言。[79]古今中外，其实都不存在"连续的、一般意义上"的公众，也不存在"连续的、一般意义上"的公众舆论。凡舆论必有议题设定和特定诉求，不同阶层、不同职业、不同身份、不同家族、不同个体，在不同区域、不同时间、不同情势下会按照不同的关注和利益考量，凝聚形成自己的共识，组合成不同的舆论群体。

如本书第三章所考察，汉代只有少数歌谣，因触动当时广泛关注的敏感议题,或因评论讥刺具有全国性影响的政治事件及权贵,可能赢得广泛关注乃至共鸣。[80]大多数歌谣,都是针对特定地域、阶层、群体所关注的特定政治、社会问题而发声,在议题设定和代言民意方面,自有其局限。笼统宣称民间歌谣就等于整体民意,显然是不准确的。当然,无论小众言论还是大众言论(或所谓群体舆论与众意),都可能具有政治、社会批评的正当性和合理性,值得统治者重视。正是在这个意义上,歌谣之类的民间言论能够宣泄、疏导群众的情绪,发出预警信号,发挥瞭望塔和安全阀功能,成为社会内部自我调节的一种缓冲机制。[81]

### 三、从民间歌谣看舆论引导

民间歌谣虽然不能在一般意义上定义为"广大民众的真正心声",但由于先秦以来政治思想家的着意推崇和精致论述,令它拥有论证君主统治正当性、认受性的象征意义,以及制衡专制权威的民意代表性。

汉代的当政者及有头脑的政治领袖凭其丰富的实践经验,既对民间歌谣的强烈批判精神及对时政的高度关注和迅速反应深具戒心,也对它凝聚民心、表达民意、影响舆论走向的能力心领神会。于是,这一非官方、非主流言论形式,在当时难得地同时受到思想界和统治当局的高度重视,成为专制政治体制下得以自发、公开发声的舆论形式。

需要指出的是,史籍记载的汉代统治当局对民间歌谣所反映民意的重视,例如高祖、吕后时期的"平城之歌"和文帝时期的"一尺布歌",只是一些个别案例。统治者面对"民意"所作的政策调整,或决策取舍,基本上尚停留在自由心证的阶段。我们很难证明或确认个别歌谣与相关政策之制定或调整之间,曾有过明确的因果关系,也没有发现参照社会舆论制定或调整政策的制度化机制。[82]我们倒是发现,政治领袖们并不愿意总是被动地倾听歌谣、顺应民意。他们更感兴趣的是如何利用歌谣、引导舆论,甚至操控民意。而受到压制的非主流政治集团,可能通过自造"民谣",试图主导社会舆论的议题设定。因应特定群体的利益诉求而在特定地域中流传的民谣,也有可能被误认为拥有普遍的民意基础。

按照舆论学的界定,舆论概念的一个前提条件,即自由和自愿地表达欲求。在不自由和非自愿条件下表达的社会意见,不能被称作舆论,而是被"强奸"的民意。[83]舆论诉诸的主要是平民的声音,许多处于非主流地位的思想观念,常以舆论的形式表现出来。[84]鉴于汉代民谣拥有强烈的批判精神及对时政的高度关注和迅速反应,乃至凝聚民心、表达民意、影响舆论走向的能力,故在政治斗争中利用民间歌谣引导舆论、操控民意,对汉代的政治领袖(包括当权者与抗争者)有难以抗拒的吸引力。

但史实告诉我们,顺应民意、因势利导,才是舆论引导的正途。王莽伪造数万言的"民谣",营造出获得民意认同的舆论假象,白费了心机。东汉桓灵之世,官僚、士人与宦官及其支持者和追随者之间的政治斗争极为激烈。在长达近二十年的连串冲突中,官僚、士人这一方,无论在人数还是权势上都不占优势,两次遭受"党锢之祸",受难者无数。但他们主导了议题的设定,成功论证其议题的正当性并以有说服力的方式传播其言论,争取到广泛的同情,赢得社会的关注和认同,扩大了民间舆论的影响力。

### 四、谣言与舆论监督

舆论监督近年来是舆论、政治、社会、历史学界的热门议题,被视为制衡独裁专制及权力腐化的利器。[85]汉代在地方行政监督中借助讹言、民谣等民间舆论,在统治体系内部的监督机制中引入一定程度上反映被统治者意愿和利益的外部监督力量,令皇帝、中央政府和有关监察机构以很低的成本获取所需的情资,有效提升了监督制约地方行政机构的效率和能力。东汉的"举谣言"制度,就是中国历史上舆论监督的重要尝试。邱永明说:"从其重视社会舆论的立意来看,有其高明之处。它打破了通过官方渠道了解官场情况的局限性,扩大了信息来源,获得了虽属片面却是真实的情况。"[86]

据笔者的考察，汉代中央政府收集民间舆论较具制度化的渠道，主要包括对郡国上计吏的探询、刺史巡视郡国期间搜集的"讹言"民谣、不定期派遣的特使所观察的"风俗"以及东汉的"举谣言"。

　　因上计吏与长吏之间存在人身依附关系，东汉上计吏的家族也往往与长吏结成利益共生体，未必能对中央政府畅所欲言，也未必能较全面地反映基层民意。刺史代表中央政府，专职监察地方行政，与监察对象之间较少利益纠葛，位秩虽低，威权极重，在朝廷的支持下，"意气激昂，举察勤刻，多所贬黜"[87]。"讹言"、民谣经过刺史的搜集、整理和上报，可能发挥更有效的舆论监督效果。但汉代刺史往往刺察烦苛，可能扭曲或滥用民意。刺史以维护中央集权为职志，防察郡国长吏、强宗豪右、诸侯王对帝国政治、经济利益的侵害，监察重点在长吏施政"能否"与断狱，民间舆论只是作为检验长吏管治成效的指标之一。风俗特使更非常制，难以成为持续有效的制度化渠道。

　　两汉地方行政监督机制中最具实效的舆论监督，当然是东汉光武帝建立的"举谣言"制度。从光武、明帝时期的州郡吏治和管治状况来看，这一制度确曾取得了一些正面效果，但教训也很深刻。"举谣言"和汉代其他搜集民间舆论的做法一样，其着眼点不是对公权力实施全面的舆论监督，而是为了实现皇帝对地方政治权力的完全控制。歌谣信息的采集、整理、过滤、上报，或经三公府僚属之手，或委诸皇帝爪牙耳目之臣，并非真正另设独立的非官方沟通管道，缺乏公开性和透明度。歌谣提供的都是匿名信息，而对其可信度的鉴定、复核不但缺乏制度化的程序，有时甚至故意忽视，便于主事者上下其手。

任何自发和自由产生的群体意见都可能有一定的合理性和正当性，但也都可能包含非理性和不合理的成分，也一定有其片面性、局限性。片面的舆论所反映的只能是局部的真实。局部真实的舆论，当然也有可能揭示正确的事实和表达正确的意见。但如果缺乏法律监督和行政监督的有效配合，缺乏程序正义和制度制衡，片面的信息就可能成为皇帝偏听偏信、独断独行的借口，破坏了体制公义、行政秩序。到了东汉后期，主持舆论监督的官员乡愿颟顸，缺乏执行力，甚或假公济私，加上种种政治利益的干预破坏，这个立意良善的制度最终异化成为颠倒黑白、打击异己、公报私仇的体制性毒瘤。

## 第七节　信谣、传谣心态试析

### 一、"天惑其意，不能自止"？

西汉哀帝建平四年（前3），出现了由讹言激发的惊恐遍全国、持续大半年的"传行西王母诏筹"恐慌性群体事件。[88]这一群体事件的规模、参与者的狂热程度以及涉及的区域之广,震动朝野。一年后,丞相王嘉仍心有余悸,感到难以对如此非理性行为做出合理解释,只能说是天夺其智:"百姓讹言,持筹相惊,被发徒跣而走,乘马者驰,天惑其意,不能自止。"[89]信谣和传谣,真的是因为"天惑其意,不能自止"吗?

即使是在因流通渠道不够畅通而信息闭塞的传统社会,也不可能所有言论信息都能迅速吸引众人的注意,得到广泛传播扩散,成功成为广泛流传的谣言。每一则成功流传的谣言,自有其特定的时空情境和主、客观条件,牵涉因素极其复杂,要针对具体案例作具体分析。但有几项基本要素,不可不提:

**(一)该言论信息主题对于接收群体之重要性**

任何群体,当然有其人数规模、阶级、阶层、社团、地域、意识形态的定位,但更根本的,是他们的共同利益所在。阶级、阶层、社团、地域、意识形态等因素在界定共同利益时可能具有重大影响,但随着社会政治时空背景的不断变化,利益群体的组成也是动态的,不一定局限于原有的阶层、地域、意识形态等界限。一般来说,愈是牵涉该群体重大物质、政治利益,或涉及该群体关注的社会、政治、宗教议题的主题,愈容易引起其兴趣和注意。汉代流行的流言、讹言所涉及的社会、政治议题,虽然有时附有"荒诞"的包装,如"西王母行筹""黄天当立""大水至京师"等,对信之、传之的民众而言,多半具有重要性,与他们的切身利益密切相关。

**(二)该言论信息之内容诉求及表达方式对于接收群体之可接受性**

王充的《论衡·艺增篇》对信息传播过程中众人对之增益、删减、润饰的心态,有如下解释:

> 世俗所患,患言增其实,著文垂辞,辞出溢其真,称美过其善,进恶没其罪。何则?俗人好奇,不奇,言不用也。故誉人不增其美,则闻者不快其意;毁人不益其恶,则听者不惬于心。闻一增以为十,见百益以为千……蜚流之言,百传之语,出小人之口,驰闾巷之间,其犹是也。诸子之文,笔墨之疏,人贤所著,妙思所集,宜如其实,犹或增之。倪经艺之言如其实乎?言审莫过圣人,经艺万世不易,犹或出溢,增过其实。[90]

依王充的观察,这种增益、删减、润饰不仅屡屡发生于世俗的"短书传言"、神话传奇,就连经籍之传语、历史之叙述,也难逃此厄。

有趣的是,大面积传播的谣言在经历多重增益、删减、润饰之后,其主要动机、诉求、期望、批判目标仍然鲜明、一贯,不会如普通晚会上的传话游戏那样,一则简单信息经过十来人之口耳相传，就被歪曲到面目**全非**、不明所以。王充的"俗人好奇"之说，并不足以**解释**这样的现象。[91]

大众传播心理学的研究表明，人们不会将读到的、听来的或其他方式得来的信息原封不动地储入或调出大脑。人们总是按照自己的信仰和身处的情境润饰信息，令之符合自己的期待、需求。[92]由于人们只相信他们愿意信仰的、期待发生的、可以相信的，于是就出现心理学所说的过滤性选择的认知过程。[93]谣言学者奥尔波特也指出，某一谣言的传播范围有其限制，由于过滤性选择认知规则发生作用，它只会在有类似想法的人中传播，主要对"易受影响"的人起作用。[94]这一群人的结合，就构成了那一特定时空情境下的共同利益群体。

一则谣言所涉及议题的社会政治意义、利益越是重大，其影响力的公约数也越大，相关利益群体的规模也就扩大。正因为这群人对于需要什么、信仰什么、期望什么都很明确、一致，所以经过流传、增益、删减、润饰之后的版本虽然可能不同于原始版本，却不但不会淡化、弱化或歪曲该群体的共同目标、诉求、表达，反而有助于提高该信息的可接受性。所以"妖言惑众""讹言惑众"之类的说法，在宣传层面上或许有效，却不能揭示它们影响民众的本质所在。王嘉说民众相信西王母行筹讹言是"天惑其意，不能自止"，与其说天惑，不如说自惑。一则流言、讹言之获得广泛接受和传播，往往出于谣言传播链上众人自愿的选择，而非少数别有用心者之操纵。

由此我们也可认识到，谣言类言论信息在公众中的可接受性，并非奠基于其事实部分的可信性，所以"谣言止于真相"的说法也就值得进一步斟酌。

## 二、"谣言止于真相"？

一般情况下，恐慌止于信息畅通，谣言止于权威机构发布的真相。前提当然是权威机构的公信力对公众而言毋庸置疑，所提供的真相说明公众也愿意接受。

汉代的谣言，通常是在当局对某些议题的说明模糊、不确定甚至虚假时开始流传。如东汉末董卓被刺死，"时百姓讹言，当悉诛凉州人，遂转相恐动。其在关中者，皆拥兵自守"[95]。这则讹言并非无风生浪。王允等大臣在刺董后对如何处置董卓凉州旧部，迟疑不断，不杀、不赏、不赦、不信、亦不解散，讹言因是而起，凉州军团官兵处于极度焦虑之中：

> （李）傕等益怀忧惧，不知所为。武威人贾诩时在傕军，说之曰："闻长安中议欲尽诛凉州人，诸君若弃军单行，则一亭长能束君矣。不如相率而西，以攻长安，为董公报仇。事济，奉国家以正天下；若其不合，走未后也。"傕等然之，各相谓曰："京师不赦我，

我当以死决之。若攻长安克，则得天下矣；不克，则钞三辅妇女财物，西归乡里，尚可延命。"众以为然，于是共结盟，率军数千，晨夜西行。[96]

到乱局酿成，官方即使辟谣澄清，也已无济于事。

成功的谣言，往往包含一部分真实信息。如西汉成帝时大水讹言之起，肇因于"郡国被水灾，流杀人民，多至千数"[97]。有些谣言的主要内容甚至也在事后被证实确是真实的，如王莽居摄时朝野流传的"管蔡流言"，应验的谶言、谶谣等。

史籍中也可见到一些系有主名、出处明确的谣言，通常由具有特定政治、意识形态诉求的个人或集团主导编造以及释放。这些言论意图为编造者的私利，传递一些虚假信息，但即使是虚假的言论信息，也可能产生抚慰人心、宣泄怨气的社会效果。如"（王）莽鸩杀平帝"说，是一则无事实根据、也无法证实的谣言。但王莽居摄以后，大批伪造符命，对汉皇室步步紧逼，这则谣言很自然会引起不少人的共鸣，成为对当时政治局势的一种"合理"解说。

《东观汉记·载记·公孙述》：

> 隗嚣败，（公孙）述惧，欲安其众。成都郭外有秦时旧仓，改名白帝仓，自王莽以来常空。述诈使人

> 言白帝仓出谷如山陵，百姓空市里往观之。述乃大会群臣，问曰："白帝仓出谷乎？"皆对言："无。"述曰："讹言不可信，道隗王破者复如此矣！"[98]

公孙述以当地最高统治者的身份，派人散布空关已久的白帝仓突然"出谷如山陵"的虚假信息，居然令"公卿以下"乃至普通民众空城往观、失望而归。[99]公孙述以为，采用以毒攻毒的心理战术，可以使当地官民面对其他"讹言"产生麻木反应[100]，不至于因隗嚣已败信息之传播而令民心、军心动摇。

然而公孙述于新汉之际割据蜀汉，胸无大志而醉心图谶符命，"性苛细，察于小事。敢诛杀而不见大体"，"伤战士心"[101]，"政治严刻"[102]。蜀中民心不附，早有"黄牛白腹，五铢当复"之童谣。官方诈言而能成为讹言，令官吏百姓迅速关注，一传十、十传百，"空市里往观之"，虽不排除官民有好奇及羊群心态，主要还应是蜀地人心浮动、群情不安之效。公孙述未能借此反省，体察治下民情关注所在，反以为自己从此可以任意操纵舆论，视个人利益所在，而发布"真实谎言"（"道隗王破者复如此矣"），愚弄民智。他的谎言很快破产，而伪造的讹言却成为压垮公孙述政权公信力的最后几根稻草之一。一方霸主之政治弱智如此，其速败宜矣！

东汉末年，张角兄弟"苍天已死，黄天当立，岁在甲子，天下大吉"的口号，也是一则由极少人编造的谣言[103]，但却是深思熟虑、老谋深算之宣传杰作。该口号高张东汉末因"人心厌汉"而人气旺盛的土德符号，从而概括承受随之而来的丰富政治、宗教资源，并辅以绵密的组织、深厚的耕耘、世俗化的宗教整合，令一则讹言在那危机丛生的时局中，成为最具凝聚力的政治口号和最有吸引力的神话愿景。

卡普费雷说：

> 假如一个信息不能满足我们任何一个欲望，不能解答我们潜在的担忧，不能为任何心理冲突提供一种发泄方法，那么不管我们怎样竭尽全力去传播，也不管这个消息的来源具有多么大的魅力，谣言也无法存在。相反，一些无足轻重的句子，一些无意透露的秘密被突然抓住，却会成为谣言，因为传播这些话引起人们的兴趣。
>
> 说到底，谣言并不能说服人也不能征服人：它只是诱惑人。
>
> 谣言大声表达和证实了我们心中暗自思忖或不敢希冀的事情。在所有的信息当中，只有谣言享有一种特殊的特性：谣言在揭示公众舆论的同时又为其提供了证明，它在使人满意的同时又使其合法化。[104]

可见，一则民间流传的谣言包含的具体信息是否真实可信，能否得到证实，不是其获得特定群体认可接受的主要原因。因为谣言的主要功能并非在人心浮动、众说纷纭的时刻向众人提供准确无讹的情报、消息，而在于能否恰当反映和满足特定时空的群体心态、期待和想象。谣言反映特定历史语境下特定人群的内心情绪、想法和秘密，在上位者可以此为媒介，了解众人的心态。从这个意义上说，即使充满伪造、虚幻信息的流言、讹言，也可以折射出特定历史情境的一个真实侧面；得到广泛接受及传播的流言、讹言，就反映特定历史语境中的群体心态和社会、文化氛围而言，是真实的。[105]

### 三、"谣言止于智者"？

《荀子·大略》："语曰：'流丸止于瓯臾，流言止于知（智）者。'此家言邪学之所以恶儒者也。则度之以远事，验之以近物，参之以平心，流言止焉，恶言死焉。"[106]

所谓"语"，即俗语、谚语。看来"谣言止于智者"的观念，至迟战国时已流行。智者听到谣言，应该如何应对？"度之以远事，验之以近物，参之以平心"，亦即参照历史知识、个人经验，平心静气地审视，就可以令不可靠的谣言信息及身而止。孔颖达注《礼记·儒行》"流言不极"句，解释儒者不问流言所出的原因，说是因为他们"识虑深远，闻之则解"[107]。这种说法与"谣言止于智者",同出一辙。

传统智慧认为谣言止于智者,是假定这类言论充溢虚假、增饰、荒诞、不合理的信息,因此只要具备智慧,善用常识,深思熟虑,反复推理,即可轻易戳破其虚妄本质。《吕氏春秋·慎行论·察传》有关传闻的讨论,是中国传统政治思想中以智识、理性辟谣的经典论述:

> 夫得言不可以不察,数传而白为黑,黑为白。故狗似玃,玃似母猴,母猴似人,人之与狗则远矣。此愚者之所以大过也。闻而审则为福矣,闻而不审,不若无闻矣。
>
> 凡闻言必熟论,其于人必验之以理。鲁哀公问于孔子曰:"乐正夔一足,信乎?"孔子曰:"昔者舜欲以乐传教于天下,乃令重黎举夔于草莽之中而进之,舜以为乐正。夔于是正六律,和五声,以通八风,而天下大服。重黎又欲益求人,舜曰:'夫乐,天地之精也,得失之节也,故唯圣人为能和。乐之本也。夔能和之以平天下,若夔者一而足矣。'故曰'夔一足',非'一足'也。"
>
> 宋之丁氏,家无井而出溉汲,常一人居外。及其家穿井,告人曰:"吾穿井得一人。"有闻而传之者曰:"丁氏穿井得一人。"国人道之,闻之于宋君。宋君令人问之于丁氏,丁氏对曰:"得一人之使,非得一人于

井中也。"求能之若此，不若无闻也。

辞多类非而是，多类是而非。是非之经，不可不分。此圣人之所慎也。然则何以慎？缘物之情及人之情以为所闻，则得之矣。[108]

以上论述强调以常情、常识、常理慎思推理，逐一分辨得自传闻的信息，从而揭穿以讹传讹的谣传，如著名的"夔一足""丁氏穿井得一人"案例。这些传统智慧闪烁着合理主义的光彩，至今仍被视为对抗谣传的不二法门。许多无稽之谈、荒谬传闻，一遇常情、常识、常理、慎思推理，确如雪狮子向火，酥了半边。

但统治者有时凭借"谣言止于智者"论述，在与谣言的战争中抢占智识制高点，居高临下地蔑视、贬低谣言类信息，以及相信、传播这些信息的人，希望令信谣、传谣者不证自明地成为愚者。谁也不想当愚者，当皇帝穿上只有"智者"才能见到的"新衣"招摇上朝时，你就必须跟随其他"智者"，同声赞颂新衣之新奇可异，即使你所见到的只是裸裎袒裼。

问题在于，谣言并不总是等同虚假、增饰、荒诞、不合理，它们可能包含部分真实的元素，反映一些真实的意见、合理的愿望。现代社会心理学的研究也告诉我们，数传而白为黑、黑为白、狗似人之类以讹传讹的传播模式，只适用于人们对非重要信息的被动传播，或见于闭门实验。在现实的社会生活中，广泛流传的谣言信息往往经过传播者的主动选择，传播过程中的种种增益、删减、润饰通常不会歪曲、改变其本质诉求和目标。再说，我们日常获得的信息，十之八九得自传闻，逐一分辨检验的可行性有多高[109]？

以智者的常情、常识、常理作为推定、检验传闻的主要标准，其实也相当主观。王充对先秦经传、诸子、史籍的观察结论是：审慎似圣人，贤妙如诸子，万世不易若经艺，仍可能言过其实、错误百出。《论衡》所批评的大量虚妄、错谬叙述和论述，皆属汉代智者的常情、常识、常理。王充的论点虽然偏激，却也不是全然无理取闹，所以以常情、常识、常理止息谣言，未必成功。

"谣言止于智者"论述的最大问题，在于它是英雄欺人之谈。在信息占有极不对称的传统社会，不少谣言的始作俑者、推波助澜者，本身就是"智者"。运作谣言为政治斗争武器的，不少也是智者。占有信息最完整、辟谣最力的官府，则往往最热衷于隐瞒信息、收藏真相。在信息制造、传播链上居于劣势的弱势群体，如果完全拒绝传闻类信息，他们又该从何处获知他们的处境、了解他们的利益所在，用什么方式宣泄他们的情绪、宣示他们的诉求呢？

## 四、谣言凭什么成谶？

本书第四章已提到，汉代的讹言、妖言、童谣等谣言类言论，都笼罩在一种神秘主义的气氛之下。讹言、妖言、童谣可能是尚未应验的谶言、谶谣，谶言、谶谣则是已应验的讹言、妖言、童谣。

任何信仰都必须获得信众的心理认同，任何流行信仰都必须建立在获广泛认同的习俗和深层积淀的心理基础之上。各种信仰都发展出一套象征性的符号，这些符号的意义和神圣性是信仰它们的人们赋予的，一旦人们撤回赋予它们的意义，符号就会成为无厘头的意象。汉代超自然信仰盛行，谶言信仰深入人心，五行灾异、图谶符命等神秘主义的精密论述深度渗透社会的各个领域，形成独特的历史文化氛围，人们深信个人、社会、国家的命运取决于超自然力量的安排或左右。每当疑虑、愤懑、恐惧、无望情绪集体性蔓延，人们渴求上天启示的心理需求便应运而生，希望获得命运发展方向的预言和"明天会更好"的慰藉。于是，汉语、汉字被视为神秘符号，以展现其"诡为隐语，预决吉凶"的暗喻色彩，容纳"天启信息"的公众想象。"非常言语"如讹言、妖言、童谣等谣言类言论，被赋予天启征兆的象征含义。李寻说"讹言之效，未尝不至"，裴松之说"童谣之言，无不皆验"，都是这种历史文化氛围的必然产物。

谣言成谶的另一心理机制，是期望性思维（wishful thinking）。有社会学家将谣言依心态分为三种类型：第一，期望实现（wish-fulfillment）型，表达的是传谣者们的期望和希望。第二，焦虑（anxiety）型，表达的是传谣者们的恐惧情绪。第三，冲突（divisive）型，出自传谣者们的攻击性、成见和仇恨情绪。在实际生活中，这三种心态有时交杂缠绕，难以截然区分。例如不少谶言和谶谣就源自诅咒[110]，诅咒型谣言，宣泄愤怒，咒人败亡，其实也是在表达一种带有攻击性的期望。诅咒型和时政评论型谣言，有些能够反映较多群众情绪、心声，"千人所指，无病而死"，"裹挟着一种不可抗拒的社会力量，反映一种历史潮流，因而具有实现的可能性和必然性"。[111]

更典型的隐语式谶言、谶谣，其"破译"无论在事前还是事后，表达的当然也是传播者们的期望。广泛流传、接受度高的谣言对舆论之导向能力，它们所凝聚之群体期望、诉求、共识，以及时人对其神秘能力之信仰，可以令它们成为自我暗示型、自我应验型预言，有时甚至可以影响事件的发展方向、形塑历史的未来。

> 所谓"自我应验型预言"（self-fulfilling prophecy），是社会心理学家对一种群体心理现象的论述：如果人们将情境看作是真实的，那么它们的结果也是真实的。情境在一开始可能是虚构的、没有真实根据的，

但预言激发或暗合一个人／一群人的期望，唤起努力和行动，在适当的条件下，期望得到实现，预言应验。"自我应验型预言"一般指一个人对于他人的期望，往往成为被期望的人自我实现的预言，亦即一个人期望他人成功，他人就会成功；反之期望他人失败，他人就会失败。

从汉代的史例看，一个人对于自己的期望，也可能获得众人的认同，成为一则应验的预言。

例如第五章讨论过的汉高祖刘邦的开国神话。刘邦微时就自许甚高，其在咸阳服徭役时，见到秦始皇出行的排场，发愿："嗟乎，大丈夫当如此矣！"[112]后刘邦亡命芒、砀山泽岩石之间，斩白蛇后得知神母夜哭的情节，"乃心独喜，自负"；因盛传"东南有天子气""即自疑"；获知"所居上常有云气"，则"心喜"。凡有神异、妖言，刘邦必自我对号入座，自信心极强。这些自我期许的"预言"在其追随者中广泛流传，"诸从者日益畏之"，"沛中子弟或闻之，多欲附者"，皆对刘邦寄予厚望，最后预言成真。[113]

东汉光武帝刘秀，也曾多次以自己姓名应谶，作为建国称帝的合法性依据。

自我对号入座而失败的案例，要数盲目迷信谶言的公孙述和袁术。他们虽然极度自信，却不能赢得公众的认可。缺少公众对他们的期望，虽然能操作种种符瑞、谶言，自我取暖，但终究要以身败名裂告终。

## 第八节　如何消解谣言的负面影响

人们较少提到，一些谣言在社会危机中其实有其建设性作用，例如协助人群宣泄情绪、解释处境、满足其心理需求，或探测舆情、宣示诉求、引导舆论甚至形成集体解决方案等。人类历史是谣言充斥的历史，人类社会是谣言充斥的社会。当社会洋溢焦虑、恐惧、无助、危机感时，谣言可以协助人群宣泄情绪、解释处境、"合理"想象，满足其心理需求。当不同集团、阶层、群体之间发生利益冲突时，谣言有探测舆情、宣示诉求、引导舆论甚至形成集体解决方案的功能。它们有时确能反映民心、民意，形成舆论监督，及时挤出社会的脓疮。

但是不少谣言类言论确实带有暧昧、负面的色彩，其破坏性常大于建设性。在许多情况下，谣言可以成为居心叵测的政客政治斗争的工具和手段，可以令原本相互猜疑、倾轧、紧张的社会秩序变得更加混乱，为社会、政治的稳定带来更为严重的潜在危患。也有西方学者视谣言为"精神癌症"或"舆论传染病"。[114]而对历代统治当局而言，谣言天然携带着对现有秩序的破坏性能量，"是诱发无政府状态及骚乱的极其危险的因素"[115]。历史证明，大规模群体事件的爆发及其激化常伴随着谣言的鼓动，所以要严刑峻法将其扑灭于萌芽状态常常成为两汉以及新莽政权应付谣言的首选策略。然而，无论是历史的经验还是现代社会学、心理学、认知学、传播学的理论研究都告诉我们，谣言无法绝迹。世上不存在没有谣言的社会和时代，没有任何社会或政治力量可以完全消灭谣言。既然如此，认清谣言的本质、作用与局限，学会与之共生共存，就是统治当局的唯一正确选择。

在社会政治危机下，皇朝当局、政治领袖应该如何应对谣言呢？应该如何借助历史经验和教训正确理解谣言的性质、特点、社会功用和局限，在发挥此类言论对社会、政治的正面影响之同时，淡化、化解乃至消弭其负面影响乃至建设相对和谐的社会环境呢？汉代的历史经验，为我们探讨这一议题提供了许多有益的启示。

## 一、视谣言为专制政治体制下一种以特殊方式表达的社会舆论

汉代的谣言无论内容真假，在某种程度上都反映出当时群众的心理倾向和情绪。

例如汉成帝时期灾害频仍，民众担惊受怕，当时便经常出现大水淹城的谣言。西汉末年社会比较动乱，当时便有谣传说西王母对民众做出警告，要他们保持虔诚的信仰

并要向其他人散播这讯息，几天内就传遍数十万人。还有不少在州郡或更大地域中流传的民谣、童谣，反映出一些民众对社会公正的独特要求和对公权力监督的诉愿。如汉高祖初年因汉军被匈奴围困于平城而引发的"平城之歌"，从军中传唱逐渐发展到"天下歌之"，直至武帝时仍深深铭刻在朝野的集体记忆中。

在两汉朝廷的政治争议和谏诤中，常见征引民间的"道路流言"为批评当局的论据。这些谣言未必建立在充分的信息基础之上，缺乏有效的信息核实和甄别机制，未必追求问题的理性合规解决，往往是激化泄愤情绪和道义谴责，但其背后往往存在着正当诉求。所以汉代有卓越见识的当权者和政治家会留意倾听歌谣、顺应民意，并善用歌谣为舆论监督的工具，甚至采取独特的论述策略，包括从儒家民本观念和政治道德的高度，辅之以史学叙事和神秘主义论述策略，解构当局对民间言论或谣言类言论的污名化和妖魔化。而当局对流言、讹言、妖言等官方难以控制的谣言类言论信息，深具戒心：一方面坚持严刑峻罚，以雷霆手段对有碍统治秩序的谣言类言论施加打击；另一方面也不敢小觑其对民众的心理影响，忽视其反映舆情的功能及所传达的天启预警信息，试图建立疏通言路、聆听民意的机制，以适时适当回应、改善吏治等方法，维系社会和谐和稳定。

中国传统政治智慧采用的消解谣言影响的心理策略，

还包括抢占伦理的战略制高点,例如妖魔化流言为"与管蔡同罪",严加声讨;抢占智识制高点,即所谓"谣言止于智者"。这两种策略的效果有限,前面已作讨论,在此不赘。

## 二、信息渠道的畅通和信息发布机构的公信力

谣言的产生尤其传播,很大程度上是由于社会空间封闭堵塞,众人关注的信息"不得不"通过街头巷尾等非官方渠道流通而形成。因此如果当局建立、健全疏通言路、聆听民意的机制,适时公开社会政治信息,容忍民众批评,同时及时揭露谣言的荒谬之处,应该有助于消解谣言的负面影响力,达到迅速防止谣言扩散的目的。

例如西汉成帝时,京兆尹王章指斥外戚大将军王凤弄权用事,王凤以辞职相胁,成帝于是指使尚书劾奏王章致死。王章死后,"众庶冤之",批评王凤的流言纷传。王凤亲信幕僚、大将军武库令杜钦告诫王凤,以言论入人罪必阻塞言路,有损道德形象;要想消弭流言的影响和吏民对朝廷的负面观感,只有进一步开放言路及增加议政的透明度,以示"主上圣明,不以言罪下"。[116]

汉代统治者在这方面做过一些尝试,在某些历史时段也产生了一定的正面效果,但受限于当时的集权独裁体制,缺乏持续、一贯的体制支持和制衡,良善制度、政策往往因人、因时而异,或人亡政息。此外,谣言止于信息

畅通的前提,是发布信息的权威渠道在公众中享有毋庸置疑的公信力,所提供的真相说明也符合公众的心理期望。两汉末、新莽末统治当局的公信力和权威性普遍受到公众的质疑甚至抵制,在此情势下,即使官方主动充分地提供信息,也未必能抵消谣言的惑众能力。如果当局在社会政治危机中仍能保持上下沟通渠道畅通,重要信息的公布和传播及时、有效、具备公信力,即使不能立即终结谣言,但对增进全社会的互信、相互理解和缓解危机,也无疑有着正面作用。

东汉安帝永初元年(107),一些地区的民众"讹言相惊,弃捐旧居",背井离乡,以避祸乱。当时的当局要求司隶校尉、冀并二州刺史等地方长官直接面对民众,说明真相,主动为受到讹言惊扰、流亡之外的民众提供回乡的通行证,暂时不敢回乡的,也不强行遣送。不久,相关讹言烟消云散。

## 三、谣言未必止于真相

人们常认为,有真相,则谣言不攻自破,而真相则来自自由流动的大量信息及其内生的信息鉴别机制。"这一颇有代表性的论点,体现了作者对谣言的无知和低估所导致的自信:乐观地坚信必有一个简单的办法能有效地应对谣言。这种态度本身就是我们对谣言的认识还有待加深的证明。"[117]

新莽末年,"刘文伯"谣言的成功告诉我们一个道理:谣言包含的具体信息是否真实可信,不是它能获得特定群体认可的主因。[118] 人们愿意相信、传播某一则信息,不是因为它代表真相,而是因为它符合他们的预期或愿望。事实上,在日常生活中,面对纷至沓来、瞬息万变的信息,人们往往无法也来不及鉴别哪一则信息反映的才是真相。证伪、辟谣等谣言控制手段,起到的也有可能是反作用。

### 四、谁将是谣言的终结者?

谣言的真正终结者,首先应该是时间。除了少数例子,谣言类言论的弱项之一,是时效较短。

《尚书·大禹谟》:"无稽之言勿听,弗询之谋勿庸。"[119] 既然无从或未经稽考之言"勿听",流言自然"不极","不问所从出也"。不听、不极、不问,谣言终会自动消失,而自己耳不闻为静,正常思维、工作也不会受其干扰,所以孔子教诲:"道听而途说,德之弃也。"[120] 这种策略,强调不追谣、不辟谣,等待谣言自动淡出历史舞台,后世称为"见怪不怪,其怪自坏"[121]。如成帝初即位的大水讹言事件中,朝廷、百姓都乱了方寸,左将军王商独持异见,坚称那是讹言,认为一动不如一静,"有顷,长安中稍定,问之,果讹言"[122]。

现代社会心理学认为"谣言是某种背景的见证,如果这种背景消失,谣言也就失去了存在的理由,将立即停止流传。因为谣言失去了合理性"[123],与中国古代的政治智慧暗合。

然而这种策略也有其局限性,因为"某些谣言却似乎能够经受时间的考验"[124]。有些适应性较强的谣言及其议题会在不同时空中反复出现,例如"公孙""当涂高""刘氏当王"等谶言。有些具普遍意义的谣言,可以超越时间和空间的限制,最终演变成神话、传奇甚至集体历史记忆。[125]

"见怪不怪",有时其怪也未必自败。应劭《风俗通义》载有多种汉代俗神信仰,皆因误会、误传、戏语而起,却愈传愈盛、越演越烈,非至始作俑者出面说明、戳穿虚幻,其俗信不能自灭。许多"谣言",一旦传开,即始作俑者也无法操控,岂能自败?正如王充所担心的,圣贤之人"不治名,害至不免辟,形章墨短,掩匿白长,不理身冤,不弭流言,受垢取毁,不求洁完",以致"恶见而善不彰,行缺而迹不显";邪伪之徒却"治身以巧俗,修诈以偶众",而"世不见短,故共称之;将不闻恶,故显用之"。"世俗之所谓贤洁者,未必非恶;所谓邪污者,未必非善也。"[126]怪不自败,谣言的负面影响又如何消弭呢?

即如前述王商因应"大水讹言"的策略,有其成功之处。民人一时相惊,或为讹传,官方则见怪不怪,以不变应万变，谣言自然破局。但如果政局持续不稳，生活和社会环境持续恶化，民众的焦虑、恐惧心理就无法以智者之不惑来消解，这类谣言的预警及象征意义就不会过时，类似事件也会接踵而来。最后等到妖言、流言、讹言、谣言成为谶言，悔之晚矣！

东汉安帝永初元年，"民讹言相惊，弃捐旧居，老弱相携，穷困道路"。安帝敕司隶校尉、冀并二州刺史，"其各敕所部长吏，躬亲晓喻。若欲归本郡，在所为封长檄；不欲，勿强"[127]。东汉当局当时采取的对策是：一，地方长官直接面对民众，说明真相（"躬亲晓喻"）；二，主动为受到讹言惊扰、流亡之外的民众提供回乡的通行证（"在所为封长檄"）；三，暂时不敢回乡的，不必强行遣送（"不欲，勿强"）。这其实也是"见怪不怪，其怪自坏"的一种策略，但并非不听、不问、"不作为"，而是正面应对，为民众主动提供必要的协助，效果会更好。

西汉成帝时，外戚大司马大将军领尚书事王凤弄权用事，朝廷侧目。京兆尹王章以天变日蚀为契机，求见皇帝，"言凤专权蔽主之过，宜废勿用，以应天变"。成帝指使尚书劾奏王章，王章死于诏狱。[128]

王章死后，"众庶冤之"，对王凤的恶感更深，流言纷传，讥刺朝廷。王凤所信任的幕僚、大将军武库令杜钦向王凤建言：

> 京兆尹章所坐事密，吏民见章素好言事，以为不坐官职，疑其以日蚀见对有所言也。假令章内有所犯，虽陷正法，事不暴扬，自京师不晓，况于远方。恐天下不知章实有罪，而以为坐言事也。如是，塞争引之原，损宽明之德。钦愚以为宜因章事举直言极谏，并见郎从官展尽其章，加于往前，以明示四方，使天下咸知主上圣明，不以言罪下也。若此，则流言消释，疑惑著明。[129]

这段话说得相当婉转，但也明白告诫王凤，以言论入人罪必阻塞言路，有损道德形象；王章之狱，虽属触犯"正法"，罪有应得，吏民却难以了解"真相"，也缺乏对朝廷的信任，坚信王章是因言得罪；要想消弭流言的影响和吏民对朝廷的负面观感，只有进一步开放言路及增加议政的透明度，以示"主上圣明，不以言罪下"。

所以，如果统治者在开放言路及增加议政的透明度基础上，视谣言类言论为社会疾病的征兆、民众不满情绪的折射，认真分析诊断，全面调理"体质"，预防重于治疗，积极回应谣言所反映的民众诉求，治标亦治本，割除可能引发流言、讹言的病灶，达致良政善治，则虽然谣言不可能绝迹，传谣、信谣现象难以根除，却可能降低其负面影响，增进社会的互信，有利于达致社会的和谐。

**注释:**

[1] 正如孙闻博（2013，第179页）所指出，传统史学编纂中应用的"流言""讹言""谣言""谶言"等言论信息标签，主要体现出的是一种官方的政治态度和国家意识的关照。本书沿用传统史学编纂的标签来界定、分类相关言论，只是为了讨论的方便，并非意味着笔者全盘接受这些标签所代表的负面或正面的价值判断。

[2] 白寿彝著：《白寿彝史学论集（下）》，北京：北京师范大学出版社，1994，第952—953页。

[3] 宋衍申主编：《中国史学史纲要》，长春：东北师范大学出版社，1992，第113页。

[4]《史通通释》卷一九，第533页。

[5] 邹贤俊著：《中国古代史学史纲》，武汉：华中师范大学出版社，1989，第309页。

[6] 郑樵撰，王树民点校：《通志二十略·灾祥略序》，北京：中华书局，1995，第1905页。

[7] 白寿彝（1994），第952页。

[8] 白寿彝（1994），第965—967页。

[9] 陈光崇：《关于范晔〈后汉书〉的三个问题》，《中国史学史论丛》，沈阳：辽宁人民出版社，1984，第40页。

[10]《史通通释》卷五《采撰》，第115—118页。

[11] Northrop Frye, *Words with Power*, San Diego: Harcourt Brace Jovanovich, Publishers, 1990, pp. 5–6, 33, 98, 119.

[12] 宋衍申（1992），第88页。三书至今仅存佚文，难窥全豹。唯《帝王世纪》辑本较完备，另外两种唯存残简断篇。此外，《宋书·符瑞志》依据谶纬五德终始论撰述的长篇"古史"，与《帝王世纪》辑本的内容相当类似。

[13] 刘节著：《中国史学史稿》，郑州：中州书画社，1982，第71—72页。

[14] 宋衍申（1992），第88—89页。

[15] 彭雅玲著：《〈史通〉的历史叙述理论》，台北：文史哲出版社，1993，第186—188页。

[16] 逯耀东著：《魏晋史学及其他》，台北：东大图书公司，1998，第56页。

[17]《华阳国志校补图注》，第1，2，113。

[18] 宋衍申（1992），第91—92页。

[19] 鲍尔德："文本是曾经真正流行过的民谣的不尽忠实的纪录。"（阿兰·鲍尔德著：《民谣》，北京：昆仑出版社，1993，第35页）

[20] 天鹰（1959），第73页；但他同时又认同古代歌谣是"人民的心声"（第81页）。

[21] 周作人（1914）《儿歌之研究》，转引自串田久治（1999），第5页。

[22] 勒庞在其著名的《乌合之众：大众心理研究》导言中说："创造和领导着文明的，历来就是少数知识贵族而不是群体。群体只有强大的破坏力。"（古斯塔夫·勒庞著，冯克利译：《乌合之众：大众心理研究》，北京：中央编译出版社，2004，第5页）串田之说，

与勒庞所论暗合。

[23] 刘知幾:"寻夫战国已前,其言皆可讽咏,非但笔削所致,良由体质素美。何以核诸?至如'鹑贲'、'鸜鹆',童竖之谣也;'山木'、'辅车',时俗之谚也;'皤腹弃甲',城者之讴也;'原田是谋',舆人之诵也。斯皆刍词鄙句,犹能温润若此。则知时人出言,史官入记,虽有讨论润色,终不失其梗概者也。"浦起龙释:"此节虽专举《左》文,却是统证首辐,用以形起后史所载口语,皆由倩饰也。"(《史通通释》卷六《言语》,第150页)

[24] 徐华龙(1990)引美国基特里奇(Kittredge)在查尔德《英苏民歌集绪论》中的说法:一段民歌很少有,或绝对没有可确定的年月日。民歌作品出于原作者之手之后,立即交给群众去用口头传播,不再受原作者的支配了。(第31—32页)其他谣言类言论的创作过程与民歌类似。

[25]《十三经注疏·礼记正义》卷五九,第1669页。

[26] 据现代心理学、社会学的研究,谣言也拥有这些特性和动力。

[27] 卡普费雷著,郑若麟、边芹译:《谣言:世界最古老的传媒》,上海:上海人民出版社,1991,第25页。

[28] 如西汉霍光、王凤、王莽揽权,董贤专宠,皇位继承人地位发生动摇。

[29] Allport and Postman (1965), pp. 36–37, 47; Knopf (1975), p. 12.

[30] Shibutani (1966), pp. 36, 46, 49, 56.

[31]如果依言论内容的"真伪"或散布言论的"动机"定义谣言,则诽谤、妄言等也属谣言类言论。但本书以传播范围和公众影响力作为谣言的定义。诽谤、妄言等言论可另作探讨。

[32]其实流言、讹言、谣言、谶言等,也往往具有这一特征。

[33]有些谶言的存活期可达数年、数十年甚至数百年,在不同的历史时空中反复出现。

[34]《汉书》卷六〇《杜延年传》,第2663页。

[35]《汉书》卷二七下之上《五行志下之上》,第1476页。

[36]《三国志》卷二八,第766页。

[37]《汉书》卷八二《王商传》,第3370页。

[38]《后汉书》卷二四《马严传》,第861页。

[39]《后汉书》卷六六《王允传》,第2176页。

[40]《汉书》卷三六《刘向传》,第1945页。

[41]《后汉书》卷七一《皇甫嵩传》,第2299页。

[42]《汉书》卷八四《翟义传》,第3426页。西汉武帝驾崩,立幼子刘弗陵为帝,其兄燕王刘旦不服,"即与刘泽谋为奸书,言少帝非武帝子,大臣所共立,天下宜共伐之。使人传行郡国,以摇动百姓"(《汉书》卷六三《燕刺王旦传》,第2753页)。这与翟义的传播手法类似。

[43]《汉书》卷二七下之上《五行志下之上》,第1476页。

[44]《史记》卷四八《陈涉世家》,第1950页。

[45]《后汉书》卷八二下《方术下·单飏传》,第2733页。

[46]《后汉书》卷八二下《方术下·董扶传》,第2734页。

［47］《三国志》卷四二《蜀书·杜琼传》，第1022页。

［48］《后汉书》志一七《五行五》，第3344页。

［49］《史记》卷六《秦始皇本纪》，第258页。

［50］《史记》卷一一八《淮南衡山列传》，第3094页。

［51］《汉书》卷九九上《王莽传上》，第4065页。

［52］《汉书》卷九九上《王莽传上》，第4089页。

［53］《汉书》卷九九下《王莽传下》，第4181页。

［54］如《后汉书》卷五七《刘陶传》："时巨鹿张角伪托大道，妖惑小民。"（第1849页）

［55］《汉书》卷九九中《王莽传中》，第4139页。

［56］《后汉书》志一七《五行五》，第3346页。

［57］《春秋左传注》，第763页。

［58］《左传·庄公十四年》："妖由人兴也。人无衅焉，妖不自作。人弃常，则妖兴，故有妖。"（《春秋左传注》，第197页）

［59］《汉书》卷三〇《艺文志》，第1773页。

［60］《汉书》卷二七下之上《五行志下之上》，第1468页。

［61］《后汉书》卷五四《杨震传》，第1765页。

［62］《十三经注疏·尚书正义》卷一一《泰誓上》，第181页。

［63］《十三经注疏·尚书正义》卷一一《泰誓中》，第181页。

［64］《管子注译》上册《牧民第一》，第1页。

［65］孙旭培著：《华夏传播论》，北京：人民出版社，1997，第75页。

［66］Cho, Hyunyi: "Public Opinion as Personal Cultivation: A

Normative Notion and a Source of Social Control in Traditional China." *International Journal of Public Opinion Research* 2000, p. 301.

[67] 喻国明（2001），第9页。汉语文本中的"舆论"一词，最早见于《三国志》卷一三《魏书·王朗传》（第412页），即语出先秦"舆人"之论，借指众人的言论，与现代舆论学的定义虽有相通之处，仍有不少差异。

[68] 没有公开表达的信念；知觉到而又不易确切捕捉到的公众情绪。

[69] 可以是窃窃私语的街谈巷议，也可以是大声喧哗的、沸腾的、一呼百应的意见表达和交流。

[70] 陈力丹（1999），第27页。

[71] 天鹰（1959），第87页。他还说："我国古代很早就有一种素朴的、但又是正确的观点，把民间歌谣看作是人民的心声。"（第81页）朱传誉（1974）："汉代有一种文字，最能代表民意的，是谣谚。"（第102页）

[72] 孙旭培（1997），第128、135页。

[73] 喻国明（2001），第9页。

[74] 王雄（2002），第4页。

[75] 孙旭培（1997），第34页。

[76] 阎心恒著:《民意的形成与发展》，曾虚白主编:《中国新闻史》第二章，台北：三民书局，1984，第43页。

[77] 刘建明著:《舆论传播》，北京：清华大学出版社，2001，第43、92、102页。

[78]刘建明(2001),第128、135页。

[79]D. B. 杜鲁门(2005),第237、238页。

[80]我们当然无法就两千多年前歌谣发生时之历史情境作问卷调查或民意测验,但可以透过精读汉代政治家、思想家的相关论述,细致研究历史文本,分析歌谣在特定历史语境中的成因、传播方式、范围与沟通技巧,权力机构对之作何心态、反应及评估,对特定歌谣的社会、政治影响作出适当解读。(参阅Glynn(1999),p. 31.)

[81]参阅杨明品著:《新闻舆论监督》,北京:中国广播电视出版社,2001,第36—39页。

[82]王梅芳:国家监督,例如人大的立法监督、政府的行政监督、司法机关的法律监督,具有法律与行政的强制力,是硬监督。"而舆论监督是公众自由表达的意见,是客观存在的无形而有力的舆论倾向,是一种软监督。它所具有的不是法律与行政的强制力,而是来自于公众舆论所形成的压力。"(王梅芳著:《舆论监督与社会正义》,武汉:武汉大学出版社,2005,第38页)汉代民间借歌谣议政,应该也是一种软监督,诉诸社会心理压力,并无强制效力。听从与否,全视当政者一念之间。东汉建立的以民间歌谣为吏治主要评估凭据的舆论监督制度是个例外,将在下一段讨论。

[83]王雄(2002),第4—7页。

[84]陈力丹(1999),第27页。

[85]杨明品(2001)在讨论现代新闻舆论监督时指出,社会舆论监督是"对国家权力机构的制约,是社会政治功能中的一个重要的纠错机制"(第36、37页)。刘建明(2001):"舆论监督是社会的

防腐剂。"（第276页）Glynn（1999）也指出，即使在专制政体中存在种种局限，公众舆论仍不失为制衡独裁权力的少数有效手段之一。（p.6）

［86］邱永明著：《中国监察制度史》，上海：华东师范大学出版社，1992，第125页。

［87］严耕望（1990），第293页。

［88］详见本书第一章。

［89］《汉书》卷八六《王嘉传》，第3496页。

［90］《论衡校释》卷八《艺增篇》，第381页。

［91］胡泳："在这一点上，彼得森与吉斯特同涩谷保的看法相似，他们在谣言的传递过程中看到的不是'削平'与'磨尖'，而是'滚雪球'效应（snowballing），即寻找谣言中可给人安慰的因素和细节，对这些细节进行添油加醋（Peterson & Gist, 1951: 159–167）。涩谷保强调谣言总是处于'不断的建构'中，谣言内容的变化不仅是对信息的歪曲，而且是达成一致的过程的一部分（Shibutani, 1966: 9, 16）。"（《谣言作为一种社会抗议》，《传播与社会学刊》，2009年总第9期，第72页）

［92］参见Harris, Richard Jackson. *A Cognitive Psychology of Mass Communication*. Hillsdale: Lawrence Erlbaum Associates, 1989. p. 33.

［93］这种过滤性选择不只是个人的，也是社会性的。特定的社会、文化、宗教背景，当时当地的社会政治情境，都会在选择中发生作用。参见Overholt, Thomas W. *Prophecy in Cross-Cultural Perspective: A Sourcebook for Biblical Researchers*. Atlanta: Scholars

Press, 1986., p. 18.

［94］Allport and Postman (1965), pp. 35, 180.

［95］《后汉书》卷六六《王允传》，第2176页。

［96］《后汉书》卷七二《董卓传》，第2333页。

［97］《汉书》卷一〇《成帝纪》，第306—307页。

［98］《东观汉记校注》卷二一，第912页。《后汉书·公孙述传》所记略同。

［99］《华阳国志校补图注》卷五《公孙述刘二牧志》，第331页。

［100］就好像著名的《狼来了》童话所反映出的心理效应。

［101］《东观汉记校注》卷二一，第912页。

［102］《华阳国志校补图注》卷五《公孙述刘二牧志》，第330页。

［103］《后汉书》卷七一《皇甫嵩传》，第2299页。

［104］卡普费雷（1991），第92页。

［105］可参阅附录《卢芳与"刘文伯"——九原皇帝卢芳事迹小考》。又参阅维舟《谣言研究回顾》："《谣言心理学》和《谣言：世界最古老的传媒》都指出一个重要事实：一个虚假信息和一个真实信息在传播中是完全一样的。认为'有真相，则谣言不攻自破'的人没有意识到这一点：面对汹涌而来的信息，人们通常完全无法鉴别哪个才是真相。何况，谣言常常自称它才是真相。在传播过程中，并不是说真相就能自动击败谣言，相反，它和谣言是平等的，对公众来说常常只是'又多了一条信息'而已。"（http://www.douban.com/note/149670421/维舟的日记，2011.5.8.）

[106]《荀子集解》卷一九，第516页。

[107]《十三经注疏·礼记正义》卷五九，第1669页。

[108]《吕氏春秋新校释》卷二二，页1536—1537。

[109] 胡泳："首先，在日常生活中，我们很少去证实我们从他人处得到的信息。其次，证实概念与人际关系不可分。人们常根据向他们提供消息的人的信任程度，而不是原始消息来源的可靠程度，来判定一个谣传的可信度。在谣言的传播中，我们总是从朋友、同事或亲戚那里听到某个事件的发生，而他们往往并非事件的直接见证人。尽管见证的链条并非直接通到我们这里，但由于有朋友等对消息的背书，我们就会相信。相反，如果我们对证实者心存疑虑，我们就会对被此人证实了的消息产生怀疑。证实的标准包含着很大的主观性。"（《谣言作为一种社会抗议》，第71页）

[110] 如"始皇帝死而地分""楚虽三户，亡秦必楚""千里草"谣等。

[111] 谢贵安（1998），第54—61页。

[112]《史记》卷八《高祖本纪》，第344页。

[113]《史记》卷八《高祖本纪》，第347—348页。

[114] 卡普费雷（1991），第11页。

[115] 诺伊鲍尔（2004），第175页。

[116]《汉书》卷六〇《杜钦传》，第2678页。

[117]《谣言研究回顾》，http://www.douban.com/note/149670421/ 维舟的日记，2011.5.8.

[118] 参见附录《卢芳与"刘文伯"——九原皇帝卢芳事迹

小考》。

［119］《十三经注疏·尚书正义》卷四，页136。

［120］《十三经注疏·论语注疏》卷一七《阳货》，第2525页。

［121］"见怪不怪"语出唐孙思邈："忽见鬼怪变异之物，即强抑之，勿怪。呪曰：'见怪不怪，其怪自坏。'"（孙思邈著，李景荣等校释：《备急千金要方校释》卷二七《养性·黄帝杂忌法》，北京：人民卫生出版社，1998，第588页）又见南宋洪迈（1123—1202）《夷坚三志己》卷二"姜七家猪"条："畜生之言何足为信？我已数月来知之矣。见怪不怪，其怪自坏。"（洪迈著，何卓校点：《夷坚志》，北京：中华书局，1981，第1314页）应是当时熟语。但这种观念古已有之。

［122］《汉书》卷八二《王商传》，第3370页。

［123］卡普费雷（1991），第119页。

［124］卡普费雷（1991），第120页。

［125］详见本书第五章。

［126］《论衡校释》卷一《累害篇》，第17页。

［127］《后汉书》卷五《安帝纪》，第209页。

［128］《汉书》卷六〇《杜钦传》，第2676—2677页。

［129］《汉书》卷六〇《杜钦传》，第2678页。

# 卢芳与「刘文伯」

## ——九原皇帝卢芳事迹小考

附 录

新莽统治后期，"军旅骚动，四夷并侵，百姓怨恨，盗贼并起"[1]。王莽败亡后，绿林、赤眉等大型武装集团先后在长安建立政权，而各种政治势力也纷纷起事，称雄一方。这种割据分裂的政治局面，一直延续到东汉初。

如前汉宗室刘永在豫东、皖北称王称帝[2]，冒称宗室的王郎在幽、冀（相当于今河北、辽宁南部等地区）自立为天子。新莽旧臣，如导江卒正公孙述称雄益州（相当于今四川、贵州、云南的大部分地区），庐江连率李宪自据庐江郡（相当于今安徽西南部）。更始政权任命的张掖属国都尉窦融，曾控有河西五郡（张掖、武威、酒泉、金城、敦煌，即今甘肃西北部的河西走廊地区）。[3] 更始政权任命的行渔阳太守彭宠，在东汉建武初自封燕王，据有渔阳郡（曾包括今北京、河北、天津部分地区）。

至于各处的在地势力，如陇西豪族名士隗嚣据有安定、陇西、天水、武都诸郡（相当于今甘肃东南部），"名震西州"[4]。南郡人秦丰自号楚黎王，割据南郡（相当于今湖北荆州、荆门、襄阳、宜昌及重庆东部部分地区）。琅琊不其县（治今山东青岛市崂山西北）人张步"聚众数千，转攻傍县，下数城"，"遂据本郡"。[5]东海（相当于今山东、江苏北部部分地区）人董宪，"起兵据其郡"[6]。

本文讨论的卢芳，是当时西北地区的一支重要割据势力的首领。他从安定郡（治今宁夏固原，辖境相当于今甘肃东部，宁夏中、西、南部）起家，后在匈奴的支持下称帝，建都九原（治今内蒙古包头市九原区麻池古城）。他的政权曾控制五原、朔方、云中、定襄、雁门五郡（辖境相当于今内蒙古中南部至山西、陕西北部部分地区）多年。

卢芳，字君期，安定郡三水县（治今宁夏同心县下马关乡北红城水古城）人，居左谷中。[7]他的生卒年月不详，传世文献中也没有关于他家世和早年身世的记载。他第一次出现在历史舞台上，是在新莽末年，"与三水属国羌胡起兵"[8]。三水县当时是安定属国都尉治所，三水属国即安定属国。

西汉制度，西北边郡或设属国，安置内附匈奴、羌等少数族群，与汉族和其他少数民族杂居。属国军政由中央政府直接任命的都尉主持，采取与内地郡国不同的特殊管理政策，允许少数族群保留原有的生活文化习俗、社会政治组织。匈奴、羌等少数民族英勇善战，擅骑射，主要由他们组成的属国兵、属国骑，是西汉边防的重要武装力量。卢芳族属不详，生长于三水左谷的他，可能是汉族，可能是汉胡混血,也可能是少数民族。他的家族及其本人在当地的政治、社会地位,我们目前也无从考证。但能够在这样的乱世获得安定属国匈奴、羌等族群的支持,武装割据,他显然具备一定的才干、能力,在当地多族群的复杂环境中拥有足够的人脉和影响力。

新莽地皇四年(23)二月,前汉宗室刘玄由绿林军将领们拥立为皇帝,建元更始。当年九月,绿林军攻入长安,推翻新朝,王莽被杀。更始帝在长安建立政权,大举封授爵位官职,成为名义上的天下共主。但各地战事不绝,割据愈烈。

更始二年(24),更始帝征召陇西割据首领隗嚣至长安,意图笼络。隗嚣的军师、右扶风平陵县(治今陕西咸阳市西北)人方望,认为"更始政乱,度其必败"[9],辞官出走。不久,方望在长安找到前定安公刘婴[10],将他带到安定郡临泾县(治今甘肃镇原东南)。方望与同郡安陵县(治今陕西咸阳市东北)人弓林在临泾聚众数千,于更始三年(25)正月,立刘婴为皇帝。方望自任丞相,弓林任大司马。"更始遣李松与讨难将军苏茂等击破,皆斩之。"[11]

更始政权建都长安后,曾"征(卢)芳为骑都尉,使镇抚安定以西"[12],以"中央政权"的名义,认可了卢芳在安定地区的首领地位。我们无法判定这一任命与方望在临泾的起事,孰先孰后。但方望起事与更始军随后的镇压,都未见到卢芳的参与,很可能卢芳当时的势力范围,主要在三水(安定属国)一带。

更始三年九月,赤眉攻入长安,短命的更始政权就此结束。"三水豪杰共计议,以芳刘氏子孙,宜承宗庙,乃共立芳为上将、西平王。"[13]安定属国的胡汉首领们,为什么会以为卢芳是"刘氏子孙",奉他为王呢?原来,新莽末年,在三水地区流传着这样一个传说:西汉与匈奴和亲,汉武帝曾迎娶匈奴谷蠡浑邪王的姐姐为皇后,生了三个儿子。至巫蛊之乱,长子即皇太子伏诛,皇后受连累而死。次子名次卿,逃亡到长陵(今陕西咸阳市东北)。三子名回卿,逃往安定三水县境内的左谷。后来大将军霍光迎立次卿为帝,恭迎回卿返京,但"回卿不出,因居左谷,生子孙卿,孙卿生文伯"[14]。这位兼具匈奴贵族血脉的汉武帝曾孙"刘文伯",就是卢芳。

这一传说,显然是没有史实根据的谣传:

第一,西汉与匈奴之间的和亲,目前所见,都是汉女嫁入匈奴王室,未见有匈奴女子嫁入汉皇室之例。据《汉书·外戚传》和《武五子传》,汉武帝先后册立过两位皇后,即陈阿娇[15]、卫子夫[16]。此外宠幸的妃嫔有赵之王夫人、李姬、中山李夫人、尹倢伃、赵倢伃(即钩弋夫人)等。综观西汉历史,并无皇帝纳匈奴女子为后妃的记载。

第二,匈奴的统治架构,单于以下设左右贤王、左右谷蠡王、左右大将、左右大都尉、左右大当户等,以左为尊。这些职衔既是地方军政首长，也是世袭领主。左右贤王、左右谷蠡王都是由单于子弟担任的高级职官，有继承单于的资格，都有各自的王庭和固定的游牧地域，被称为四大王。其下则有诸部落王、名王、裨小王等，各有相对固定的驻牧之地。浑邪王，也作昆邪王，与休屠王都隶属右贤王，驻牧地在今甘肃河西走廊一带。[17]浑邪、休屠都是部落名[18]，所以浑邪王是部落王，并非谷蠡王。

第三，汉武帝共生有六子，长子刘据生母为卫皇后，齐怀王刘闳生母为王夫人，燕刺王刘旦、广陵厉王刘胥的生母为李姬，昌邑哀王刘髆生母为李夫人，少子刘弗陵（即昭帝）的生母为赵倢伃（钩弋夫人）。武帝征和二年（前91）"巫蛊之祸"中遇害的皇太子，即戾太子刘据。同时遇害的还有其妻史良娣、其子"史皇孙"刘进、其媳王翁须，刘据的生母皇后卫子夫因受连累自杀。刘据的孙子、汉武帝的曾孙刘病已（后来改名刘询），当时是襁褓中的婴儿，也被投入狱中。后刘病已逢大赦出狱，由祖母娘家史氏养育，在民间成长，直至十八岁，霍光迎立为帝，即汉宣帝。所谓皇后有次子名次卿，三子名回卿，霍将军迎立次卿为帝等，完全是虚构的，当然更不可能有回卿的孙子"刘文伯"其人。

值得讨论的是，卢芳为什么要虚构这个虚假的家世和身份？他的假家世、假身份，能否为当时当地乃至更广泛地区的人们所认可？这对卢芳的事业生涯有何影响？

《后汉书·卢芳传》的解释是："王莽时，天下咸思汉德，芳由是诈自称武帝曾孙刘文伯。"[19]自汉昭帝时眭弘预言汉运中衰、当禅让贤人，到成帝时甘忠可倡"汉当更受命于天"，至哀帝时，人心厌汉的情绪在社会上已蔓延开来。其后王莽假摄、即真禅汉，固然有处心积虑的操作，但确也获得朝野的广泛支持，算是顺应了当时人心厌汉的社会心态。[20]然而王莽在政治经济等领域屡屡失策，新朝统治陷入困局，加上天灾频发，新莽末年社会激烈动荡，"钟摆效应"（Pendulum Effect）发生作用，人们又都念起西汉王朝的好来，人心思汉成为大潮流。于是出现了一个明显的历史现象：新莽末年，群雄并起，逐鹿中原，其中有多股武装势力都奉刘氏宗室为其主。

如前面提到的宗室刘永在豫东、皖北称王称帝，方望立前孺子刘婴为天子等。更早的是控制鄂北豫南的下江、新市、平林兵（即绿林军），与刘縯、刘秀领导的舂陵兵联合，于地皇四年（23）正月击败新莽大军之后，二月宣告建立更始政权，诸将推举加入平林兵不久、资望皆浅的宗室刘玄为皇帝。刘玄在即位仪式上，"羞愧流汗，举手不能言"[21]。

当时转战于河南一带的赤眉军，因赤地千里，饥饿乏食，西进关中与更始军争食，屡战告捷。进至华阴县（治今陕西华阴市东南），有谋士方阳向樊崇等将领建议："更始荒乱，政令不行，故使将军得至于此。今将军拥百万之众,西向帝城,而无称号,名为群贼,不可以久。不如立宗室,挟义诛伐。以此号令,谁敢不服?"樊崇等深以为然,认为"当求刘氏共尊立之"。赤眉军中奉城阳景王刘章为神,于是在军中找到70多位刘章的后人,选中血缘较近、年仅15岁的刘盆子,立为皇帝,建元建世。刘盆子当时在军中管放牛,被称为"牛吏"。当诸将向他称臣叩拜时,刘盆子"被发徒跣,敝衣赭汗,见众拜,恐畏欲啼"[22]。

更始元年八月,前钟武侯刘望在汝南郡(治上蔡,今河南上蔡西南)起兵称帝[23],以新莽败将纳言将军严尤、秩宗将军陈茂为大司马、丞相。至十月,刘望被更始奋威大将军刘信击杀。

当时还出现了一些冒认的宗室,即班彪所谓"十余年间,中外搔扰,远近俱发,假号云合,咸称刘氏,不谋同辞"[24]。假冒刘氏而出名的,除了卢芳,还有王郎。

王郎,也叫王昌,赵国邯郸(今属河北)人,本以卜相星占为业。汉成帝时,赵飞燕姊妹专宠后宫,却未能生育。赵氏姊妹为了固宠,毒杀有孕宫妃,残害皇子,令成帝无后。王莽篡位以后,长安有名叫武仲的男子,在大街上自称"汉氏刘子舆,成帝下妻子也。刘氏当复,趣空宫"[25],被抓起来杀了。王郎"以百姓思汉……故诈称之,以从人望",宣称他才是真的刘子舆,他的母亲本是宫中的歌女,以类似"狸猫换太子"的伎俩,"伪易他人子",逃过了赵皇后的迫害。这位刘子舆"年十二,识命者郎中李曼卿,与俱至蜀;十七,到丹阳;二十,还长安;展(辗)转中山,来往燕、赵,以须天时"[26]。在原赵王刘子林、赵国大豪李育、张参等的支持下,刘子舆在邯郸称帝,"百姓多信之",控制幽冀两州大部,"赵国以北,辽东以西,皆从风而靡"。[27]次年,刘子舆为刘秀所破。

有些地方割据集团,虽然没有奉刘氏宗室为主子,却也打出"辅汉"旗号。如割据陇西的隗嚣立庙奉祀汉高祖、汉文帝、汉武帝,以示效忠汉室。隗嚣的这一举措,受教于他的军师方望:

> 足下欲承天顺民,辅汉而起,今立者乃在南阳,王莽尚据长安,虽欲以汉为名,其实无所受命,将何以见信于众乎?宜急立高庙,称臣奉祠,所谓"神道设教",求助人神者也。[28]

隗嚣以尊崇汉室的方式,展示其"辅汉"反莽的立场以笼络人心,证明其割据政权的合法性。

"尊刘""辅汉"之所以成为当时的社会大潮流,除了"钟摆效应"心态之外,还有更深层的原因。仍以隗嚣为例,他听从方望的建议,摆出"辅汉"的姿态,但内心深处,其实是打算自己逐鹿中原的。他曾对班彪说:"至于但见愚人习识刘氏姓号之故,而谓汉家复兴,疏矣。昔秦失其鹿，刘季逐而羁之，时人复知汉乎？"[29]

秦末汉初的社会政治语境中，曾流行"布衣而有天下""王侯将相宁有种乎"的观念，因而出现隗嚣心向往之的"秦失其鹿，刘季逐而羁之"的政治变局。但西汉中期以后，随着宗室、外戚、豪族、官僚世家蚕食、分割政治经济文化资源，布衣君臣的政治格局逐渐褪色，以家世、门阀对接天命符应，逐渐成为皇室权贵维持特权正当性的必备论述。即班彪所说，一是"帝王之祚，必有明圣显懿之德，丰功厚利积累之业……未见运世无本，功德不纪，而得屈起在此位者也"[30]；二是"汉德承尧，有灵命之符，王者兴祚，非诈力所致"[31]。隗嚣、公孙述等野心勃勃者坚信汉、新已失鹿，群雄当共逐之。但当时更普遍的社会共识，正如方望在临泾起事、立刘婴为天子前对朋友弓林等所说："今皆云刘氏真人，当更受命，欲共定大功，何如？"[32]

刘秀称帝、建元建武之后，隗嚣表面归顺，内怀异心，派辩士张玄游说割据河西的窦融："更始事业已成，寻复亡灭，此一姓不再兴之效。今即有所主，便相系属，一旦拘制，自令失柄，后有危殆，虽悔无及。今豪杰竞逐，雌雄未决，当各据其土宇，与陇、蜀合从，高可为六国，下不失尉佗。"窦融召集地方首领们商议如何回应，其中智者皆曰："汉承尧运，历数延长。今皇帝姓号见于图书，自前世博物道术之士谷子云、夏贺良等，建明汉有再受命之符,言之久矣","观符命而察人事,它姓殆未能当也"。[33]汉祚复兴、"有灵命之符",在新汉之际其实已超越政客短期操作的策略性考量,渗入到信仰层面成为广泛的社会共识,因此"刘氏复兴,李氏为辅""刘秀当为天子"等谶言在社会上极为流行。这也是卢芳、王郎等改名换姓、假冒刘氏后裔的深层心态。[34]

卢芳假冒汉武帝后人,自称"刘文伯",能否得到大家的认可呢?

"三水豪杰共计议,以芳刘氏子孙,宜承宗庙,乃共立芳为上将、西平王。"[35]看来,当时的三水属国胡汉首领们对"刘氏"之后是认可的。

卢芳称王之后,派使者拉拢西羌、匈奴结和亲。匈奴呼都而尸道皋若鞮单于答复说:"匈奴本与汉约为兄弟。后匈奴中衰,呼韩邪单于归汉,汉为发兵拥护,世世称臣。今汉亦中绝,刘氏来归我,亦当立之,令尊事我。"[36]也认可卢芳的"刘氏"身份。

光武帝建武初,示意隗嚣讨伐割据巴蜀的公孙述,以证明其归顺的诚意,"嚣乃遣长史上书,盛言三辅单弱,刘文伯在边,未宜谋蜀"[37]。至建武五年(29),光武帝灭刘永、彭宠,隗嚣部将王元认为天下大势尚未定局,"今南有子阳,北有文伯,江湖海岱,王公十数",不必急于放弃已有的基业,当"据隘自守,旷日持久,以待四方之变,图王不成,其弊犹足以霸"[38]。窦融归顺光武帝后,写信劝隗嚣诚意归顺:"当今西州地势局迫,人兵离散,易以辅人,难以自建。计若失路不反,闻道犹迷,不南合子阳,则北入文伯耳。"[39]可知在东汉初的官方文书、书信档案中,以讹传讹,提到卢芳都称之为"刘文伯",卢芳也应该一直以"刘文伯"自居,即中华书局校勘记引殿本《考证》所言:"谓卢芳诈称武帝曾孙刘文伯,故当时之人但知为刘文伯,不知为卢芳。"[40]到了东汉政权一统天下之后,官方论述才复其旧名,以正视听。

卢芳的虚构身份,在当地还可能有另一层重要的象征意义。

汉武帝元狩二年(前121)两度发动河西战役,骠骑将军霍去病所率汉军,在河西地区大胜匈奴军,浑邪、休屠等部损失惨重。匈奴伊稚斜单于极为恼恨,欲召浑邪王、休屠王至单于庭严厉惩处,两人深惧被诛,密谋降汉。后休屠王突然反悔,为浑邪王所杀。浑邪王最后率浑邪、休屠等部四万多(号称十万)人投降汉朝。这是西汉对匈战争所取得的一次重大战略胜利,汉武帝极其兴奋:"发车二万乘迎之。既至,受赏,赐及有功之士。是岁费凡百余巨万。"[41]投降的匈奴首领、贵族们被征至长安,封为列侯,安置在中原,既示安抚,也令其远离族人:"既至长安,天子所以赏赐者数十巨万。封浑邪王万户,为漯阴侯。[42]封其裨王呼毒尼为下摩侯[43],鹰庇为煇渠侯[44],禽犁为河綮侯[45],大当户铜离为常乐侯[46]。"[47]

浑邪、休屠及多个小部落的数万部众，则分别安置在陇西、北地、上郡、朔方、云中五郡黄河以南的故塞之中，沿袭匈奴旧俗、官号，置五属国，设属国都尉治理。后又在浑邪王、休屠王故地陆续设置酒泉、武威、张掖、敦煌四郡，从关东地区移徙数十万贫民充实其地。据武沐的研究，浑邪部众大部分被安置在三水属国。[48]如果这个结论可以成立，则"刘文伯"的"汉武帝和浑邪王姊曾孙"身份，在三水地区胡汉族群中无疑具有极大的凝聚力、号召力。后来匈奴单于大力支持卢芳势力的发展，甚至扶植他在九原称帝，割据五原、朔方、云中、定襄、雁门五郡，也与他这一虚构身份的符号意义有一定关系。

破绽百出的虚构身份和虚构故事，为什么能在政治斗争中赢得实质支持、收获实质利益呢？卢芳的案例证实了现代社会学家、社会心理学者对谣言现象的一个观察，即谣言往往是民众心理的投射。正如笔者在《汉代的谣言》文中所论述，一则民间流传的谣言包含的具体信息是否真实可信，能否得到证实，不是它获得特定群体认可接受的主要原因。因为谣言的主要功能并非在人心浮动、众说纷纭的时刻向众人提供准确无讹的情报、消息，而在于能否恰当反映和满足特定时空的群体心态、期待和想象。谣言反映特定历史语境下特定人群的内心情绪、想法和秘密，是"未经证实却广为流传的对现实世界的假想"。新莽末年的谣言特别活跃，是因为当时的政治冲突极其尖锐，社会非常不稳定，人们普遍缺乏安全感，格外感到焦虑、恐惧、无助、有怨气，迫切需要宣泄、合理化自己的情绪，"发现"对当前处境的"合理"说明、解释，以及可以满足其"集体期望""合理想象"的预言。而此时的中央和地方的权力机构，在大众心目中已失去公信力，官方渠道提供的相关信息，常被人们视为不完整、不清晰、故意隐瞒真相，难以满足人们的心理需求。卢芳族属不详，但能够在这样的乱世获得安定属国匈奴、羌等族群的支持，他显然具备一定的才干、能力，在当地多族群的复杂环境中拥有足够的人脉和影响力。当时当地的汉、匈、羌等族群信任他、需要他，自然也就选择相信"刘文伯"谣言。这也就是社会学家涩谷保所论述的"谣言是一种集体解决问题的方式，是一种在人群、社会中反复出现的沟通形式。人们通过这种沟通形式，尝试在不明朗不稳定的社会处境中，共享其智力资源，建构出对他们而言有意义的关于处境的诠释"[49]。

原载《中国"秦汉时期的九原"学术论坛专家论文集》，呼和浩特：内蒙古人民出版社，2012，第314—322页。现据笔者《谣言与汉代的社会政治危机——以"刘文伯"等谣言为例》(《人文杂志》2015年第7期)，略作增补。

**注释：**

[1]《汉书》卷九九下《王莽传下》，第4166页。

[2]包括梁、济阴、山阳、沛、楚、淮阳、汝南等郡国。

[3]窦融，扶风平陵（今陕西咸阳市西）人。新莽时曾任武职，后降更始帝，出任巨鹿太守。因为他的高祖父在西汉曾任张掖太守，从祖父曾任护羌校尉，从弟为武威太守，家族与河西诸郡渊源深厚，故窦融向更始帝自请镇守河西，出任张掖属国都尉。

[4]《后汉书》卷一三《隗嚣传》，第522页。

[5]《后汉书》卷一二《张步传》，第498页。

[6]《后汉书》卷一二《刘永传》，第494页。

[7]《后汉书》卷一二《卢芳传》，页505页。

[8]《后汉书》卷一二《卢芳传》，第506页。

[9]《后汉书》卷一一《刘玄传》，第473页。

[10]西汉平帝崩，无子，王莽以旁系宗室广戚侯刘显之子刘婴继嗣平帝，立为孺子，自己为假皇帝。至王莽篡位，贬刘婴为定安公。参见《汉书》卷八〇《楚孝王嚣传》，第3320页。

[11]《后汉书》卷一一《刘玄传》，第473页。

[12]《后汉书》卷一二《卢芳传》，第506页。

[13]《后汉书》卷一二《卢芳传》，第506页。

[14]《后汉书》卷一二《卢芳传》，第506页。

[15]馆陶长公主刘嫖之女。

[16]卫青的姐姐、霍去病的姨母、戾太子刘据的母亲。

[17] 林幹著:《匈奴通史》，北京：人民出版社，1986，第35页。

[18] 武沐:《浑邪休屠族源探賾》，《兰州大学学报》2004年第1期，第11页。

[19]《后汉书》卷一二《卢芳传》，第505页。

[20] 参见拙著《汉代的谣言》(浙江大学出版社，2011)，第136页。

[21]《后汉书》卷一一《刘玄传》，第469页。

[22]《后汉书》卷一一《刘盆子传》，第480页。

[23]《汉书》卷九九下《王莽传下》作"刘圣"。(第4193页)

[24]《后汉书》卷四〇《班彪传上》，第1323页。

[25]《汉书》卷九九中《王莽传中》，第4119页。

[26]《后汉书》卷一二《王昌传》，第491页。

[27]《后汉书》卷一二《王昌传》，第491—493页。

[28]《后汉书》卷一三《隗嚣传》，第514—515页。

[29]《后汉书》卷四〇《班彪传上》，第1323页。

[30]《汉书》卷一〇〇上《叙传上》，第4208页。

[31]《汉书》卷四〇《班彪传上》，第1323页。

[32]《后汉书》卷一一《刘玄传》，第473页。

[33]《后汉书》卷二三《窦融传》，第798页。

[34] 信仰层面的"刘氏复兴，李氏为辅"等谶言，比新莽末"人心思汉"思潮的生命力顽强得多，即使东汉灭亡以后，仍长期流传。据方诗铭先生的研究，两晋南北朝时期的武装起事领袖常改名"刘举"或"李弘"为号召，其他如刘尼、刘根、刘灵助起事，其主

事者也都冒称刘氏或标榜姓刘。晋末建立汉国的匈奴王族刘渊,也是为了"应谶"而改姓刘氏。(《"汉祚复兴"的谶记与原始道教——晋南北朝刘根、刘渊的起义起兵及其他》,《史林》1996年第3期,第1—6页)

[35]《后汉书》卷一二《卢芳传》,第506页。

[36]《后汉书》卷一二《卢芳传》,第506页。

[37]《后汉书》卷一三《隗嚣传》,第524页。

[38]《后汉书》卷一三《隗嚣传》,第525页。

[39]《后汉书》卷二三《窦融传》,第801页。

[40]《后汉书》卷一三《隗嚣公孙述列传》,第546页。

[41]《史记》卷三〇《平准书》,第1424页。

[42]漯阴,县名,西汉属平原郡,治今山东齐河县东北。

[43]下摩侯国,《史记》卷二〇《建元以来侯者年表》指在猗氏县(第1041页)。下摩,乡邑名,属河东郡猗氏县(治今山西临猗南)。

[44]鹰,《史记索隐》引《汉书》作"雁"。煇渠,乡邑名,西汉属南阳郡鲁阳县(治今河南鲁山县)。见《史记》卷一一一《卫将军骠骑列传》,第2934页。

[45]禽,《史记集解》引徐广曰:"一作'鸟'。"(《史记》卷一一一《卫将军骠骑列传》,第2934页)《史记》卷二〇《建元以来侯者年表》"禽梨"作"乌梨",并称之为匈奴右王。(第1043页)河綦,乡邑名,西汉属济南郡(治今山东章丘市西),确切地点不详。

[46]铜离,《史记》卷二〇《建元以来侯者年表》作"稠雕",

《史记索隐》引《汉书·卫青传》作"涸离"。(第1043页)常乐,乡邑名,西汉属济南郡,确切地点不详。

[47]《史记》卷一一一《卫将军骠骑列传》,第2933页。

[48]武沐(2004),第11页。

[49] Tamatsu Shubutani. *Improvised News: A Sociological Study of Rumor*. Indianapolis: The Bobbs–Merrill Company, 1966, p. 17.

# 参考文献

## 工具书

丁福保编纂:《说文解字诂林》,北京:中华书局,1988。

罗竹风主编:《汉语大词典》,上海:汉语大词典出版社,1986-1994。

夏征农主编:《辞海》,上海:上海辞书出版社,1999。

徐中舒主编:《汉语大字典》,成都:四川辞书出版社,武汉:湖北辞书出版社,1986—1990。

中国社会科学院语言研究所词典编辑室编:《现代汉语词典》,第5版,北京:商务印书馆,2005。

［汉］许慎撰,［清］段玉裁注:《说文解字注》,上海:上海古籍出版社,1981。

［汉］许慎撰:《说文解字》,续古逸丛书据日本岩崎氏静嘉堂藏本影印宋徐铉校宋本说文解字,上海:涵芬楼,1919。

［汉］许慎撰、［宋］徐铉校定:《说文解字》,北京:中华书局影印,1963。

## 历史和考古文献

［日］安居香山，中村璋八辑：《纬书集成》，石家庄：河北人民出版社，1994。

［清］白居易著，顾学颉校点：《白居易集》，北京：中华书局，1979。

［清］陈立撰，吴则虞点校：《白虎通疏证》，北京：中华书局，1994。

［汉］班固撰，［唐］颜师古注：《汉书》，北京：中华书局，1962。

［汉］班固撰，［清］王先谦补注：《汉书补注》，北京：中华书局，1983。

王云五主编：《仓颉篇》，《丛书集成初编》，上海：商务印书馆，1935—1937。

［晋］常璩撰，任乃强校注：《华阳国志校补图注》，上海：上海古籍出版社，1987。

［魏］曹植撰，［清］丁晏编，黄节注：《曹子建集评注》，台北：世界书局，1962。

［清］陈奂撰：《诗毛氏传疏》，济南：山东友谊书社，1992。

陈松长：《帛书〈刑德〉乙本释文》，收录于丁原植主编：《马王堆帛书〈刑德〉研究论稿》，台北：古籍出版有限公司，2001。

［晋］陈寿撰，［宋］裴松之注：《三国志》，北京：中华书局，1959。

［宋］陈埴撰：《木钟集》，《四库全书》，上海：上海古籍出版社，1987。

崔适著：《史记探源》，北京：中华书局，1986。

［清］杜文澜辑，周绍良点校：《古谣谚》，北京：中华书局，1958。

［唐］杜佑：《通典》，《续修四库全书》，上海：上海古籍出版社，2002。

［南朝宋］范晔撰：《后汉书》，北京：中华书局，1965。

［唐］房玄龄等撰：《晋书》，北京：中华书局，1974。

［清］顾炎武著，黄汝成集释，栾保群、吕宗力校点：《日知录集释》，上海：上海古籍出版社，2006。

赵守正撰：《管子注译》，南宁：广西人民出版社，1982。

［宋］郭茂倩编：《乐府诗集》，北京：中华书局，1979。

何建章注释：《战国策注释》，北京：中华书局，1990。

［宋］洪迈撰，何卓点校，《夷坚志》，北京：中华书局，1981。

［宋］胡寅撰：《致堂读史管见》，《续修四库全书》，上海：上海古籍出版社，2002。

［汉］桓宽著，王利器校注:《盐铁论校注》，北京：中华书局，1992。

［汉］贾谊撰，阎振益、钟夏校注:《新书校注》，北京：中华书局，2000。

［汉］贾谊著:《贾谊集》，上海：上海人民出版社，1976。

［宋］李昉等撰:《太平御览》，北京：中华书局影印涵芬楼影宋本，1960。

李零著，《长沙子弹库战国楚帛书研究》，北京：中华书局，1985。

［唐］李延寿撰:《南史》，北京：中华书局，1975。

［北魏］郦道元著，陈桥驿校证:《水经注校证》，北京：中华书局，2007。

［清］梁玉绳撰:《史记志疑》，北京：中华书局，1981。

杨伯峻撰:《列子集释》，北京：中华书局，1979。

刘文典撰:《淮南鸿烈集解》，北京：中华书局，1998。

［唐］刘蜕撰:《唐刘蜕集》，《四部丛刊初编》缩印本，台北：商务印书馆，1965。

［汉］刘熙撰:《释名》，《四部丛刊初编·经部》，上海：商务印书馆，1965。

［汉］刘向撰:《新序》，《四库全书荟要》，长春：吉林人民出版社，2002。

［汉］刘向撰，王照圆补注：《列女传补注》，《续修四库全书》，上海：上海古籍出版社，2002。

［汉］刘向撰，向宗鲁校证：《说苑校证》，北京：中华书局，1987。

［宋］刘炎撰：《迩言》，文渊阁《四库全书》，上海：上海古籍出版社，1987。

［南朝宋］刘义庆著，刘孝标注，余嘉锡笺疏：《世说新语笺疏》，北京：中华书局，2011。

［东汉］刘珍等撰，吴树平校注：《东观汉记校注》，北京：中华书局，2008。

［唐］刘知幾撰，［清］浦起龙释：《史通通释》，上海：上海古籍出版社，1978。

《中国兵书集成》编委会编：《六韬》，《中国兵书集成》第1册，北京：解放军出版社，沈阳：辽沈书社，1987。

王利器撰：《新语校注》，北京：中华书局，1986。

逯钦立辑校：《先秦汉魏晋南北朝诗》，北京：中华书局，1983。

［战国］吕不韦著，陈奇猷校注：《吕氏春秋新校释》，上海：上海古籍出版社，2002。

马承源主编：《上海博物馆藏战国楚竹书二》，上海：上海古籍出版社，2002。

［清］焦循撰，沈文倬点校：《孟子正义》，北京：中

华书局，1987。

缪文远著:《战国策新校注》，成都：巴蜀书社，1987。

[清]皮锡瑞著，盛冬铃、陈抗点校:《今文尚书考证》，北京：中华书局，1989。

[清]阮元校刻:《十三经注疏》，北京：中华书局，1980。

[唐]孙思邈著，李景荣等校释:《备急千金要方校释》，北京：人民卫生出版社，1998。

[清]孙星衍等辑，周天游点校:《汉官六种》，北京：中华书局，1990。

[清]孙诒让著，孙启治点校:《墨子间诂》，北京：中华书局，2001。

上海师范大学古籍整理组校点:《国语》，上海：上海古籍出版社，1978。

[梁]沈约撰，《宋书》，北京：中华书局，1974。

睡虎地秦墓竹简整理小组编:《睡虎地秦墓竹简》，北京：文物出版社，1990。

[宋]司马光编著，[元]胡三省音注:《资治通鉴》，北京：中华书局，1956。

[汉]司马迁撰:《史记》，北京：中华书局，1959。

[汉]司马迁撰，泷川资言考证，水泽利忠校补:《史记会注考证附校补》，上海：上海古籍出版社，1986。

[明]陶宗仪等编:《说郛》，北京：中国书店，1986，

据涵芬楼1927年版影印。

［汉］王充著，黄晖校释：《论衡校释》，北京：中华书局，1990。

［汉］王符著，［清］汪继培笺，彭泽校正：《潜夫论笺》，北京：中华书局，1979。

［清］王聘珍撰，王文锦点校：《大戴礼记解诂》，北京：中华书局，1983。

［清］王先谦撰，沈啸寰、王星贤点校：《荀子集解》，北京：中华书局，1988。

［清］王先慎撰，钟哲点校：《韩非子集解》，北京：中华书局，1998。

王子今著：《睡虎地秦简〈日书〉甲种疏证》，武汉：湖北教育出版社，2003。

［北齐］魏收撰：《魏书》，北京：中华书局，1974。

［唐］魏徵、令狐德棻撰：《隋书》，北京：中华书局，1973。

［战国］吴起撰：《吴子》，《四部丛刊初编缩印本》，台北：台湾商务印书馆，1965。

吴小强撰：《秦简日书集释》，长沙：岳麓书社，2000。

［梁］萧统编，［唐］李善注：《文选》，北京：中华书局影印胡克家刻本，1977。

徐元诰撰，王树民、沈长云点校：《国语集解》，北京：中华书局，2002。

许洞撰:《虎钤经》,《丛书集成初编》,上海:商务印书馆,1935—1937。

[汉]韩婴撰,许维遹校释:《韩诗外传集释》,北京:中华书局,1980。

[汉]荀悦撰:《前汉纪》,《四部丛刊初编》,上海:商务印书馆,1926。

[汉]荀悦,[晋]袁宏著,张烈点校:《两汉纪》,北京:中华书局,2002。

[清]严可均校辑:《全上古三代秦汉三国六朝文》,北京:中华书局,1958。

杨伯峻编著:《春秋左传注》,北京:中华书局,1990。

杨树达著:《论语疏证》,上海:古籍出版社,1986。

[汉]应劭撰,王利器校注:《风俗通义校注》,北京:中华书局,1981。

[清]永瑢等撰:《四库全书总目》,北京:中华书局,1965。

[晋]袁宏撰,周天游校注:《后汉纪校注》,天津:天津古籍出版社,1987。

李步嘉撰:《越绝书校释》,武汉:武汉大学出版社,1992。

袁珂校注:《山海经校注》,上海:上海古籍出版社,1980。

《中国兵书集成》委员会编:《中国兵书集成》第3—5

册《武经总要·前集》，北京：解放军出版社，沈阳：辽沈书社，1988。

张家山二四七号汉墓竹简整理小组编著：《张家山汉墓竹简（二四七号墓）》北京：文物出版社，2001。

［唐］长孙无忌等撰，刘俊文点校：《唐律疏议》，北京：中华书局，1983。

［清］赵翼著，王树民校证：《廿二史札记校证》，北京：中华书局，1984。

［宋］郑樵撰，王树民点校：《通志二十略》，北京：中华书局，1995。

周天游辑注：《八家后汉书辑注》，上海：上海古籍出版社，1986。

［宋］朱熹集注：《诗集传》，北京：中华书局，1958。

诸祖耿编撰：《战国策集注汇考（增补本）》，南京：凤凰出版社，2008。

［清］郭庆藩撰，王孝鱼点校：《庄子集释》，北京：中华书局，1961。

**中文论著、译著、书评**

［美］奥尔波特等著，刘水平、梁元元、黄鹂译，赵元村校审：《谣言心理学》，沈阳：辽宁教育版社，2003。

白寿彝著：《白寿彝史学论集（下）》，北京：北京师范大学出版社，1994。

白寿彝等主编:《中国通史》第4卷,上海:上海人民出版社,1989。

[美]鲍尔德(阿兰·鲍尔德)著,高丙中译:《民谣》,北京:昆仑出版社,1993。

晁福林:《周太史儋谶语考》,《史学月刊》1993年第6期。

陈光崇著:《关于范晔〈后汉书〉的三个问题》,《中国史学史论丛》,沈阳:辽宁人民出版社,1984。

陈力丹著:《舆论学——舆论导向研究》,北京:中国广播电视出版社,1999。

陈雪屏:《谣言的心理》,长沙艺文丛书编辑部,1939。

陈业新:《两〈汉书〉"五行志"关于自然灾害的记载与认识》,《史学史研究》2002年第3期。

陈直著:《史记新证》,天津:天津人民出版社,1979。

程苏东:《〈汉书·五行志〉体例覆窾》,《中国史研究》2020年第4期。

程苏东:《〈汉书·五行志〉的编纂意图与策略》,《文学遗产》2021年第3期。

崔建华:《谣言无根学问深》,《中华读书报》2011年12月14日20版。

[美]D. B. 杜鲁门著,陈尧译,胡伟校:《政治过程——政治利益与公共舆论》,天津:天津人民出版社,

2005。

傅扬:《吕宗力,〈汉代的谣言〉(书评)》,《早期中国史研究》2012年第4期。

高殿石:《中国历代童谣辑注》,济南:山东大学出版社,1990。

顾颉刚著:《中国上古史研究讲义》,北京:中华书局,1988。

顾颉刚编著:《五德终始说下的政治和历史》,《古史辨第五册》,上海:上海古籍出版社,1982。

关雁春:《公众舆论、市民社会与法治》,《学术交流》2003年第11期。

侯健:《三种权力制约机制及其比较》,《复旦学报》2001年第3期。

胡守为:《"举谣言"与东汉吏政》,《中山大学学报》2004年第6期。

黄震云:《汉代神话的多态性与政治》,《文学评论》2010年第2期。

江万秀、雷才明、江凤贤著:《谣言透视》,北京:群众出版社,1991。

蒋非非:《试解秦末华阴平舒道玉璧之谜——对秦政治史的新认识》,《求是、求真,永葆学术青春》,郑州:河南人民出版社,2001。

[法]卡普费雷(让-诺埃尔·卡普费雷)著,郑若

麟，边芹译，郑永慧校：《谣言——世界最古老的传媒》，上海：上海人民出版社，1991。

［美］柯文著，杜继东译：《历史三调：作为事件、经历和神话的义和团》，南京：江苏人民出版社，2000。

［美］孔飞力著，陈兼、刘昶译：《叫魂：1768年中国妖术大恐慌》，上海：上海三联书店，1999。

［法］弗朗索瓦丝·勒莫著，唐家龙译：《黑寡妇：谣言的示意及传播》，北京：商务印书馆，1999。

［法］勒庞（古斯塔夫·勒庞），冯克利译：《乌合之众——大众心理研究》，北京：中央编译出版社，2005。

雷群明，王龙娣著：《中国古代童谣赏析》，长沙：湖南文艺出版社，1988。

冷德熙著：《超越神话——纬书政治神话研究》，北京：东方出版社，1996。

冷鹏飞：《"东南有天子气"释——秦汉区域社会文化史研究》，《学术研究》1997年第1期。

李零著：《中国方术正考》，北京：中华书局，2006。

［美］李普曼（沃尔特·李普曼）著，阎克文、江红译：《公众舆论》，上海：上海世纪出版集团、上海人民出版社，2006。

李中华：《文字狱：悬在文人头上的利剑》，《寻根》2003年第2期。

廖伯源著：《秦汉史论丛》，台北：五南图书出版公司，

2003。

林剑鸣、余华青、周天游、黄留珠著：《秦汉社会文明》，西安：西北大学出版社，1985。

刘安彦：《社会心理学（第5版）》，台北：三民书局，1993。

刘建明编著：《舆论传播》，北京：清华大学出版社，2001。

刘节著：《中国史学史稿》，郑州：中州书画社，1982。

刘开扬著：《柿叶楼存稿》，上海：上海古籍出版社，1983。

刘泽华主编：《中国古代政治思想史》，天津：南开大学出版社，1992。

鲁迅著：《鲁迅全集》，北京：人民文学出版社，1981。

逯耀东著：《魏晋史学及其他》，台北：东大图书公司，1998。

吕思勉著：《吕思勉史学论著——秦汉史》，上海：上海古籍出版社，1983。

吕宗力：《东汉碑刻与谶纬神学》，江苏古籍出版社编：《研究生论文选集（中国历史分册）》，南京：江苏古籍出版社，1984。

吕宗力、栾保群著：《中国民间诸神》，石家庄：河北人民出版社，2001。

吕宗力著：《感生神话与汉代皇权正当性的论证》，

《秦汉史论丛（第8辑）》，昆明：云南大学出版社，2001。

吕宗力：《汉代的流言与讹言》，《历史研究》2003年第2期。

吕宗力：《汉代"妖言"探讨》，《中国史研究》2006年第4期。

吕宗力：《略论民间歌谣在汉代的政治作用及相关迷思》，《社会科学战线》2008年第9期。

吕宗力：《汉代开国之君神话的建构与语境》，《史学集刊》2010年第2期。

吕宗力：《谣言与汉代的社会政治危机——以"刘文伯"等谣言为例》，《人文杂志》2015年第7期。

吕宗力：《西汉继体之君正当性论证杂议——以霍光废刘贺为例》，《史学集刊》2017年第1期。

马新：《时政谣谚与两汉民众参与意识》，《齐鲁学刊》2001年第6期。

孟祥才著，白钢主编：《中国政治制度通史（第3卷）》，北京：人民出版社，1996。

牟发松：《范晔〈后汉书〉对党锢成因的认识与书写——党锢事件成因新探》，华东师范大学学报2012年第6期。

［德］诺伊鲍尔（汉斯-约阿希姆·诺伊鲍尔）著，顾牧译：《谣言女神》，北京：中信出版社，2004。

彭雅玲著：《史通的历史叙述理论》，台北：文史哲出版社，1993。

钱锺书著:《管锥编》，北京：三联书店，2001。

邱永明著:《中国监察制度史》，上海：华东师范大学出版社，1992。

[美]史华兹（本杰明·史华兹）著，程刚译:《古代中国的思想世界》，南京：江苏人民出版社，2004。

宋衍申主编:《中国史学史纲要》，长春：东北师范大学出版社，1992。

苏萍著:《谣言与近代教案》，上海：远东出版社，2001。

孙广德:《我国正史中的政治神话》，杜维运、王寿南、王德毅、李云汉编:《中国史学论文选集第6辑》，台北：幼狮文化事业公司，1986。

孙家洲:《汉代"应验"谶言例释》，《中国哲学史》1997年第2期。

孙闻博:《两汉舆论界定中的政治意识——读〈汉代的谣言〉》，《中国史研究》2013年第1期。

孙旭培主编:《华夏传播论》，北京：人民出版社，1997。

汤凌慧:《汉文帝"约法省刑"略述》，《辽宁师专学报》2000年第1期。

天鹰著:《中国古代歌谣散论》，上海：中华书局上海编辑所，1959。

田北湖:《论文章源流（2）》,《国粹学报》1904年第2期。

仝晰纲:《汉代的乡里风谣与举谣言》,《人文杂志》1999年第4期。

王梅芳著:《舆论监督与社会正义》,武汉:武汉大学出版社,2005。

王青:《汉朝的本土宗教与神话》,台北:洪叶文化,1998。

王雄著:《新闻舆论研究》,北京:新华出版社,2002。

王子今、周苏平:《汉代民间的西王母崇拜》,《世界宗教研究》1999年第2期。

王子今著:《秦汉社会史论考》,北京:商务印书馆,2006。

王子今:《略论两汉童谣》,《重庆师范大学学报》2007年第3期。

王子今:《秦汉神秘主义信仰体系中的"童男女"》,《周秦汉唐文化研究（第五辑）》,西安:三秦出版社,2007。

王子今,吕宗力:《论长安"小女陈持弓"大水讹言事件》,《史学集刊》2011年第4期。

王子今:《汉代的谣言（书评）》,《人文中国学报》2013年第19期。

维舟:《谣言研究回顾》,2011年5月8日发表。（https:

//www.douban.com/note/149670421/?_i=43314803Z8wj24）

维舟:《谣言关乎政治（书评）》,《南方都市报》2011年11月27日。

吴承学:《论谣谶与诗谶》,《文学评论》1996年第2期。

夏明钊著:《谣言这东西》,深圳：海天出版社, 1999。

萧公权著:《中国政治思想史（上）》,台北：中国文化大学出版社, 1982。

谢贵安著:《中国谶谣文化研究》,海口：海南出版社, 1998。

谢贵安:《古代政治民谣及其社会舆论功能》,《湖北行政学院学报》2002年第1期。

徐华龙著:《中国歌谣心理学》,乌鲁木齐：新疆人民出版社, 1990。

阎步克著:《察举制度变迁史稿》,沈阳：辽宁大学出版社, 1997。

阎心恒:《民意的形成与发展》,曾虚白主编:《中国新闻史》第二章,台北：三民书局, 1984。

严耕望著:《中国地方行政制度史（甲部）——秦汉地方制度》,台北："中央研究院"历史语言研究所专刊之四十五A, 1974。

杨明品著:《新闻舆论监督》,北京：中国广播电视出版社, 2001。

杨燕起、陈可青、赖长扬编:《历代名家评〈史记〉》,北京:北京师范大学出版社,1986年。

叶常林、李瑞华:《公共权力监督模式的历史研究》,《安徽工业大学学报》2006年第1期。余嘉锡著:《四库提要辨证》,北京:中华书局,1980。

喻国明著:《解构民意:一个舆论学者的实证研究》,北京:华夏出版社,2001。

张灿辉:《"东南天子气"之演生与江南区域政治格局的形成》,《株洲工学院学报》2006年第1期。

张仁玺:《秦汉家族成员连坐考略》,《思想战线》2003年第6期。

张铁民著:《谣言和流言:错位的心态》,南京:江苏教育出版社,1997。

张晓峰:《政治传播与政治象征理论评介》,《现代传播》2004年第6期。

章太炎:《章太炎卷·革命之道德》,姜德铭主编:《中国现代名家名作文库》,北京:中国戏剧出版社,2001。

赵世瑜:《谣谚与新史学——张守常〈中国近世谣谚〉读后》,《历史研究》2002年第5期。

郑昌淦著:《中国政治学说史》,台北:文津出版社,1995。

钟肇鹏著:《谶纬论略》,沈阳:辽宁教育出版社,1991。

周长山著:《汉代地方政治史论》,北京:中国社会科学出版社,2006。

周晓虹著:《现代社会心理学——多维视野中的社会行为研究》,上海:上海人民出版社,1997。

朱传誉著:《中国民意与新闻自由发展史》,台北:正中书局,1974。

朱自清:《中国歌谣》,台北:开今文化,1994。

邹贤俊主编:《中国古代史学史纲》,武汉:华中师范大学出版社,1989。

## 英文论著

Aberbach, David. *Imperialism and Biblical Prophecy, 750-500 BCE*. London and New York: Routledge, 1993.

G. W. Allport and Leo Postman. *The Psychology of Rumor*. Reissued. New York: Russell& Russell, INC., 1965. (Copyright, 1947, by Henry Holt and Company.)

Aune, David Edward. *Prophecy in Early Christianity and the Ancient Mediterranean World*. Grand Rapids: William B. Eerdmans Publishing Company, 1983.

Borden, Diane, and Kerric Harvey, ed. *The Electronic Grapevine: Rumor, Reputation, and Reporting in the New On-Line Environment*. Mahwah: Lawrence Erlbaum Associates, Publisher, 1998.

Bronner, Stephen Eric. *A Rumor About the Jews: Reflections on Antisemitism and the Protocols of the Learned Elders of Zion*. New York: St. Martin's Press, 2000.

Cahill, Suzanne E. *The Queen Mother of the West in Medieval China*. Stanford: Stanford University Press, 1993

Cho, Hyunyi: "Public Opinion as Personal Cultivation: A Normative Notion and a Source of Social Control in Traditional China." *International Journal of Public Opinion Research* 2000, 12. 3: 299−323.

Chou, Ying−hsiung. "The Wooden−tongued Bell: the Uses of Literature and Poetry−collecting in Han China." Unpublished Ph. D. dissertation, University of California, San Diego, 1977.

Cohen, Paul A. *History in Three Keys: the Boxers as Event, Experience, and Myth*. New York: Columbia University Press, 1997.

Davis, Thomas J. *A Rumor of Revolt: the" Great Negro Plot" in Colonial New York*. New York: Free Press, 1985.

DeBendittis, Peter. *Guam's Trial of the Century: News, Hegemony, and Rumor in an American Colony*. Westport: Praeger, 1993.

DiFonzo, Nicholas, and Prashant Bordia. *Rumor Psychology: Social and Organizational Approaches*. Washington, DC:

American Psychological Association, 2007.

Dumont, Jean-Paul. "Rumor and tremor in a Visayan community: some anthropological reflections on symbolic power." *Silliman Journal* (Dumaguete City, Philippines), 1980, 27. 4: 258-264.

Farber, Seth. *Madness, Heresy, and the Rumor of Angels: the Revolt Against the Mental Health System*. Chicago: Open Court, 1993.

Farge, Arlette, and Jacques Revel. *The Vanishing Children of Paris: Rumor and Politics before the French Revolution*. Cambridge: Harvard University Press, 1991.

Fine, Gary Alan. *Whispers on the Color Line: Rumor and Race in America*. Berkeley: University of California Press, 2001.

Frye, Northrop. *Words with Power*, San Diego: Harcourt Brace Jovanovich, Publishers, 1990

Glynn, Carroll J. ed. *Public Opinion*, Boulder: Westview Press, 1999.

Goode, Erich, and Nachman Ben-Yehuda. *Moral Panics: The Social Construction of Deviance*. Cambridge, MA: Blackwell, 1994.

Gross, Kenneth. *Shakespeare's Noise*. Chicago: University of Chicago Press, 2001.

Haar, B. J. ter, *Telling Stories: Witchcraft and Scapegoating in Chinese History*. Leiden, Boston: Brill, 2006.

Harris, Richard Jackson. *A Cognitive Psychology of Mass Communication*. Hillsdale: Lawrence Erlbaum Associates, 1989.

Jenkins, Henry. *Textual Poachers: Television Fans& Participatory Culture*. New York: Routledge, 1992.

Kapferer, Jean-Noël. *Rumors: Uses, Interpretations, and Images*. New Brunswick: Transaction Publishers, 1990.

Knopf, Terry Ann. *Rumors, Race, and Riots*. New Brunswick: Transaction Books, 1975.

Koenig, Fredrick. *Rumor in the Marketplace: The Social Psychology of Commercial Hearsay*. Dover: Auburn House Publishing Company, 1985.

Kuhn, Philip A. *Soulstealers: the Chinese Sorcery Scare of 1768*. Cambridge, MA.: Harvard University Press, 1990.

Lin Yutang. *A History of The Press and Public Opinion in China*, Chicago: The University of Chicago Press, 1936.

Loewe, Michael. *Ways to Paradise: The Chinese Quest for Immortality.* London, Boston: Allen& Unwin, 1979.

Lu, Zongli, *Power of the Words: Chen Prophecy in Chinese Politics, 265-618*. Oxford, Bern, Berlin, New York: Peter Lang AG, 2003.

Lu, Zongli, translated by Wee Kek Koon. *Rumor in Early Chinese Empires*. London: Cambridge University Press, 2021.

Matthews, George Tennyson. *News and Rumor in Renaissance Europe: the Fugger Newsletters*. New York: Capricorn Books, 1959.

Neubauer, Hans-Joachim. *The Rumour: A Cultural History*. Trans. into English by Christian Braun. London: Free Association Books, 1999.

Ono, Shinji, "A Deliberate rumor: national anxiety in China on the eve of the Xinhai Revolution." In *China's Republican Revolution*, ed. by Eto Shinkichi and Harold Z. Schiffrin. Tokyo: University of Tokyo Press, 1994, 25–40.

Ostrander, Michael E. "The meaning of Sennacherib's rumor in Isaiah 37: 7." Unpublished M. Div. Thesis. Grace Theological Seminary, 1970.

Overholt, Thomas W. *Prophecy in Cross-Cultural Perspective: A Sourcebook for Biblical Researchers*. Atlanta: Scholars Press, 1986.

Palmer, Roy. *The Sound of History: Songs and Social Comment*. Oxford: Oxford University Press, 1988.

Ramsay, Clay. *The Ideology of the Great Fear: the Soissonnais in 1789*. Baltimore: Johns Hopkins University Press, 1992.

Rogers, Francis Millet. *The Quest for Eastern Christians: Travels and Rumor in the Age of Discovery*. Minneapolis:

University of Minnesota Press, 1962.

Rosnow, Ralph L. and Gary Alan Fine. *Rumor and Gossip: the Social Psychology of Hearsay*. New York: Elesevier, 1976.

Roth, Michael S., and Charles G. Salas. *Disturbing Remains: Memory, History, and Crisis in the Twentieth Century*. Los Angeles: Getty Research Institute, 2001.

Shibutani, Tamotsu. *Improvised News: A Sociological Study of Rumor*. Indianapolis: The Bobbs-Merrill Company, 1966.

Shibutani, Tamotsu and Kian M. Kwan. *Individuality and Social Control: Essays in Honor of Tamotsu Shibutani* (Contemporary Studies in Sociology, V. 13) Greenwich, Conn.: JAI Press, 1996.

Shive, Glenn, "Policy debates and rumor mills: China considers restrictions on study abroad." *China Exchange News* (Washington, D. C.) 18. 1 (Mar 1990): 3-7.

Strauss, Botho. *Rumor*. Translated from the German by Michael Hulse. Manchester: Carcanet Press, 1984.

Turner, Patricia A. *I heard It through the Grapevine: Rumor in African-American Culture*. Berkeley: University of California Press, 1993. GR111. A47 T87 1993

Van Buren, John, 1956-. *The Young Heidegger: Rumor of the Hidden King*. Bloomington: Indiana University Press, 1994.

Victor, Jeffrey S. *The Creation of a Contemporary Legend.* Chicago: Open Court, 1993.

White, Luise. *Speaking With Vampires: Rumor and History in Colonial Africa.* Berkeley: University of California Press, 2000.

### 日文论著

小柳司气太:『童谣·图谶·教匪』,《东洋思想研究》,东京: 森北书店, 1942。

串田久治:《中国古代的"谣"和"予言"》(东洋学丛书), 东京: 创文社, 1999。

# 后记

无独有偶,十年前的此刻,我在清水湾畔闭关,埋首于两晋南北朝时期谶言信仰的研究,其成果就是2003年出版的英文书《语词的威力——谶言与两晋南北朝政治》。(*Power of the Words: Chen Prophecy in Chinese Politics,* 265-618. Oxford, Bern, Berlin, New York: Peter Lang AG, 2003.)此时此刻,再度闭关,艳阳依然当空,微风吹拂照旧,空间却转换到了未名湖畔。感谢香港科技大学人文社会科学学院院长李中清教授和北京大学国际合作部的细心安排,未名湖北岸的健斋真是读书写作的好去处,绞脑之暇,绕湖散步,赏心悦目。更不可思议的是,蒙前来探望的表侄宗年相告,半个多世纪前,舅父宗白华先生由南京转任北京大学教职,也曾在健斋短暂落脚。我的房号是203,他住在204。是万中无一的巧合,还是冥冥中难以言明的机缘？当然，时空变幻，如今的健斋，改叫帕卡德国际学者公寓，由美国企业家捐助改建，形同实异，今非昔比了。

正是十年前对两晋南北朝时期谶言、谶谣政治、社会影响的研究，令我注意到谶言、谶谣与谣言的密切关系。"以斛律光之旧将，而有百升明月之谣。"[1]明月之谣源自敌方间谍的传播，而在境内儿童中传唱之后，经政敌操弄"破译"，成为谶谣，导致一代将星陨落，北齐自毁长城，齐、周军力均势失衡，"谣言可畏"，竟是祸首。[2]自此开始关注欧美和中国社会心理学、社会学、传播学、舆论学、历史系有关谣言的著述。

从心理学、社会学的角度重新审视汉代文献，发现在当时语境中的流言、讹言、谣言、谶言、谶谣、神话、传说等言论信息，非常类似现代社会心理学、社会学学者所界定的"谣言"。这些谣言类史料在历史研究中不受重视，但在汉代的社会、政治、文化中确实扮演了重要角色。正如社会学家涩谷保所论，谣言是一种集体解决问题的方式，是一种在人群、社会中反复出现的沟通形式。人们通过这种沟通形式，尝试在不明朗不稳定的社会处境中，共享其智力资源，建构出对他们而言有意义的关于处境的诠释。[3]

从2003年开始，我陆续发表了有关研究，包括《汉代的流言与讹言》(《历史研究》，2003)、《汉代"妖言"探讨》(《中国史研究》，2006)、《略论民间歌谣在汉代的政治作用及相关迷思》(《社会科学战线》,2008)、《汉代开国之君神话的建构与语境》(《史学集刊》,2010)等。本书的第一、二、三章,第五章的前半部分,就是在上述研究基础上重新组织和增补而成。第四章"谶言和谶谣",和第五章的后半部分"民间传说",则是最近的研究成果。

附录包括三篇关于汉代谶纬的旧作。本书所讨论的谣言,包括谶言,而《纬书与西汉今文经学》(安居香山编《谶纬神学の综合的研究》,东京:国书刊行会,1984)和《东汉碑刻与谶纬神学》(《研究生论文选集》(中国历史分册),南京:江苏古籍出版社,1984)均发表于二十多年前,有兴趣的读者已很难找到。《感生神话与汉代皇权正当性的论证》(《秦汉史论丛》第8辑,昆明:云南大学出版社,2001)虽然发表时间不算久远,但与本书第五章"政治神话"的讨论密切相关,所以一并附上,以便读者检阅。

本书的研究,断断续续持续了十年。感谢宋超(《历史研究》)、彭卫(《中国史研究》)、尚永琪(《社会科学战线》)、孙久龙(《史学集刊》)诸位先生一直以来的支持,令这一研究得以坚持下来。更感谢浙江大学出版社以及编辑赵琼女士的热情鼓励和极高的工作效率,令我下定决心,闭关数月,终能完成全稿,呈请方家和读者批评指教。

2011年仲夏于未名湖畔

**注释：**

［1］《日知录集释》卷三，第163页。

［2］《北齐书》卷一七《斛律光传》："斛律累世大将，明月声震关西，丰乐威行突厥，女为皇后，男尚公主，谣言甚可畏也。"（第225页）

［3］Shibutani (1966), p. 17.

## 修订版后记

《汉代的谣言》初版（2011）出版不久，即引起各界读者、学界、舆论界的一定关注。较早的书评，包括维舟《谣言关乎政治》(《南方都市报》，2011年11月27日）和崔建华《谣言无根学问深》(《中华读书报》，2011年12月14日）。此后陆续发表的学术性书评，包括傅扬《吕宗力,〈汉代的谣言〉（书评）》(《早期中国史研究》2012年第4卷第2期），王子今《〈汉代的谣言〉（书评）》(《人文中国学报》2013年）和孙闻博《两汉舆论界定中的政治意识——读〈汉代的谣言〉》(《中国史研究》2013年第1期》）等。2021年，《汉代的谣言》的英译本（*Rumor in the Early Chinese Empires*）获国家社会科学基金中华外译基金资助，经新加坡黄克群先生翻译、笔者本人校订，由剑桥大学出版社出版。美国斯坦福大学陆威仪教授

（Mark Edward Lewis）应剑桥大学出版社之邀，为英译本撰写了精彩的导言。美国《亚洲研究》当年发表了宾夕法尼亚大学金鹏程教授（Paul R. Goldin）关于英译本的书评。笔者特此向各位书评作者表示诚挚的谢意，感谢他们对笔者的鼓励以及极具价值的批评和建议。

香港自2019年6月至今，社会动荡不安、新冠疫情肆虐，谣言四起。于禁足香港、埋首故纸之际，终不能两耳不闻窗外之事，中国历史上与谣言相关的事例不时闪过脑海。2021年，笔者与浙江大学出版社签订的《汉代的谣言》版权协议年限已到。承蒙四川人民出版社赵静编辑诚邀，笔者同意由该社出版《汉代的谣言》修订版。只是2011年以来，笔者的学术兴趣主要集中在魏晋南北朝时期谶纬的政治、社会、文化影响。2021年开始以南京大学为基地，主持国家社会科学基金重大项目"纬书文献的综合整理与研究"，工作量极为繁重。所以这次的修订，力度不大，主要针对这些年来读者和书评指出的瑕疵，作了一些技术性的修正。在内容上，补充了王子今先生与笔者合撰的讨论长安"小女陈持弓"大水讹言事件的一些观察。附录改列《卢芳与"刘文伯"——九原皇帝卢芳事迹小考》。该文原载《中国"秦汉时期的九原"学术论坛专家论文集》，是《汉代的谣言》出版之后，笔者对汉代谣言案例的补充考察。

维舟《谣言关乎政治》曾指出，一个好的历史社会学研究，应当在更深切浸透到历史语境的基础上，借用社会学分析技巧来深化我们对那个逝去社会的认识。《汉代的谣言》尚未达到这样的境界。傅扬的书评也指出，本书在概念运用和分析深度等方面，仍有许多可进一步精炼之处；作者也还未能从学说或理论思考上，对古代中国的谣言进行抽丝剥茧的辩析，提出更深刻的思考。这些批评，都是很公道、很精辟的。中国历史上的谣言现象，绝对值得更多的关注、更深入的辨析、更具理论性的研究范式。《汉代的谣言》只是开了个头，绝非中国历史上谣言现象研究的定鼎之作。笔者限于学力、精力和目前的学术研究焦点，在有生之年，恐怕已难实现上述任务，只能寄望于学界精力更充沛、训练更完整、视野更广阔、思辨更锐利的同好与后进，持续推进中国历史上谣言的研究。

吕宗力

2022年仲夏于维港北岸